■ d6
BasisDruck **Dokument**

HALT! GRENZGEBIET!

THOMAS SCHOLZE · FALK BLASK

Mit
einem Nachwort
von
Dietrich Scholze

LEBEN
IM
SCHATTEN
DER
MAUER

BASISDRUCK

ISBN 3-86163-030-3

© BASISDRUCK Verlag GmbH
Berlin 1992
1.Auflage
Titelfoto: Sybille Bergemann
Gestaltung: de Teil-Grafik
Satz: BasisDruck
Lithos: Rink
Druck: Hilberts & Pösger
Bindung: Druckhaus Magazinstraße
Alle Berlin

INHALT

Grenzgebiet

Frontier Area   Région frontière   Пограничная зона

Betreten und Befahren verboten

Passage not allowed

Defense de passage

Вход и въезд воспрещаются

EINLEITUNG

„Eine wirkliche Mauer bezeichnet die Grenze zwischen der Stadt und dem flachen Land. Außer solchen sichtbaren Grenzen gibt es viele andere, auf die wir nicht die Hand legen können. Wollten wir nun diese Grenze, wie wir sie erfahren, auf eine Karte eintragen, so würden wir einen mehr oder weniger breiten, verwischten Streifen als Grenzgebiet zu zeichnen haben."

Der Geograph Friedrich Ratzel 1897 in seiner „Politischen Geographie"

Am späten Abend des 9. November 1989 wurde in Berlin die Mauer geöffnet. Das rund 165 Kilometer lange Monstrum hatte beinahe über drei Jahrzehnte hinweg Menschen an der Flucht aus Ostdeutschland gehindert. Nun verlor es durch die überraschende Entscheidung des Politbüros der SED plötzlich seine Funktion. „Mauerspechte" begannen sofort, Erinnerungsbrocken herauszuschlagen, ganze Segmente wurden meistbietend nach allen Kontinenten verkauft, die Reste später zu Schotter zermahlen. Inzwischen, knapp zwei Jahre danach, sind Verlauf und Überreste der Mauer kaum noch wahrzunehmen, verweisen allenfalls kahle Flächen zwischen Stadtbezirken auf das einstige Symbol des realen Sozialismus in der DDR.

Doch aus den Köpfen der Menschen ist die Erinnerung so rasch nicht zu tilgen. Die geschlagenen Wunden brennen weiter. Historische Aufarbeitung, Trauerarbeit tut not. Unkenntnis, Legenden und Vorurteile verbinden sich mit der Berliner Mauer. Jeder Zeitgenosse, ob Berliner oder nicht, hat seine eigene Perspektive. Wer nie vom Zwangsregime im „Grenzgebiet" betroffen war, weiß wenig von den Beschränkungen, denen sich die dort Lebenden zu unterwerfen hatten. Anspruch auf Teilnahme, auf Verständnis haben all diejenigen, die gemaßregelt oder verurteilt wurden, die ihre Häuser, ihre Wohnungen oder Kleingärten verlassen mußten, weil sie zu den „unsicheren Kantonisten" zählten. Doch meist nur der biographische Zufall hatte sie an einen Platz verschlagen, der sprichwörtlich wurde für die Teilung Europas nach dem Zweiten Weltkrieg.

Am 13. August 1961 waren vollendete Tatsachen geschaffen worden. Am 21. Juni 1963 erließ der damalige Verteidigungsminister Heinz Hoffmann eine zusätzliche Anordnung zur „Einrichtung eines Grenzgebiets zwischen der DDR und Westberlin". In einundzwanzig Paragraphen wurde festgelegt, wer sich in diesem Gebiet, „ab 25. Juni, 00.01 Uhr", wie zu verhalten hatte.

Hinter dem unmittelbaren „Kontrollstreifen" begann demnach ein „100-Meter-Schutzstreifen", beide zusammen bildeten das sogenannte Grenzgebiet. Je nach Lage und Bebauung des Geländes wurden Uferzonen und Wiesen, Straßen und Plätze, ganze Betriebe und eine Vielzahl von Mietshäusern plötzlich abgeriegelt und gesetzlichen Sonderbedingungen unterstellt. Zügig stempelte man Tausenden Berlinern Registrier- und Genehmigungsvermerke in die Personal- und Betriebsausweise. Wer nun, beispielsweise vom Stadtzentrum her, über die Elsenbrücke in den Ortskern von Treptow wollte, für den endete Berlin in drei Richtungen weit vor sichtbaren Absperrungen an rot-weiß gestreiften Betonpfählen, die ein Schild trugen mit der Aufschrift: „Grenzgebiet. Das Betreten und Befahren ist nur mit Sonderausweis gestattet."

Nicht zufällig haben wir gerade dieses Wegebeispiel für eine typische „Mauerfalle" gewählt. Unsere Dokumenation über das Leben im Schatten der Mauer bezieht ihr Material aus jenem Berlin-Treptower Wohngebiet, das sich auf etwa zwei Kilometern zwischen Landwehrkanal und Ringbahn entlang der Stadtbezirke Kreuzberg und Neukölln erstreckt. Sie ist also zugleich Kiezgeschichte. Einige historische Bemerkungen seien deshalb vorausgeschickt. Über die Wiener Brücke ratterte seit dem 15. April 1896 die „Elektrische", sie fuhr durch die Lohmühlenstraße, unterquerte die Gleise der Berlin-Görlitzer Eisenbahn und zuckelte dann durch den Schlesischen Busch in Richtung Treptower Park, wo im selben Jahr, aus Anlaß der Gewerbeausstellung, ein zusätzlicher Bahnsteig als Sonderbahnhof eingeweiht wurde. Die Landgemeinde Treptow war schon vor der Jahrhundertwende ein gefragter Industriestandort. Dort, wo Treptow vom Lohmühlenplatz Richtung Elsen- und Treptower Straße an die Stadt Rixdorf, das spätere Neukölln, grenzte, wuchs früh ein dichtes Straßennetz mit ausgedehnter Wohnbebauung. Es handelte sich meist um vier- bis fünfgeschossige Mietshäuser, in vielen Fällen mit Seitenflügeln und Quergebäuden, also Hinterhöfen. 1920 zu Groß-Berlin zusammengefaßt, entwickelten sich zwischen den nunmehrigen Stadtbezirken enge Nachbarschaftsbeziehungen. Menschen pendelten in verschiedenen Richtungen zu ihren Arbeitsplätzen oder nutzten den Treptower Park zur Erholung. Dutzende Geschäfte und Gaststätten wurden eröffnet. Die alte Grenze zwischen Stadt und Landgemeinde hatte lediglich verwaltungstechnische Bedeutung, bis die Alliierten sie nach dem Krieg als „Sektorengrenze" neu definierten.

Welche Konsequenzen diese Tatsache für die Bewohner in den grenznahen Straßen hatte, fragten wir uns. Die Wahrheit war tabuisiert, keiner sollte darüber reden. Einblick besaßen allein die Posten im Kontrollstreifen, auf Dächern und Wachttürmen, die zuständigen Polizeikräfte und – die Einwohner des Grenzgebiets. Mit den Jahren wurden sie immer penibler nach „Zuverlässigkeit" ausgesucht, doch längst nicht alle waren überzeugte

Das Dorf Rixdorf, später Stadt (ab 1920 zu Berlin-Neukölln), Kupferstich von J. F. Hennig, um 1790

Berliner Straße in Neukölln, um 1913

Anhänger des Systems. Wie verlief ihr Leben unter der fast militärischen Reglementierung? Teilten sie sich nur in Mitarbeiter und Opfer der Staatssicherheit, Volkspolizei oder Grenztruppen? Inwieweit lebten sie normal? Ließen sich eine DDR-Identität oder ein Heimatgefühl gewinnen, wenn man täglich die winkenden Menschen auf den Dampfern der Westberliner „Stern- und Kreisschiffahrt" sah, die wie Wesen von einem anderen Stern auf dem Landwehrkanal vorüberfuhren?

Um uns nachträglich einen Eindruck von der Lage zu verschaffen, besuchten wir seit November 1989 eine Reihe von Häusern im Grenzgebiet. Wie Eindringlinge stiegen wir die Treppen hinauf, und tatsächlich öffnete und schloß sich manche Wohnungstür recht leise. Erschüttert verharrten wir vor zugemauerten Hauseingängen und Dachböden, vor vergitterten Dachluken und Fenstern, von denen man die Alarmanlagen hastig abmontiert hatte. „Weil ich von Mecklenburg kam", erzählte uns eine Frau, „hatte ich keine Ahnung, was es hieß, an dieser Grenze zu wohnen. Aber wir waren doch nicht alles Tausendprozentige! Immerhin war es hier sehr ruhig, kein Verkehr, Ordnung im Haus, als älterer Mensch brauchte man sich nicht zu fürchten." Ein Idyll an der Mauer? Mancher hatte sich, zum Schutz vor dem „Mauerkoller", solche oder ähnliche Rechtfertigungen zurechtgelegt. Doch der Blick in den Todesstreifen war noch immer bedrückend, auch wenn die Peitschenleuchten abgeschaltet waren und Grenzsoldaten den Stacheldraht der Sperrzäune aufrollten. Ernüchtert kletterten wir hinab.

Heute läßt sich konstatieren: Weder die „schöne Aussicht" von einem der meist hölzernen Besuchertürme auf westlicher Seite noch die scheue Musterung der sogenannten Hinterlandmauer im Osten vermittelte eine Vorstellung vom Leben an dieser Grenze. Das Bedrückende und gleichzeitig Spektakuläre der Situation, wie sie sich entlang der etwa 43 (in Treptow 17) Kilometer Innenstadtgrenze zwischen Ost- und West-Berlin dutzendfach wiederholte, erschließt sich erst einer Innensicht. Und die zeigt, daß das grenznahe Wohnen kaum anders war als überall, in einigen wichtigen Punkten freilich unterschied es sich. Es war zugleich gewöhnlich und unheimlich, ruhig und gefährlich, denn jedes „Zuwiderhandeln" konnte schwere Folgen nach sich ziehen.

Unser Buch verknüpft orts- und stadtgeschichtliche Dokumentation mit authentischen Informationen aus dem Alltag einer marginalisierten Bevölkerungsgruppe. Denn bis heute sind die sozialen und kulturellen Aspekte der eingeschränkten Kommunikationsmöglichkeiten von Grenzbewohnern weitgehend unbekannt, auch unerforscht. Wir verdanken etliches, was wir an Zeitzeugnissen verwendet haben, den Bewohnern des einstigen Treptower Grenzgebiets. Sie gaben oft unvoreingenommen Auskunft über die Jahre seit 1961 und beschrieben uns ihren Tagesablauf. Sie konnten das Gegeneinander mächtiger politischer Gruppierungen, den „kalten Krieg" in

Bekanntmachung

Auf Grund des § 2 der Verordnung vom 21. Juni 1963 über weitere Maßnahmen zum Schutz der Staatsgrenze zwischen der Deutschen Demokratischen Republik und Westberlin wird folgende

ORDNUNG

zur Gewährleistung der Sicherheit an der Staatsgrenze zwischen der Deutschen Demokratischen Republik und Westberlin erlassen:

§ 1

Entlang der Staatsgrenze zwischen der Deutschen Demokratischen Republik und Westberlin besteht ein Grenzgebiet. Das Grenzgebiet umfaßt den 10-m-Kontrollstreifen unmittelbar entlang der Staatsgrenze und

a) innerhalb des Bezirkes Potsdam den 500-m-Schutzstreifen und
b) innerhalb der Hauptstadt der Deutschen Demokratischen Republik, Berlin, den 100-m-Schutzstreifen.

§ 2

(1) Bürger der Deutschen Demokratischen Republik, die ständig im Grenzgebiet wohnen, müssen bei der örtlich zuständigen Meldestelle der Deutschen Volkspolizei gemeldet sein. Sie erhalten in ihren Personalausweis einen Registriervermerk der Meldestelle der Deutschen Volkspolizei. Der Registriervermerk ist auf jeweils sechs Monate befristet.

(2) In der Regel berechtigt der Registriervermerk nur zum Aufenthalt in der Wohngemeinde bzw. einem Ortsteil des Stadtbezirkes. Das Betreten und Verlassen des Grenzgebietes hat nur über die im Registriervermerk eingetragenen Zugangswege zu erfolgen.

(3) Der Registriervermerk verliert seine Gültigkeit nach Ablauf der Gültigkeitsdauer und bei Verzug aus dem Grenzgebiet.

(4) Registriervermerke berechtigen zur Benutzung von Kraftfahrzeugen.

§ 3

(2) Die Passierscheine sind schriftlich zu beantragen für das Betreten

a) des Grenzgebietes innerhalb des Bezirkes Potsdam bei der für den Wohnort zuständigen Volkspolizei-Dienststelle (Volkspolizei-Kreisamt oder Volkspolizei-Inspektion),

b) des Grenzgebietes innerhalb der Hauptstadt der Deutschen Demokratischen Republik, Berlin, bei der für den Abschnitt des Grenzgebietes zuständigen Volkspolizei-Inspektion.

(3) Bürgern der Deutschen Demokratischen Republik, die aus arbeitsbedingten und ähnlichen Gründen zeitweilig von ihren im Schutzstreifen wohnhaften Familien getrennt sind, können auch Passierscheine zur mehrmaligen Ein- und Ausreise ausgestellt werden, wenn der Aufenthalt bei den nächsten Familienangehörigen, mit denen sie sonst in Wohngemeinschaft leben, regelmäßig erfolgt und der Zeitraum des einzelnen Aufenthalts dem Charakter von Wochenendbesuchen entspricht.

(4) Beim vorübergehenden Aufenthalt von mehr als 12 Stunden im Grenzgebiet innerhalb des Bezirkes Potsdam oder bei betreffenden Bürger bei der zuständigen Meldestelle der Volkspolizei (ist am Aufenthaltsort keine Meldestelle, dann beim Abschnittsbevollmächtigten der Volkspolizei) unverzüglich nach der Einreise polizeilich an- und vor der Abreise wieder abzumelden.

§ 6

(1) Feld-, Wald- und andere volkswirtschaftlich wichtige Arbeiten

§ 10

(1) Die Durchführung wassertechnischer Arbeiten im Grenzgebiet ist nur mit Genehmigung des zuständigen Kommandeurs der Grenztruppen gestattet.

(2) In Grenzgewässern ist verboten:
a) das Angeln,
b) das Baden,
c) die Benutzung von Wasserfahrzeugen für sportliche Zwecke.

Potsdam entscheidet der Stellvertreter für Inneres des Rates des Bezirkes mit Zustimmung des Kommandeurs der Grenzbrigade.

(4) In den Grenzgewässern innerhalb des Stadtgebietes der Hauptstadt der Deutschen Demokratischen Republik, Berlin, ist über die in Absatz 2 aufgeführten Tätigkeiten hinaus verboten:
a) das Fischen,
b) die Fahrgastschiffahrtsverkehr.

(5) Grenzgewässer gemäß Absatz 4 sind:
a) der Spandauer Schiffahrtskanal von Kieler Brücke bis einschließlich Humboldthafen;
b) die Spree von Humboldthafen bis Marschallbrücke;
c) die Spree von 100 m unterhalb der Schillingbrücke bis Stralauer Brücke;
d) der Britzer Zweigkanal von Späthbrücke bis zur Grenzlinie;
e) der Teltow-Kanal von 100 m ostwärts der Wrede-Brücke bis

Europa quasi vom Stubenfenster aus beobachten, sie wurden beständig daran erinnert. Den Mitbürgern zur Kenntnis, den Nachwachsenden zum Verständnis dient unsere Veröffentlichung. Dabei sollen die historischen Gründe für die Errichtung des „antifaschistischen Schutzwalls" ebensowenig bestritten werden wie die Zustimmung, welche die Mauer bei zahlreichen Mitmenschen fand. Ohne beides wäre das Experiment DDR vermutlich Jahrzehnte früher gescheitert.

Diese Publikation über das Treptower Grenzgebiet ist keine wissenschaftliche Analyse, es ist die – vorläufige – Dokumentation eines Stücks Ostberliner Realität im 20. Jahrhundert. Insofern gehört sie fraglos zur Geschichte des Alltags des deutschen Volkes. Wir haben versucht, die historische Wahrheit vorurteilslos zu rekonstruieren. In Haushalten und Archiven haben wir Urkunden und Dokumente gesammelt, haben wir die bauliche Situation 1961 und danach festgestellt; im Februar 1990 erhielten wir die Genehmigung des „Chefs der Grenztruppen" für eine „Begehung des Schutzstreifens". Vor allem aber haben wir Betroffene befragt. Dabei ging es uns nicht um statistische Repräsentativität. Wir haben Vollständigkeit erstrebt nur im Sinne einer bewußten Auswahl unterschiedlicher Gesprächspartner,

11

um ein möglichst breites Spektrum an Erfahrungen zu berücksichtigen. Wir sprachen mit Mietern, die sich der Lage im Grenzgebiet angepaßt hatten und nach wie vor in ihren Wohnungen wohnen. Wir befragten andere, die eher regimekritisch eingestellt waren und nicht so lange aushielten. Der Abschnittsbevollmächtigte, die offizielle Verbindungsperson zwischen Mietern und Staatsgewalt, und einige Grenzoffiziere, die anonym ihren Dienst versahen, kommen zu Wort. Gegen Ende der Dokumentation wächst der Anteil der Interviews im Vergleich zu den kommentierenden Schilderungen. Denn die alltäglichen Details waren am besten den Beteiligten bekannt und konnten daher von ihnen am überzeugendsten dargestellt werden. Dem Leser bleibt die Freiheit, die Aussagen für sich zu werten, eventuelle Zwecklügen oder Widersprüche herauszufinden.

Fotos älteren oder jüngeren Datums belegen nicht nur Bau, Veränderungen und Fall der Grenzbefestigungen, sie bezeugen überdies die Ohnmacht der Berliner angesichts planierter Schrebergärten, in denen sie als Kinder gespielt hatten, angesichts abgerissener Häuser, in denen sie aufgewachsen waren. Sie verdeutlichen die Tragik einer „Heimat", die als Wohngegend für Gefolgsleute des Regimes verrufen, deren erwünschte Bevölkerungsstruktur gleichwohl erst in den siebziger und achtziger Jahren annähernd „hergestellt" war. Daß auf den Abbildungen so viele Sachobjekte (Gebäude, Zäune, Steine usw.) und so wenige Menschen zu erkennen sind, beweist einmal mehr, daß sich die Grenzziehung gegen die Menschen richtete, sie vertrieb. Nur so ließen sich die Sicherungsanlagen bis zur Perversion vervollkommnen.

Was die Originalfotos und Gespräche an Hintergrundinformationen nicht liefern können, das übernimmt der erläuternde Begleittext. Er stützt sich auf nachweisbare Tatsachen, auf archiviertes Material, das eine bürokratische Administration bis zuletzt säuberlich abgelegt hatte. Ergänzend sind Dokumente eingefügt, die über die „Ausspähung" ganzer Hausgemeinschaften zur Einleitung von Zwangsmaßnahmen Auskunft geben und das Klima des Mißtrauens erhellen, das in der Spätphase der DDR allenthalben bestand.

Mit der räumlichen Begrenzung des Erhebungsgebiets verbinden wir die Hoffnung, daß genaue Aussagen zu einem überschaubaren Areal, welches stellvertretend für andere steht, dem Leser tieferen Einblick in die Zusammenhänge ermöglichen als verstreute Materialien aus ganz Berlin. Die gewachsenen Wohnviertel entlang der Heidelberger, Bouché-, Harzer und Lohmühlenstraße waren wegen ihrer funktionierenden Verkehrs- und Infrastruktur von den Auswirkungen des Risses quer durch die alte Hauptstadt besonders betroffen. Wie in der zu trauriger Berühmtheit gelangten Bernauer (im Stadtbezirk Wedding) reichten auch in der Harzer Straße in Treptow die Häuser im sowjetischen Sektor mit der Fassade fast bis auf die

Wildenbruchstraße, verbindet die Stadtbezirke Treptow und Neukölln, um 1935

Grenzlinie. Nach dem 13. August spielten sich an beiden Orten dramatische Szenen ab, ehe nach einigen Wochen Eingänge und Fenster vermauert und später die Häuser ganz abgetragen wurden. Wer künftig durch Straßen in der Nähe des einstigen Grenzgebiets geht, den wird – außer vielleicht an einer Gedenkstätte – kaum noch etwas an diese Geschehnisse erinnern. Doch sollen sie im Gedächtnis der Menschen bewahrt bleiben, damit diese die Chancen der kommenden Zeit klarer erkennen.

Berlin, im August 1991   *Die Verfasser*

Berlin 1945, oben die Stadtbahn zwischen Jannowitzbrücke und Schlesischem Bahnhof

I. VORAHNUNG AN DER SEKTORENGRENZE – DOPPELLEBEN IM GETEILTEN ALLTAG 1945 BIS 1961

Und so leb' ick, und so spiel ick' hier als Kind von Berlin, und aus'm Fenster, da seh' ick eine Menge Ruin'. Aber Mutter sagt: „Jammern, det hat jar keenen Zweck, und et komm' keene neuen, und die alten komm' weg."

Erich Brehm, Berliner Kinderlied 1950

Die Nachkriegszeit beginnt

Im Sommer 1945 besetzten die Siegermächte ihre Teile des „besonderen Gebiets Berlin". Das Londoner Abkommen von 1944, ausgehandelt zwischen den Alliierten Großbritannien, Sowjetunion und USA, dem auch Frankreich inzwischen beigetreten war, beinhaltete die Gliederung Deutschlands in Besatzungszonen und die gemeinsame Übernahme seiner in vier Sektoren aufgeteilten Hauptstadt. Zwischen Heidelberger und Lohmühlenstraße wurde die alte Stadt- und spätere innerstädtische Verwaltungsgrenze damit zum Teil der Demarkationslinie, zur Trennlinie zwischen dem amerikanischen und dem sowjetischen Sektor. Auf großen Holztafeln und zunächst nur in ihren Sprachen wiesen die Besatzungsmächte auf das Ende ihrer Hoheitsgebiete hin. Lediglich vereinzelt fand die einheimische Bevölkerung Hinweise auch in deutscher Sprache.

Die Berliner hatten andere, existentielle Sorgen, die an keiner „Sektoren"grenze haltmachten. Hunger und Seuchen drohten, Bekleidungsmangel und Wohnungsnot herrschten. 70 % aller Gebäude waren bei Kampfhandlungen mehr oder weniger stark beschädigt worden. Im Krieg hatten 29 379 britische und amerikanische Flugzeuge 45 517 Tonnen Bomben besonders auf die dichtbesiedelten Wohngebiete Berlins geworfen. Auch der dicht bebaute Ortsteil Treptow wurde stark in Mitleidenschaft gezogen. NSDAP-Ortsgruppenleiter und Blockwarte „mobilisierten" noch im April 1945 die Reste der Bevölkerung zum „Schutz" Treptows und erklärten die Wohnviertel vor dem Landwehrkanal zum „Kampfgebiet" für die „Verteidigung der Reichshauptstadt vor den bolschewistischen Horden". Grabensysteme und Straßensperren wurden errichtet. Man brach durch die Luftschutzkeller Verbindungen von Haus zu Haus, um darin Kampftruppen in Stellung bringen zu können, die sich unter anderem in die nahe, 1908 für das „Königliche Telegraphen-Bataillon Nr. 1" gebaute Kaserne zurückgezogen hatten. Die Wiener Brücke wurde Ende April gesprengt.

15

Okerstraße, Stadtbezirk Neukölln, 1945

Über die letzten Kriegstage erzählte Frau W.: „Hier, nahe dem Treptower Park, das war schon immer eine sehr schöne Ecke gewesen. Aber sie wurde bombardiert, weil sich eben die Brücken und auch die Kaserne da befanden, in der die Deutschen noch drin waren. In der Bouchéstraße stand eine ‚Stalinorgel' (ein Mehrfachraketenwerfer – d. Verf.), und von da aus wurde auf die Kaserne zugefeuert. Die von dort kamen dann auch noch zu uns ins Haus, denn sie hatten Befehl, zu retten, was zu retten war, obwohl man es für Irrsinn hielt, weil man ja sah, daß es zu Ende ging. Wir haben dann die Russen gebeten, doch nicht aufs Haus zu schießen, und sie waren so einsichtig. Wie wir nachher rauskriegten, sind sie in die Heidelberger Straße gegangen und haben dort den ganzen Block angesteckt, weil da die Deutschen rausgeschossen haben. Aber sie haben darauf geachtet, daß wir uns die Leichen ansahen von den jungen Menschen. War sehr bedrückend..."
Zurück ließ dieser Krieg verzweifelte Menschen und eine schreckliche Ruinenlandschaft. Von den dreißig mehrgeschossigen Häusern der Lohmühlenstraße beispielsweise überstanden nur sieben einigermaßen, zwanzig mußten abgerissen werden.

16

Berliner Notstand, Kartoffelzuteilung, Juni 1945

Selbsthilfe war in den ersten Jahren nach dem Krieg geboten, um zu überleben. Allerorten schossen Tausch- und Schwarzmärkte aus dem Boden. Offizielle Tauschzentralen zu nutzen, lohnte kaum wenn Nahrungsmittel und Gebrauchswaren den Besitzer wechselten: Trauring gegen Nähmaschine, um aus Decken Kleidung zu machen, Milchpulver gegen Kartoffeln oder Brot, so hießen die Angebote. Natürlich waren die Preise in dieser Mangelzeit überhöht, die Grenzen zwischen einfachem und räuberischem Schwarzmarktgeschäft fließend. Jedoch die allgemeine Not bestimmte die Moral, und auch die Besatzungssoldaten nahmen mit ihrer „Zigarettenwährung" teil. Um die Rationen aufzubessern, wurde manche Hamsterfahrt unternommen, blühte nicht selten der Schwarzhandel. Man verkaufte Hausgemachtes, überzählige Waren aus Wohlfahrtsspenden oder gar Artikel aus geplünderten Läden. Schwarzarbeit war gefragt. In einigen Betrieben wurde sogar eine 5-Tage-Arbeitswoche festgelegt, um sie zu ermöglichen.

Zwecks Normalisierung der Versorgungslage und Einschränkung krimineller Verhaltensweisen fanden viele Razzien statt. So überprüfte man im August 1947 am Schlesischen Bahnhof (später Ost-, heute Hauptbahnhof)

Hamsterer, 1946

Schwarzer Markt am Reichstagsgebäude, Razzia durch die Polizei, März 1946

Razzia gegen Schwarzhändler, Wilhelminenhofstraße, Stadtbezirk Köpenick, Mai 1946

Kleingartenkolonie „Schillerhöhe" im Bezirk Wedding, Januar 1952

z.B. 2 450 Personen, beschlagnahmte unzählige Waren und schloß acht Restaurants. Jedoch solange die Arbeitslosenzahlen hoch und die Produktion niedrig waren, blieb die Verbesserung der Lebensumstände in der Stadt aus. Und so stellte „Der Vorwärts" im November 1947 fest: „Es gibt keinen Berliner, der mit den ihm zugeteilten Rationen sein normales Körpergewicht und damit seine Gesundheit und vor allem seine Arbeitskraft erhalten kann."

■ In den Kleingärten

Unübersehbar im Kiez waren die Kleingartenanlagen mit ihren Siedlern. „Einsamkeit", „Vogelsang", „ Alte Sternwarte" oder „ Fortuna" hießen die „Oasen" entlang der Kiefholzstraße. Sie gehörten zu jenem Fünftel an Gartenfläche, das nach einer Erhebung von 1947 im gesamten Stadtgebiet vorhanden war. Man konnte nach Kriegsende von Glück reden, besaß man irgendwo einen Streifen Land, vielleicht sogar in einer der alten Siedleranlagen. Schon bald versuchten die ersten Berliner, sich den Weg durch die Trümmerstadt zu ihren Grundstücken zu bahnen, räumten den gröbsten Schutt und bezogen so manche notdürftig hergerichtete Laube. Saatgut, Jungpflanzen und Düngemittel waren knapp, doch die Vorstellung, die Ernährung der Familie mit Gemüse oder Hackfrüchten aufzubessern, weckte Kräfte. Einiges an Obst- und Beerenerträgen wurde schon erzielt, wenn auch die seit Jahren vernachlässigten Gehölze erst ertragreich gemacht werden mußten. Pflaumen verkochte man zu Marmelade, der aus Zuckerrüben gewonnene Sirup diente als Brotaufstrich. Eine Bevorratung war kompliziert, denn selbst Salz war bis zum Sommer 1947 noch rationiert. Doch immerhin brachte ein Glas eingewecktes Obst 1945 auf dem Schwarzen Markt 45 Mark, wofür man dann außer der Reihe Brot einkaufen konnte.

Der Nachkriegsmagistrat förderte private und öffentliche Aktivitäten, Nahrungsmittel im Stadtgebiet selbst zu erzeugen. Auf Brachland und Grünflächen, in Parks und Blumenkästen wuchsen Kartoffeln, in Schuppen und Kellern hielt man Geflügel und Kaninchen. Mancher, der dazu keine Gelegenheit hatte, versuchte, sich mit Diebstählen schadlos zu halten. Auch Beschwerden gingen ein. Vielfach wurde z. B. 1946 verlangt, daß Gartenbesitzer keine Bezugsausweise für Gemüse mehr erhalten sollten. Mit dem Hinweis, daß dadurch allein zusätzliches Gemüse vom Markt verschwinden würde, lehnte die Stadtverwaltung ab.

Ein Kleingarten bedeutete viel Arbeit, war aber unantastbares privates Refugium zur Erholung und Entspannung und vor allem gute Überlebenshilfe. Denn noch 1948/49, als sich die politischen Differenzen zwischen den

Gemüsebeete im Tiergarten, Oktober 1947

Westalliierten und der sowjetischen Besatzungsmacht weiter zugespitzt hatten, gab es in den Geschäften fast ausschließlich Surrogate: Süßstoff statt Zucker, Eigelbpulver statt Eier, Aromen statt Gewürze. Deshalb weigerten sich im sowjetischen Sektor auch viele Bewohner von Gartengrundstücken, einem Erlaß des Generals Kotikow zu folgen und sich im Zuge angestrebter „Verbesserung der Wohnverhältnisse" umquartieren zu lassen.

Kaum jemand im Ost- oder Westteil der Stadt bedachte damals, wenn er am Wochenende die Mietwohnung hinter sich gelassen hatte und mit Verwandten und Freunden in der Sonne saß, daß einige Meter weiter eine Sektorengrenze verlief. Jedoch mit der einsetzenden Währungs- und Wirtschaftsspaltung Berlins, flankiert von der Gründung zweier deutscher Staaten, begannen sich die beiden Stadthälften ungleich und allmählich auseinander zu entwickeln. Hamsterfahrten und Schwarzer Markt traten zum Ende der vierziger Jahre spürbar in den Hintergrund gegenüber den verschiedensten Bestrebungen großer und kleiner Schieber und Spekulanten, sich das zunehmende Gefälle in den Lebensverhältnissen zunutze zu machen. Nicht wenige Kleingartenanlagen befanden sich nun zwischen den Systemen. So mancher hatte seine Parzelle auf der einen Seite, die Verwaltung

Straßenbahnwagen als Wohnlaube, Stadtbezirk Reinickendorf, November 1955

der Siedlergemeinschaft jedoch arbeitete auf der anderen. Mit als erste verspürten diejenigen Westberliner, die Kleingärten im Berliner Umland bewirtschafteten, die Folgen der deutschen Teilung. Im Sommer 1952 mußten die meisten ihre Grundstücke verlassen, weil sie nicht als „Bürger der DDR" gemeldet waren. Doch die Grundsteuern waren ab sofort in West-Mark zu entrichten, obwohl eine Gartennutzung beinahe allen etwa 40 000 Betroffenen verwehrt wurde. Nur rund 500 Eigentümer erhielten im Verlauf der nächsten Monate einen Passierschein. „Die Westberliner Einwohner, die zukünftig Gärten und anderen Grundbesitz in der DDR nicht aufsuchen können, mögen sich darüber bei dem Schuldigen, beim Westberliner Magistrat, beschweren und von diesem Entschädigungen verlangen", hieß es als Antwort auf Beschwerden.

■ Die neuralgischen Punkte

Mit der Teilung Berlins gewann die Umgrenzung der beiden von verschiedenen Mächtegruppierungen beherrschten Stadtgebiete allmählich an Gewicht. Für die Berliner und ihre Besucher bedeutete dies im wesentlichen zunächst, sich mit systematischen Kontrollen an den Nahtstellen zur umliegenden DDR abzufinden. Die Einschränkung der Bewegungsfreiheit von Westberlin ins Bundesgebiet erlebte dabei schon während der „Blockade" der Stadt durch die sowjetische Besatzungsmacht 1948/49 einen ersten Höhepunkt. Im Verlaufe der nächsten zwei, drei Jahre wurden ca. 100 Zufahrtsstraßen nach Westberlin durch verschiedenste Hindernisse gesperrt. Im Stadtinneren war davon weniger zu spüren, der Verkehr auf den etwa 80 Verbindungsstraßen zwischen Ost- und Westberlin war kaum eingeschränkt. Autos, Fahrräder und Fußgänger passierten den Lohmühlenplatz oder die Elsenstraße, und auch der Gütertransport über den Landwehrkanal zum Görlitzer Bahnhof funktionierte. Wie in der Harzer, Bouché- oder Heidelberger Straße verlief die Grenze zudem vielfach auf der Straßenmitte oder an den Häuserfronten entlang.

Th. Scholze: Als Sie 1950 in die Lohmühlenstraße zogen, da hatten Sie die Sektorengrenze direkt vor Augen?
Frau B.: Nein. Die beiden Zimmer, die Richtung Landwehrkanal gingen, die waren zerbombt. Der Eingang war noch Graetzstraße 2, später Karl-Kunger-Straße, unsere Haustür war zugemauert. Küche, Bad und das Zimmer, das jahrelang als einziges bewohnbar war, gingen zum Hof raus. Erst 1954, ich war bereits geschieden – meinen ersten Mann hatte ich im Krieg verloren –, war das Haus wieder aufgebaut. Und ich hatte nach den vielen Untermieten erstmals wieder eine menschenwürdige Wohnung mit meinem inzwischen 14jährigen Sohn, eine sehr schöne Dreiraumwohnung.
Th. Scholze: Sie haben gesagt, daß am S-Bahnhof Börse (heute Marx-Engels-Platz) in der Nachkriegszeit eine rechte Schiebergegend war. Wie sah es an der Sektorengrenze Lohmühlenstraße aus?
Frau B.: Nun, unser Übergang war die Wiener Brücke, die war dafür nicht so geeignet. Sie war eine kleine hölzerne Fußgängerbrücke geworden, nachdem die Nazis sie noch zuletzt zerstört hatten. Früher fuhr darüber die

Sektorengrenze an der Oberbaumbrücke, 1960

Straßenbahn. Harzer Straße war günstiger, da war selbst der Bürgersteig auf unserer Seite schon westlich. Dort sind 1961 auch die Leute aus den Fenstern gesprungen, und ein Kuhstallbesitzer machte das Tor auf und ging mitsamt den Kühen nach dem Westen. Wiener Brücke also war unser Übergang, oder man ging die Lohmühlenstraße rechts runter bis zum Schlesischen Busch und dann links über die Treptower Brücke Richtung Schlesische Straße. Mit dem Kinderwagen ging man rechts, damit man die Stufen zur Wiener Brücke nicht hoch brauchte. Später ging man dann über die Wiener Brücke. War natürlich herrlich. Man saß auf dem Balkon, trank Kaffee und ach Gott, jetzt ist die Kaffeesahne alle. Und gleich vis-à-vis war ein Kiosk auf der Westseite, da konnte man sich dann was holen. Die Polizei hat das nicht gern gesehen, aber...

Th. Scholze: Hatten Sie Westgeld?

Frau B.: Ja, vorher eingetauschtes Westgeld. Für Ost haben sie nichts verkauft. Die Mark stand zwar unanständig hoch, na ja. Man ging tauschen z. B. in die Falkensteiner Straße. Überhaupt ging ich immer durch den Westen und dann über die Oberbaumbrücke wieder in den Osten rein. Das war

24

so mein Weg zu meinen Eltern, zu meinen Angehörigen und zur Arbeit. An der Schlesischen Straße war auch der Cuvry-Markt, also Ecke Cuvrystraße, der war sehr beliebt und konnte sich damals vor Kundschaft kaum retten.

Th. Scholze: In den fünfziger Jahren standen doch schon Polizisten an den Übergängen. Wie haben sie sich verhalten?

Frau B.: Die liefen da Streife und kontrollierten auch. Ich kann mich erinnern, wie es war, als wir die Care-Pakete bekamen, die wir immer in der Schule Grünauer Straße, also im amerikanischen Sektor, holen mußten. Ich hatte eine Bekannte in der Graetzstraße, und die wollte sich die Pakete auch so gerne holen, eine ältere Dame. Ihre Tochter war eine große Genossin, deren Mann ein alter Gewerkschafter. Beide wohnten mit in dem Haushalt und wollten das nicht. Aber die alte Frau mußte kochen und wirtschaften, und der tat's natürlich not. Die anderen haben sich nur an den Tisch gesetzt, die haben sich darüber nicht so viel Gedanken gemacht. „Frau B.", sagte die, „ob Sie mal mitkommen, ich finde da gar nicht hin." Selbstverständlich sind wir zusammen hin, und auf dem Rückweg wurden an der Wiener Brücke unsere Ausweise kontrolliert. Ich will meinen Ausweis rausnehmen und denke nicht daran, daß ich auf gleicher Höhe die Büchsenmilch für die Frau drin habe – es waren ja ihre drei Care-Pakete. Die Milch rollte weg, und der Polizist war so nett, der ist noch hinterhergerannt und hat sie mir wiedergegeben. Er hat nichts gesagt, obwohl er wußte, woher wir kamen. Es gab eben ganz scheußliche, aber es gab auch angenehmere. Es waren ja nicht alle so verbohrt.

Als ich dann im Stadtbezirk Mitte in verschiedenen Hotels als Telefonistin gearbeitet habe, war mein nächster Arbeitsweg immer über die Wiener Brücke. Ich fuhr mit der 88 bis Kochstraße, später, als drüben die Straßenbahnen ausrangiert wurden, mit dem 75er Bus. Dann stieg ich in die U-Bahn, fuhr bis Französische Straße bzw. Friedrichstraße und war in 25 Minuten am Arbeitsplatz. Nach 1961 brauchte ich beinahe 20 Minuten, um zum Bahnhof Treptow zu kommen, wo ich erst mit der S-Bahn losfahren konnte. Sie war schon ein großes Handikap, diese Grenze, kann man sagen. Man wohnte so günstig, so zentral vorher, was einem nicht mal so bewußt war. Man wohnte ruhig und trotzdem zentral.

Th. Scholze: Bewältigten Sie Ihren Arbeitsweg immer problemlos?

Frau B.: Es passierte nicht viel. Doch was mich manchmal bißchen in Harnisch brachte, war, daß man morgens und auch nach Feierabend an der Brücke kontrolliert wurde. Dann habe ich manchmal gesagt, wenn sie hier doch bloß Berliner hinstellen würden, die begreifen könnten, daß wir nur durchfahren, wir arbeiten doch nicht drüben. Viele haben ja drüben gearbeitet, aber ich z. B. nicht. „Möchten Sie meine Frühstücksstullen sehen oder was hätten Sie gern? Für mich ist das der kürzeste Weg zur Arbeit im Osten!" Ich bekam ja sogar die Fahrscheine am Straßenbahnhof Elsenstraße

Sektorengrenze am Brandenburger Tor, Straße des 17. Juni, 1960

für mein Geld, das war also offiziell gestattet. Als ich mir mal in der Straßenbahn im Westen den Arm gebrochen hatte, wurde das als Wegeunfall anerkannt. Aber leider, die jungen Leute aus Sachsen oder Thüringen, die da an der Grenze Dienst machten, die konnten nicht begreifen, daß Berlin nun mal eine Stadt war.

Die Sektorengrenzen waren bereits Reizstellen geworden, an denen versucht wurde, ungleiche ideologische, politische und soziale Strategien zuallererst durchzusetzen. Das Ende des jeweiligen Sektors war bereits gut lesbar gekennzeichnet. Streiche von der Art, daß beispielsweise in der Nacht vom 21.12.1955 an der Kiefholz-, Höhe Karpfenteichstraße ein Schild mit der Aufschrift „Demokratischer Sektor" 100 Meter in den Westsektor hinein „verpflanzt" wurde, wertete man in jedem Falle als „Provokation". Entlang der Grenze im Ostsektor patrouillierte kasernierte Polizei, im Westsektor kontrollierten die Zollgrenzbeamten das Geschehen von der Gegenseite. Die Grenzpolizisten machten Stichproben, wenn jemand zu viel Gepäck zu haben schien oder unsicher auftrat. Unerlaubter Grenzübertritt oder gar

„Republikflucht" wurde als Straftatbestand bereits damals mit Waffengewalt zu verhindern gesucht. Es gab immer wieder Tote und Verletzte. Vor allem 1952/53 begannen sich solche „Zwischenfälle" zu häufen, und doch wagte mancher, den Landwehrkanal zu durchschwimmen, flohen selbst Volkspolizisten gelegentlich. Die Angst vor einer Festnahme war gewaltig, denn jedem Ostberliner drohte neben empfindlichen Strafen auch ein Berlin-Verbot. Dies war seit 1953, als jeder DDR-Bürger zum Besuch der Bundesrepublik eine Ausreisegenehmigung brauchte und auch nach Ostberlin nur unter Ausweiskontrolle einreisen durfte, gleichbedeutend mit dauerhaftem Westberlin-Verbot.

Allmählich, um den „Überblick" auch an der Sektorengrenze zu erleichtern, wurden erste von Ostberlin aus vorgenommene Absperrungen zu einem festen Standard. Seit 1951 gestatteten am Schlesischen Tor, an den Einmündungen der Onckenstraße und der Mengerzeile in die Harzer Straße und an der Ecke Heidelberger/ Wildenbruchstraße Eisenbarrieren, Betonhindernisse oder Feldsteine den Verkehr nur noch für Fußgänger und Radfahrer. Und nachdem bereits im August 1949 die Berliner Verkehrsbetriebe sich verwaltungsmäßig getrennt hatten, wurde der „Intersektoren-Verkehr" – U- und S-Bahn ausgenommen – 1953 endgültig unterbrochen. Die Straßenbahnlinien 3, 6 und 87 durch die Elsenstraße bzw. durch das Schlesische Tor in den amerikanischen Sektor, die nach dem Krieg von den ehemals neun Linien im Ortsteil Treptow übriggeblieben waren, wendeten nun an der Sektorengrenze.

In der Zeit vor und nach der Unterzeichnung des Deutschlandvertrages in Bonn am 26. Mai 1952, mit dem Westberlin fest in das Rechts-, Finanz- und Wirtschaftssystem der Bundesrepublik eingegliedert wurde, verschärfte die DDR ihr Grenzregime. Eine Verordnung vom gleichen Tage gab dem „Ministerium für Staatssicherheit", die folgende „Polizeiverordnung" den Wacheinheiten freie Hand, unverzüglich „strenge Maßnahmen" für die „Sicherung" der Demarkationslinie zu den westlichen Besatzungszonen zu ergreifen. Der kleine Grenzverkehr entfiel. Entlang der Grenze wurde ein Gebiet mit besonderen Aufenthaltsregelungen geschaffen. Rücksichtslos durchgesetzt und immer mehr perfektioniert, hatten ein 10 Meter breiter „Kontroll"streifen, ein 500 Meter breiter „Schutz"streifen und eine 5 Kilometer tief gestaffelte Sperrzone im Grunde bis November 1989 unverändert Bestand. Dort gab es seit August 1952 bereits die freiwilligen „Grenzpolizeihelfer", die fortan etwa 20 Prozent der „Grenzverletzer" schon im Vorfeld stellten. „Aktion Ungeziefer" nannte der SED-Staat im Juni 1952 die erste Welle von Zwangsaussiedlungen der Grenzbevölkerung aus dem Sperrgebiet.

Bereits einen Tag nach Unterzeichnung des Deutschlandvertrages wurde ein großer Teil der Fernsprechleitungen nach den Westsektoren von Ost-

Fahrzeugkontrolle an der Sektorengrenze Friedrichstraße/ Ecke Mauerstraße, um 1952

berliner Seite unterbrochen und später nur noch teilweise wiederhergestellt. Im Juni 1952 begann auch ein verstärkter Ausbau der Grenzen um Westberlin. Beinahe sämtliche Verbindungsstraßen wurden gesperrt. Besuche von Westberlinern in der DDR waren seither an Passierscheine gebunden, diese wurden aber anfangs meist nicht ausgestellt. Sofern sie nicht im Ostteil der Stadt arbeiteten, war Westberlinern seit November 1952 der Einkauf dort untersagt. Der Stammabschnitt der Lebensmittelkarte und der Personalausweis waren vorzuzeigen. Jeder zivile Besucher- und Personenverkehr wurde in den Folgejahren von ostdeutscher Seite eingeschränkt bzw. reglementiert. Innerhalb Berlins jedoch blieben die Sektorengrenzen mit ihren 73 Straßenkontrollpunkten weiterhin offen. Allerdings war die Verschärfung der Situation all denen wohl klar, die beobachteten, wie an bestimmte „unübersichtlichen" Stellen im Stadtgebiet, die mit Bäumen bestanden waren, ein Grenzstreifen von 20 bis 25 Metern abgeholzt wurde. Und ein internes Besprechungsprotokoll zwischen Magistratsvertretern und dem Präsidium der Volkspolizei vom Februar 1953 zeigt, daß für den eventuellen „Fall Igel", für die Sicherung Ostberlins schon damals folgendes erwogen wurde: „Die zur Zeit bei der Enttrümmerung anfallenden Schuttmassen nicht zu den bisherigen Schuttabladestellen abtransportieren zu lassen, sondern direkt zur Sektorengrenze und dort bei der Abladung gleich zweckmäßig aufzuschippen."

Beim Ostberliner Oberbürgermeister war im April des gleichen Jahres ein „Sektorenprogramm" beschlossen worden. Wesentlicher Teil des Vorhabens war es, alle Geschäfts- und Handelseinrichtungen des „demokratischen" Sektors, die unmittelbar an der Grenze lagen, hinter die Kontrollpunkte der Volkspolizei zu verlegen. „Umfassende Bereinigung der Grenze" nannte man dies. Betroffen waren allein in Treptow über 60 Klein- und Mittelbetriebe. Wer die Liste der Friseur- und Bäckergeschäfte, Schneidereien, Gastwirtschaften, Fuhrunternehmen und Kleinfabriken in der Harzer-, Heidelberger oder Elsenstraße sieht, bekommt einen Eindruck, welche Geschäftigkeit der Ortsteil Treptow auch im Bereich der Sektorengrenze noch immer ausstrahlte.

Einen warnenden Vorgeschmack auf Mögliches hinterließ die rigorose Absperrung des Zugangs zu Westberlin in den ersten Tagen nach den Bevölkerungsprotesten um den 17. Juni 1953. Zeitweise blieben die Sektorengrenzen geschlossen.

Th. Scholze: Wie war die Situation an den Übergängen im Ortsteil Treptow um den 17. Juni 1953?

Frau B.: Mein zweiter Mann wohnte zu der Zeit im Westen – unsere Ehe war schon ziemlich parterre –, war aber zufällig in der Nacht zum 17. Juni da. Und jetzt haben die die Grenzen zugemacht. Wie er morgens zur Arbeit wollte, kam er nicht durch. Ich sagte, da wird doch bestimmt gerade für Westberliner eine Regelung getroffen werden. Vielleicht zwei Tage später aber ging er dann zum Friseur und kam nicht mehr zurück. Als ich ihn suchen wollte, traf ich im Hausflur auf Herrn W., der mir Tabaksbeutel und Portemonnaie gab und sagte: „Sie müssen mir versprechen, daß Sie nicht darüber reden. Ich habe Ihren Mann durchgelassen, der ist über den Kanal geschwommen. Ich habe gesehen, daß er gut im Westen angekommen ist." Ungefähr vierzehn Tage haben sie damals die Grenze zugehalten.

Th. Scholze: Ist das später noch einmal passiert?

Frau B.: Nein, nur 1953, meine Tochter war zwei Jahre. Aber da das so relativ schnell ging, diese Normalität wieder, hat ja auch kein Mensch geglaubt, daß das 1961 für eine Generation gedacht ist, fast für 30 Jahre. Denn ich hätte ja die ersten Augusttage noch weggekonnt, es wurde ja noch nicht geschossen ...

Bald also umfing die Berliner wieder der „normale" Alltag. Und so saß Ende September 1958 VP-Unterwachtmeister „Otto" mit zwei anderen Uniformierten in der Schultheiß-Gaststätte Heidelberger Straße 31. „Otto" war nicht scheu, sein Westberliner Bekannter hatte ihn schon öfter nach Dienstschluß eingeladen. Ob seine „Knarre" auch echt oder bloß eine Attrappe sei, spotteten die Zechkumpane. "Otto" entnahm der Pistole das Magazin, demonstrierte ihren Gebrauch – schon knallte es. Die 46jährige Gertrud am Nebentisch wurde in den Arm getroffen, zum Glück nur eine Fleischwunde. Während „Ottos" Kollegen in den Ostsektor flohen, blieb der Schütze sitzen und ließ sich offenbar nicht ungern festnehmen. Er verbüßte 14 Tage Arrest und blieb „im Westen". Dieses „Abenteuer" endete glimpflich, schloß der „Telegraf" seinen Bericht; und der alltägliche Besucherverkehr zwischen beiden Teilen der Stadt blieb davon unbeeinflußt. Sogar ein Kino wurde kurz vor Weihnachten des Jahres 1960 an der Sektorengrenze Wildenbruchstraße eröffnet. Der Standort des „Gérard Philipe", des ersten nach 1945 neu gebauten Filmtheaters Ostberlins mit seinen 500 Plätzen, war nicht ohne Absichten gewählt. Es sollte Ostberliner Jugendliche von den Westberliner „Grenz"kinos fernhalten. Das Doppelleben in der zweigeteilten Stadt war noch selbstverständlich.

GESETZBLATT

der
Deutschen Demokratischen Republik

| 1952 | Berlin, den 27. Mai 1952 | Nr. 65 |

Verordnung
über Maßnahmen an der Demarkationslinie
zwischen der Deutschen Demokratischen Republik
und den westlichen Besatzungszonen Deutschlands.

Vom 26. Mai 1952

Die Regierung der Deutschen Demokratischen Republik hat der Bonner Regierung und den Regierungen der Westmächte Vorschläge über die Durchführung freier gesamtdeutscher Wahlen und den baldmöglichsten Abschluß eines Friedensvertrages mit Deutschland zugeleitet. Dabei ließ sich die Regierung der Deutschen Demokratischen Republik von dem einmütigen Willen des Volkes leiten, der auf die Erhaltung des Friedens und die Einheit Deutschlands gerichtet ist. Diese Vorschläge wurden von der Bonner Adenauer-Regierung abgelehnt, die auf Weisung der amerikanischen, englischen und französischen Besatzungsmächte sich anschickt, den Generalkriegsvertrag abzuschließen, der gegen den Friedensvertrag und die Wiederherstellung der Einheit Deutschlands gerichtet ist.

In Befolgung ihrer Kriegspolitik haben die Bonner Regierung und die westlichen Besatzungsmächte an der Demarkationslinie einen strengen Grenz- und Zolldienst eingeführt, um sich von der Deutschen Demokratischen Republik abzugrenzen und dadurch die Spaltung Deutschlands zu vertiefen.

Das Fehlen eines entsprechenden Schutzes der Demarkationslinie seitens der Deutschen Demokratischen Republik wird von den Westmächten dazu ausgenutzt, um in immer größerem Umfange Spione, Diversanten, Terroristen und Schmuggler über die Demarkationslinie in das Gebiet der Deutschen Demokratischen Republik zu schleusen. Diese haben nach Ausführung ihrer verbrecherischen Aufgaben bislang leicht die Möglichkeit, ungehindert über die Demarkationslinie nach Westdeutschland zurückzukehren.

Auf diese Art versuchen die feindlichen Agenten die Erfolge des friedlichen, wirtschaftlichen und kulturellen Aufbaus der Deutschen Demokratischen Republik zu untergraben, die weitere Hebung des Wohlstandes der Bevölkerung der Deutschen Demokratischen Republik zu erschweren und die demokratische Ordnung und Gesetzlichkeit, die Stütze des deutschen Volkes im Kampf für Frieden, Einheit und friedlichen Aufbau, zu erschüttern.

Durch diese Handlungen der amerikanischen, englischen und französischen Besatzungsmächte und der Bonner Regierung sieht sich die Regierung der Deutschen Demokratischen Republik gezwungen, Maßnahmen zu ergreifen, die die Verteidigung der Interessen der Bevölkerung der Deutschen Demokratischen Republik zum Ziele haben und die ein Eindringen von feindlichen Agenten in das Gebiet der Deutschen Demokratischen Republik unmöglich machen.

Die Regierung der Deutschen Demokratischen Republik verordnet:

§ 1

Das Ministerium für Staatssicherheit wird beauftragt, unverzüglich strenge Maßnahmen zu treffen für die Verstärkung der Bewachung der Demarkationslinie zwischen der Deutschen Demokratischen Republik und den westlichen Besatzungszonen, um ein weiteres Eindringen von Diversanten, Spionen, Terroristen und Schädlingen in das Gebiet der Deutschen Demokratischen Republik zu verhindern.

§ 2

Alle zur Durchführung dieser Maßnahmen getroffenen Anordnungen, Bestimmungen und Anweisungen sind unter dem Gesichtspunkt zu erlassen, daß sie bei einer Verständigung über die Durchführung gesamtdeutscher freier Wahlen zur Herbeiführung der Einheit Deutschlands auf demokratischer und friedlicher Grundlage sofort aufgehoben werden können.

§ 3

Diese Verordnung tritt mit dem heutigen Tage in Kraft.

Berlin, den 26. Mai 1952

**Die Regierung
der Deutschen Demokratischen Republik**
Der Ministerpräsident
G r o t e w o h l

Herausgeber: Regierungskanzlei der Deutschen Demokratischen Republik — Verlag: (4) Deutscher Zentralverlag, Berlin O 17, Michaelkirchstr. 17, Anruf 67 64 11 — Postscheckkonto: 1400 25 — Erscheinungsweise: Nach Bedarf — Fortlaufender Bezug: Nur durch die Post — Bezugspreis: Vierteljährlich 4,— DM einschl. Zustellgebühr — Einzelausgaben: Je Seite 0,03 DM, nur vom Verlag oder durch den Buchhandel beziehbar — Druck: (135) Greif Graphischer Großbetrieb, Werk II, Berlin-Treptow, Am Treptower Park 28-30 — Veröffentlicht unter der Lizenz-Nr. 783 des Amtes für Information der Deutschen Demokratischen Republik

GESETZBLATT

der
Deutschen Demokratischen Republik

1952	Berlin, den 10. Juni 1952	Nr. 72

Verordnung
über weitere Maßnahmen
zum Schutz der Deutschen Demokratischen Republik.

Vom 9. Juni 1952

Um die Interessen der Bevölkerung der Deutschen Demokratischen Republik zu schützen und um ein Eindringen von feindlichen Elementen in das Gebiet der Deutschen Demokratischen Republik unmöglich zu machen, verordnet die Regierung der Deutschen Demokratischen Republik im Anschluß an die Verordnung vom 26. Mai 1952 (GBl. S. 405) folgendes:

§ 1

Der dem Ministerium für Staatssicherheit durch die Verordnung vom 26 Mai 1952 erteilte Auftrag wird dahingehend erweitert, daß die von diesem Ministerium zu ergreifenden Maßnahmen sich generell auf die Verhinderung des Eindringens von Diversanten, Spionen und Terroristen in das Gebiet der Deutschen Demokratischen Republik zu erstrecken haben.

§ 2

Alle zur Durchführung dieser Maßnahmen zu treffenden Anordnungen, Bestimmungen und Anweisungen sind unter dem Gesichtspunkt zu erlassen, daß sie bei einer Verständigung über die

Durchführung freier gesamtdeutscher Wahlen zur
Herbeiführung der Einheit Deutschlands auf demokratischer und friedlicher Grundlage sofort aufgehoben werden können.

§ 3

Wer den nach § 1 dieser Verordnung oder den
nach der Verordnung vom 26. Mai 1952 getroffenen
Anordnungen, Bestimmungen oder Anweisungen
zuwiderhandelt, wird mit Gefängnis bis zu 2 Jahren
und mit Geldstrafe bis zu 2000 DM oder mit einer
dieser Strafen bestraft, sofern nicht nach anderen
Bestimmungen eine höhere Strafe verwirkt ist.

§ 4

Diese Verordnung tritt mit ihrer Verkündung in
Kraft.

Berlin, den 9. Juni 1952

**Die Regierung
der Deutschen Demokratischen Republik**

Der Stellvertreter des Ministerpräsidenten
U l b r i c h t

Herausgeber: Regierungskanzlei der Deutschen Demokratischen Republik — Verlag: (4) Deutscher Zentralverlag, Berlin O 17, Michaelkirchstr. 17. Anruf 67 64 11 — Postscheckkonto: 1300 25 — Erscheinungsweise: Nach Bedarf — Fortlaufender Bezug: Nur durch die Post — Bezugspreis: Vierteljährlich 4,— DM einschl. Zustellgebühr — Einzelausgaben: Je Seite 0,03 DM, nur vom Verlag oder durch den Buchhandel beziehbar — Druck: (125) Greif Graphischer Großbetrieb, Werk II, Berlin-Treptow, Am Treptower Park 78-50 — Veröffentlicht unter der Lizenz-Nr. 763 des Amtes für Information der Deutschen Demokratischen Republik.

Anordnung
über die Neuregelung der Maßnahmen an der Demarkationslinie zwischen der Deutschen Demokratischen Republik und Westdeutschland.

Vom 18. Juni 1954

Zur Neuregelung der Maßnahmen an der Demarkationslinie zwischen der Deutschen Demokratischen Republik und Westdeutschland wird in Durchführung der Verordnung vom 26. Mai 1952 (GBl. S. 405) folgendes angeordnet:

§ 1

Die Polizei-Verordnung über die Einführung einer besonderen Ordnung an der Demarkationslinie vom 27. Mai 1952 wird mit Wirkung vom 23. Juni 1954 — 0.00 Uhr — außer Kraft gesetzt.

§ 2

Entlang der Demarkationslinie zwischen der Deutschen Demokratischen Republik und Westdeutschland besteht ein Sperrgebiet. Das Sperrgebiet umfaßt den 10-m-Kontrollstreifen unmittelbar entlang der Demarkationslinie, den 500-m-Schutzstreifen und die 5-km-Sperrzone.

§ 3

Das Passieren der Demarkationslinie zwischen der Deutschen Demokratischen Republik und Westdeutschland darf nur über die bestehenden Kontrollpassierpunkte geschehen.

Das Passieren der Demarkationslinie an anderen Stellen ist verboten.

§ 4

(1) a) Bürger der Deutschen Demokratischen Republik, die in der 5-km-Sperrzone und im 500-m-Schutzstreifen wohnen, müssen bei den örtlichen zuständigen Dienststellen der Deutschen Volkspolizei gemeldet sein und in ihrem Deutschen Personalausweis einen Vermerk besitzen, der zum Aufenthalt in der 5-km-Sperrzone berechtigt;

b) Bürger der Deutschen Demokratischen Republik, die im 500-m-Schutzstreifen wohnen, müssen außerdem beim zuständigen Kommando der Deutschen Grenzpolizei gemeldet sein und in ihrem Deutschen Personalausweis den Vermerk besitzen, der zum Aufenthalt im 500-m-Schutzstreifen berechtigt.

(2) Bürger der Deutschen Demokratischen Republik, die in der 5-km-Sperrzone und ihre Arbeitsstätte im 500-m-Schutzstreifen haben, müssen sich beim zuständigen Kommando der Deutschen Grenzpolizei registrieren lassen.

(3) Bürger der Deutschen Demokratischen Republik, die in der 5-km-Sperrzone wohnen und aus beruflichen oder persönlichen Gründen vorübergehend den 500-m-Schutzstreifen betreten wollen, müssen beim zuständigen Kommando der Deutschen Grenzpolizei einen Passierschein beantragen.

Zur Erreichung des Ortes innerhalb des 500-m-Schutzstreifens, für den der Passierschein gültig ist, dürfen nur die von der Deutschen Grenzpolizei vorgeschriebenen Wege benutzt werden.

§ 5

Bürger der Deutschen Demokratischen Republik oder Personen, die zur Zeit in Westdeutschland oder Westberlin wohnen und auf Antrag Zuzug für das Sperrgebiet erhalten, sind verpflichtet, sich innerhalb von 24 Stunden nach Zuzug gemäß den Bestimmungen des § 4 Abs. 1 Buchstaben a und b dieser Anordnung bei den zuständigen Dienststellen der Deutschen Volkspolizei und den Dienststellen der Deutschen Grenzpolizei anzumelden.

§ 6

(1) Bürger der Deutschen Demokratischen Republik, die im Sperrgebiet wohnen, können auf Antrag Personalbescheinigungen zur Reise nach Westdeutschland erhalten.

(2) Personen, die in Westdeutschland, Westberlin oder im Ausland wohnen, können nach Antragstellung eine Aufenthaltsgenehmigung bzw. einen Passierschein oder das Visum für Orte in der 5-km-Sperrzone und im 500-m-Schutzstreifen erhalten.

§ 7

(1) Bürger der Deutschen Demokratischen Republik, die außerhalb der 5-km-Sperrzone wohnen und aus beruflichen oder persönlichen Gründen vorübergehend in die 5-km-Sperrzone einreisen wollen, müssen vor Einreise bzw. vor Arbeitsantritt bei der für sie zuständigen Dienststelle der Deutschen Volkspolizei einen Passierschein beantragen. Dieser Passierschein wird für eine befristete Zeit ausgestellt.

Dauert der Aufenthalt in der 5-km-Sperrzone länger als zwölf Stunden, sind die Personen verpflichtet, sich bei den örtlichen Dienststellen der Deutschen Volkspolizei anzumelden bzw. beim Verlassen der 5-km-Sperrzone wieder abzumelden. Der Passierschein ist in diesem Falle mit einem Sichtvermerk zu versehen.

(2) Bürger der Deutschen Demokratischen Republik, die außerhalb der 5-km-Sperrzone wohnen und ihre ständige Arbeitsstätte in der 5-km-Sperrzone haben, müssen sich beim zuständigen Volkspolizeikreisamt registrieren lassen.

Liegt die Arbeitsstätte im 500-m-Schutzstreifen, so muß außerdem die Registrierung beim zuständigen Kommando der Deutschen Grenzpolizei erfolgen. Die Gültigkeit dieser Registriervermerke beträgt sechs Monate. Nach Ablauf dieser Frist müssen sie entsprechend neu beantragt werden.

(3) Bürger der Deutschen Demokratischen Republik, die außerhalb der 5-km-Sperrzone wohnen und vorübergehend aus beruflichen oder persönlichen Gründen in den 500-m-Schutzstreifen einreisen wollen, müssen bei dem für ihren Wohnort zuständigen Volkspolizeikreisamt einen Passierschein zur Einreise in den 500-m-Schutzstreifen beantragen. Sie sind verpflichtet, sich ungeachtet der Dauer ihres Aufenthalts im 500-m-Schutzstreifen bei ihrer Ein- und Ausreise beim zuständigen Kommando der Deutschen Grenzpolizei zu melden.

(4) Die Bürger der Deutschen Demokratischen Republik sind verpflichtet, alle Personen, die sich widerrechtlich im 500-m-Schutzstreifen aufhalten, sofort den zuständigen Dienststellen der Deutschen Grenzpolizei zu melden.

§ 8

(1) Alle Versammlungen, Kundgebungen und sonstigen Veranstaltungen in der 5-km-Sperrzone sind genehmigungspflichtig. Die Genehmigung ist durch den Veranstalter 24 Stunden vor Beginn bei den zuständigen örtlichen Verwaltungsorganen zu beantragen.

Alle Versammlungen, Kundgebungen und sonstige Veranstaltungen müssen

im Sommerhalbjahr bis 24 Uhr und

im Winterhalbjahr bis 23 Uhr

beendet sein.

(2) Im 500-m-Schutzstreifen können, wenn die Sicherheitsmaßnahmen der Deutschen Grenzpolizei dadurch nicht behindert werden, auf besonderen Antrag Versammlungen, öffentliche Veranstaltungen usw. genehmigt werden.

Die Genehmigung ist durch den Veranstalter 24 Stunden vor Beginn bei der zuständigen Kommandantur der Deutschen Grenzpolizei zu beantragen.

(3) Öffentliche Gaststätten, Kinos, Pensionen, Erholungsheime und andere öffentliche Lokale, die sich im 500-m-Schutzstreifen befinden, bleiben geschlossen.

In besonderen Fällen entscheidet auf Antrag der Rat des Kreises mit Zustimmung des Leiters der zuständigen Kommandantur der Deutschen Grenzpolizei.

§ 9

(1) Innerhalb des 500-m-Schutzstreifens ist der Aufenthalt auf Straßen, der Verkehr aller Arten von Transportmitteln und das Arbeiten im Freien in geschlossenen Ortschaften im

Sommerhalbjahr von Sonnenaufgang bis 22 Uhr und im

Winterhalbjahr von Sonnenaufgang bis 21 Uhr

gestattet.

(2) Außerhalb von geschlossenen Ortschaften ist der Aufenthalt auf Straßen und Feldern, der Verkehr aller Arten von Transportmitteln und das Arbeiten außerhalb des Gehöftes nur von

Sonnenaufgang bis Sonnenuntergang

gestattet.

Zur Ausübung volkswirtschaftlich wichtiger Arbeiten können nach Antrag bei der zuständigen Kommandantur der Deutschen Grenzpolizei Sonderregelungen getroffen werden.

(3) Die Ausführung von Arbeiten in unmittelbarer Nähe des 10-m-Kontrollstreifens ist nur nach vorheriger Anmeldung bei der zuständigen Dienststelle der Deutschen Grenzpolizei gestattet.

(4) Zum Aufsuchen der Arbeitsstätte außerhalb der Ortschaften dürfen nur die von der Deutschen Grenzpolizei vorgeschriebenen Wege benutzt werden.

§ 10

Die Genehmigung für bauliche Veränderungen im 500-m-Schutzstreifen darf vom Rat des Kreises nur dann erteilt werden, wenn die Zustimmung des Leiters der zuständigen Kommandantur der Deutschen Grenzpolizei vorliegt.

Veränderungen im Gelände können nur mit Zustimmung des Leiters der nächstgelegenen Dienststelle der Deutschen Grenzpolizei erfolgen.

§ 11

Anweisungen zur Durchführung dieser Anordnung erläßt das Ministerium des Innern.

§ 12

Diese Anordnung tritt mit Wirkung vom 23. Juni 1954 — 0.00 Uhr — in Kraft.

Berlin, den 18. Juni 1954

Ministerium des Innern

S t o p h
Minister

**Anordnung
über die Durchführung einer körperlichen Bestandserhebung.**

Vom 23. Juni 1954

I.

Mit Stichtag vom 30. Juni 1954 ist — beginnend am 30. Juni — in

a) sämtlichen Lägern der Volkseigenen Erfassungs- und Aufkaufbetriebe (VEAB),

b) sämtlichen getreideverarbeitenden Betrieben der Lebensmittelindustrie, soweit sie Handelsware herstellen,

c) den Außenstellen des Kontors für Import und Lagerung,

d) sämtlichen Ölmühlen, soweit sie Handelsware herstellen,

eine körperliche Bestandserhebung aller vorhandenen Bestände für folgende Rohstoffe durchzuführen:

1. Roggen,

2. Weizen, getrennt nach Inlandweizen und Importweizen,

3. Gerste, getrennt nach Braugerste einschließlich braufähiger Gerste, Industriegerste, Futtergerste,

4. Hafer, getrennt nach Industriehafer und Futterhafer,

5. Getreide-Gemenge,

6. Mais, getrennt nach Industriemais, Futtermais,

7. Speisehülsenfrüchte, getrennt nach Erbsen, Bohnen und Linsen,

8. Reis,

9. Ölfrüchte.

II.

Bis zum Zeitpunkt des Abschlusses der Bestandserhebung dürfen keine unnötigen Warenbewegungen vorgenommen werden.

Eine reibungslose Versorgung muß jedoch unbedingt gewährleistet sein.

III.

Die im Rahmen der Bestandserhebung entstehenden Kosten sind aus Mitteln, die vom Ministerium der Finanzen zur Verfügung gestellt werden, zu decken.

Das Ministerium für Lebensmittelindustrie und das Staatssekretariat für Erfassung und Aufkauf haben entsprechende Nachweise über die zusätzlich entstandenen Kosten zu erbringen.

GESETZBLATT

der Deutschen Demokratischen Republik

Teil I

1956	Berlin, den 14. Mai 1956	Nr. 45

Verordnung
zur Erleichterung und Regelung von Maßnahmen an der Grenze zwischen der Deutschen Demokratischen Republik und der Deutschen Bundesrepublik.

Vom 3. Mai 1956

Zur Regelung der Ordnung im Sperrgebiet an der Grenze zwischen der Deutschen Demokratischen Republik und der Deutschen Bundesrepublik und zur Erleichterung der Bedingungen für Personen, die im Sperrgebiet wohnen oder im Sperrgebiet vorübergehend zu tun haben, wird auf Grund der Verordnung vom 26. Mai 1952 über Maßnahmen an der Demarkationslinie zwischen der Deutschen Demokratischen Republik und den westlichen Besatzungszonen Deutschlands (GBl. S. 405) und der Verordnung vom 9. Juni 1952 über weitere Maßnahmen zum Schutz der Deutschen Demokratischen Republik (GBl. S. 451) folgendes verordnet:

§ 1

Entlang der Grenze zwischen der Deutschen Demokratischen Republik und der Deutschen Bundesrepublik besteht ein Sperrgebiet. Das Sperrgebiet umfaßt den 10-m-Kontrollstreifen unmittelbar entlang der Grenze, den 500-m-Schutzstreifen und die 5-km-Sperrzone.

Die Deutsche Grenzpolizei hat die wichtigsten Verkehrswege, die in die 5-km-Sperrzone führen, den Beginn des 500-m-Schutzstreifens und den 10-m-Kontrollstreifen sichtbar zu markieren.

§ 2

Das Passieren der Grenze zwischen der Deutschen Demokratischen Republik und der Deutschen Bundesrepublik darf nur über die bestehenden Kontrollpassierpunkte mit gültigen Dokumenten erfolgen. Das Passieren der Grenze an anderen Stellen und das Überschreiten des 10-m-Kontrollstreifens ist verboten.

§ 3

(1) a) Bürger der Deutschen Demokratischen Republik, die ständig in der 5-km-Sperrzone und im 500-m-Schutzstreifen wohnen, müssen bei den örtlich zuständigen Dienststellen der Deutschen Volkspolizei gemeldet sein und in ihrem Personalausweis einen Vermerk besitzen, der zum Aufenthalt in der 5-km-Sperrzone berechtigt.

b) Bürger der Deutschen Demokratischen Republik, die ständig im 500-m-Schutzstreifen wohnen, müssen außerdem beim zuständigen Kommando der Deutschen Grenzpolizei gemeldet sein und in ihrem Personalausweis den Vermerk besitzen, der zum Aufenthalt im 500-m-Schutzstreifen berechtigt.

(2) Bürger der Deutschen Demokratischen Republik, die ständig in der 5-km-Sperrzone wohnen und ihre Arbeitsstätte im 500-m-Schutzstreifen haben, müssen sich beim zuständigen Kommando der Deutschen Grenzpolizei registrieren lassen.

(3) Bürger der Deutschen Demokratischen Republik, die in den 5-km-Sperrzone wohnen und aus beruflichen oder persönlichen Gründen vorübergehend den 500-m-Schutzstreifen betreten wollen, müssen beim zuständigen Kommando der Deutschen Grenzpolizei einen Passierschein beantragen.

Im 500-m-Schutzstreifen dürfen nur die von der Deutschen Grenzpolizei festgelegten Wege benutzt werden.

§ 4

(1) Bürger der Deutschen Demokratischen Republik, die im Sperrgebiet wohnen, können auf Antrag Personalbescheinigungen zur Reise nach der Deutschen Bundesrepublik erhalten.

(2) Personen, die in der Deutschen Bundesrepublik, in Westberlin oder im Ausland wohnen, können nach Antragstellung eine Aufenthaltsgenehmigung bzw. einen Passierschein oder das Visum für die Orte in der 5-km-Sperrzone und im 500-m-Schutzstreifen erhalten,

§ 5

(1) Bürger der Deutschen Demokratischen Republik, die außerhalb der 5-km-Sperrzone wohnen und aus beruflichen oder persönlichen Gründen vorübergehend in die 5-km-Sperrzone einreisen wollen, müssen vor Einreise bzw. Arbeitsantritt bei der für sie zuständigen Dienststelle der Deutschen Volkspolizei einen Passierschein beantragen. Dieser Passierschein wird für eine befristete Zeit ausgestellt. Dauert der Aufenthalt in der 5-km-Sperrzone länger als 12 Stunden, sind die Personen verpflichtet, sich bei den örtlichen Dienststellen der Deutschen Volkspolizei anzumelden bzw. beim Verlassen der 5-km-Sperrzone wieder abzumelden. Der Passierschein ist in diesem Falle mit einem Sichtvermerk zu versehen.

(2) Bürger der Deutschen Demokratischen Republik, die außerhalb der 5-km-Sperrzone wohnen und ihre Arbeitsstätte in der 5-km-Sperrzone haben, müssen sich beim zuständigen Volkspolizei-Kreisamt (VPKA) registrieren lassen und erhalten in ihrem Personalausweis einen Registrierstempel, der für die Dauer des Arbeitsrechtsverhältnisses zum Aufenthalt in der 5-km-Sperrzone berechtigt. Liegt die Arbeitsstelle im 500-m-Schutzstreifen, so muß außerdem die Registrierung beim zuständigen Kommando der Deutschen Grenzpolizei erfolgen.

Die Gültigkeit dieser Registriervermerke beträgt sechs Monate. Nach Ablauf dieser Frist müssen sie neu beantragt werden.

(3) Bürger der Deutschen Demokratischen Republik, die außerhalb der 5-km-Sperrzone wohnen und vorübergehend aus beruflichen oder persönlichen Gründen in den 500-m-Schutzstreifen einreisen wollen, müssen bei dem für ihren Wohnort zuständigen VPKA einen Passierschein zur Einreise in den 500-m-Schutzstreifen beantragen.

Sie sind verpflichtet, sich ungeachtet der Dauer ihres Aufenthaltes im 500-m-Schutzstreifen bei ihrer Ein- und Ausreise beim zuständigen Kommando der Deutschen Grenzpolizei zu melden.

(4) Die in § 5 Absätze 1, 2 und 3 festgelegte Passierschein- und Meldepflicht entfällt für Ärzte und Hebammen, die im Kreisgebiet ihren Wohnsitz haben und dort ihre Praxis ausüben, für die dringende Reparaturen im Sperrgebiet auszuführen haben und für solche Personen, die als Einsatzkräfte aus besonderen Anlässen sich im Sperrgebiet vorübergehend aufhalten müssen (z. B.: Feuerwehren, Straßenwinterdienst, Hochwasserdienst, Katastropheneinsätze u. a.).

(5) Die Bürger der Deutschen Demokratischen Republik sind verpflichtet, alle Personen, die sich widerrechtlich in der Sperrzone aufhalten, sofort den zuständigen Dienststellen der Deutschen Grenzpolizei, der Volkspolizei oder den Bürgermeistern zu melden.

§ 6

(1) Alle Versammlungen, Kundgebungen und sonstigen Veranstaltungen in der 5-km-Sperrzone sind genehmigungspflichtig. Die Genehmigung ist durch den Veranstalter 24 Stunden vor Beginn bei den zuständigen örtlichen Verwaltungsorganen zu beantragen.

Alle Versammlungen, Kundgebungen und sonstigen Veranstaltungen müssen bis 01.00 Uhr beendet sein.

(2) Im 500-m-Schutzstreifen können, wenn die Sicherheitsmaßnahmen der Deutschen Grenzpolizei dadurch nicht behindert werden, auf besonderen Antrag Versammlungen, öffentliche Veranstaltungen usw. genehmigt werden.

Die Genehmigung ist durch den Veranstalter 24 Stunden vor Beginn bei der zuständigen Bereitschaft der Deutschen Grenzpolizei zu beantragen.

(3) Öffentliche Gaststätten, Kinos, Pensionen, Erholungsheime und andere öffentliche Lokale, die sich im 500-m-Schutzstreifen befinden, bleiben geschlossen.

In besonderen Fällen entscheidet auf Antrag der Rat des Kreises mit Zustimmung des Leiters der zuständigen Bereitschaft der Deutschen Grenzpolizei.

§ 7

(1) Innerhalb des 500-m-Schutzstreifens ist der Aufenthalt zur Benutzung von Verkehr in Transportmitteln und das Arbeiten im Freien in geschlossenen Ortschaften

in den Monaten Mai bis August   bis 23.00 Uhr,

in den Monaten März, April, September und Oktober   bis 22.00 Uhr,

in den Monaten November bis Februar bis 21.00 Uhr

gestattet.

(2) Außerhalb von geschlossenen Ortschaften ist der Aufenthalt auf Straßen und Feldern, der Verkehr aller Arten von Transportmitteln und das Arbeiten außerhalb des Gehöftes nur von Sonnenaufgang bis Sonnenuntergang gestattet.

Zur Ausübung volkswirtschaftlich wichtiger Arbeiten können nach Antrag beim zuständigen Kommando der Deutschen Grenzpolizei Sonderregelungen getroffen werden.

(3) Die Ausführung von Arbeiten in unmittelbarer Nähe des 10-m-Kontrollstreifens ist nur nach vorheriger Anmeldung und Genehmigung durch die zuständige Dienststelle der Deutschen Grenzpolizei gestattet.

Zum Aufsuchen der Arbeitsstätte im 500-m-Schutzstreifen außerhalb der Ortschaften dürfen nur die von der Deutschen Grenzpolizei vorgeschriebenen Wege benutzt werden.

§ 8

Die Genehmigung für bauliche Veränderungen im 500-m-Schutzstreifen darf vom Rat des Kreises nur dann erteilt werden, wenn die Zustimmung des Kommandeures der zuständigen Bereitschaft der Deutschen Grenzpolizei vorliegt.

Veränderungen im Gelände können nur mit Zustimmung des Leiters der nächstgelegenen Dienststelle der Deutschen Grenzpolizei erfolgen.

§ 9

(1) Die Durchführung von Kollektiv- und Einzeljagden entlang der Grenze zwischen der Deutschen Demokratischen Republik und der Deutschen Bundesrepublik im 500-m-Schutzstreifen ist verboten.

(2) In der 5-km-Sperrzone können Kollektiv- und Einzeljagden, nach vorheriger Zustimmung durch die Deutsche Grenzpolizei, gestattet werden.

(3) Die Durchführung von Sportschießen in der 5-km-Sperrzone ist nur auf den hierfür polizeilich zugelassenen Schießständen gestattet. Die Anmeldung hat 48 Stunden vor Beginn des Schießens bei den zuständigen Dienststellen der Deutschen Grenzpolizei und der Deutschen Volkspolizei zu erfolgen. Im 500-m-Schutzstreifen ist die Durchführung von Sportschießen grundsätzlich verboten.

§ 10

(1) a) Die Ausübung der Fischerei in den Grenzgewässern ist nur mit einem Grenzfischereischein, der vom zuständigen Rat des Bezirkes ausgestellt wird, von Sonnenaufgang bis Sonnenuntergang gestattet.

b) Der Fischereiberechtigte ist verpflichtet, sich nach Erhalt des Grenzfischereischeines bei der zuständigen Dienststelle der Deutschen Grenzpolizei registrieren zu lassen.

c) Der Fischereiberechtigte ist verpflichtet, sich in jedem Falle vor Beginn und nach Beendigung des Fischfanges bei der zuständigen Dienststelle der Deutschen Grenzpolizei an- und wieder abzumelden. Er hat den Grenzfischereischein während des Fischfanges bei sich zu führen und auf Verlangen den Kontrollorganen vorzuzeigen.

d) Die Grenzfischereischeine sind nicht übertragbar.

(2) a) In den Grenzgewässern ist jede Benutzung von Wasserfahrzeugen ohne vorherige Registrierung untersagt. Zur Fischerei kann die Benutzung von Wasserfahrzeugen durch die Deutsche Grenzpolizei gestattet werden.

b) Sämtliche Wasserfahrzeuge sind zur Registrierung den zuständigen Dienststellen der Deutschen Grenzpolizei zu melden. Die erhaltenen Kennzeichen sind vom Fischereiberechtigten am Wasserfahrzeug, von außen gut sichtbar, anzubringen.

c) Die zuständige Dienststelle der Deutschen Grenzpolizei bestimmt für die registrierten Wasserfahrzeuge Anlegestellen.

d) Wasserfahrzeuge, die nicht zur Registrierung gemeldet oder nicht gekennzeichnet sind, werden entschädigungslos eingezogen.

§ 11

(1) Personen, die gegen diese Verordnung verstoßen, können nach § 3 der Verordnung vom 9. Juni 1952 über weitere Maßnahmen zum Schutz der Deutschen Demokratischen Republik (GBl. S. 451) mit Gefängnis bis zu 2 Jahren und mit Geldstrafe bis zu 2000 DM oder mit einer dieser Strafen bestraft werden, sofern nicht nach anderen Gesetzen oder Bestimmungen eine höhere Strafe verwirkt ist.

(2) In minderschweren Fällen ist die Strafe Haft oder Geldstrafe bis zu 150 DM.

§ 12

(1) Die Anordnung vom 18. Juni 1954 über die Neuregelung der Maßnahmen an der Demarkationslinie zwischen der Deutschen Demokratischen Republik und Westdeutschland (ZBl. S. 266) tritt am 14. Mai 1956, 24.00 Uhr, außer Kraft.

(2) Diese Verordnung tritt am 15. Mai 1956, 0.00 Uhr, in Kraft.

Berlin, den 3. Mai 1956

**Der Ministerrat
der Deutschen Demokratischen Republik**

Der Ministerpräsident

Grotewohl

Ministerium
für Staatssicherheit

Wollweber
Minister

Verordnung
über die Bildung einer Zentralen Vorratskommission für mineralische Rohstoffe.

Vom 3. Mai 1956

Die planmäßige Entwicklung der Volkswirtschaft und vor allem der Grundstoffindustrie erfordert die einheitliche Durchführung und systematische Kontrolle aller in der Deutschen Demokratischen Republik verfügbaren mineralischen Bodenschätze und deren laufende Bilanzierung. Die damit verbundenen Aufgaben müssen zentral durchgeführt werden.

Daher wird folgendes verordnet:

§ 1

(1) Mit Wirkung vom 1. Mai 1956 wird die Zentrale Vorratskommission für mineralische Rohstoffe gebildet. Sie untersteht unmittelbar einem Stellvertreter des Vorsitzenden des Ministerrates. Sie ist ein selbständiges Organ; haushaltsmäßig ist sie der Staatlichen Geologischen Kommission angegliedert.

(2) Die Zentrale Vorratskommission besteht aus einem hauptamtlichen Vorsitzenden und drei ehrenamtlichen Mitgliedern. Sie wird durch Sachverständige beratend unterstützt. Der Vorsitzende der Zentralen Vorratskommission wird vom Ministerrat auf Vorschlag des zuständigen Stellvertreters des Vorsitzenden des Ministerrates berufen. Die ehrenamtlichen Mitglieder werden vom Vorsitzenden der Zentralen Vorratskommission vorgeschlagen und von dem zuständigen Stellvertreter des Vorsitzenden des Ministerrates berufen.

(3) Zur Unterstützung der Arbeit der Zentralen Vorratskommission wird ein hauptamtliches Sekretariat eingerichtet. Das Sekretariat arbeitet unter der Leitung des Vorsitzenden der Zentralen Vorratskommission.

§ 2

(1) Der Kontrolle und Bestätigung der Zentralen Vorratskommission unterliegen die Berechnungen aller Vorräte mineralischer Bodenschätze, die

a) bereits als Rohstoffbasis dienen oder

b) in Zukunft als Rohstoffbasis dienen können.

(2) Die Zentrale Vorratskommission kontrolliert die Vorratsberechnungen und bestätigt die Vorräte auf Grund von geologischen Berichten, welche die Ergebnisse der geologischen Erkundungsarbeiten, der Untersuchungen der mineralischen Rohstoffe und anderer Forschungsarbeiten enthalten und zusammen mit den Vorratsberechnungen eingereicht werden müssen.

(3) Die Vorratsberechnungen und die Bestätigungen der Vorräte haben nach einer von der Zentralen Vorratskommission aufzustellenden und vom zuständigen Stellvertreter des Vorsitzenden des Ministerrates zu bestätigenden Vorratsklassifikation zu erfolgen.

(4) Die Beschlüsse der Zentralen Vorratskommission über Vorratsberechnungen und Bestätigungen von Vorräten sind für alle Bergbau- und Erkundungsbetriebe der Deutschen Demokratischen Republik bindend. Sie können nur durch den zuständigen Stellvertreter des Vorsitzenden des Ministerrates geändert werden.

(5) Die Zentrale Vorratskommission hat folgende Aufgaben:

a) Aufstellung einer Klassifikation der Mineralvorräte gemäß Abs. 3;

Zwischen 1950 und 1961 wurde auch im Bereich der Sektorengrenze viel Neues gebaut oder Altes rekonstruiert, Hunderte Wohnungen entstanden auf beiden Seiten. In Ostberlin, in der Lohmühlenstraße 27-31, waren im Oktober 1959 ebenfalls neue Mieter eingezogen. Viele Rentner fanden Berücksichtigung, als die 64 kleinen Ein- und einige Zwei-Raum-Wohnungen vergeben wurden. Die Unterkünfte im sogenannten Junggesellenblock direkt am Landwehrkanal waren verhältnismäßig komfortabel, die Mieten betrugen nur etwa 25 bis 35 Mark.

Im Frühjahr 1960 beschlossen die Bewohner des im staatlichen Nationalen Aufbauwerk errichteten modernen Wohnhauses ihren „Hausarbeitsplan": „Wir stellen uns das Ziel, eine sozialistische Hausgemeinschaft zu werden. Wir wollen im NAW vor und hinter unserem Haus Ordnung schaffen; wir machen jeden Sonntag Aufbau; wir wollen jeden Monat einen Tag der Gemeinschaft mit den verschiedensten Themen abhalten; wir veranstalten am Vorabend des 15. Jahrestages der Befreiung vom Faschismus am 7. Mai ein Hausfest; wir schmücken unser Haus zum 1. und 8. Mai aus; wir machen einen Erfahrungsaustausch mit anderen Hausgemeinschaftsleitungen; wir treiben jeden Sonntag um 10 Uhr Gymnastik entsprechend dem Motto: ‹Jedermann an jedem Ort einmal in der Woche Sport›."

Nicht überall konnte das gewünschte „politische" Bewußtsein so exponiert zur Schau gestellt werden wie im Junggesellenblock mit seinen über siebzig Bewohnern. Ihre Berichte, Aufrufe oder einzelnen Wortmeldungen druckte die „Treptower Rundschau" fast regelmäßig ab: Man forderte eine Gipfelkonferenz für einen Friedensvertrag mit Deutschland; 20 Mieter verpflichteten sich zum 8. Mai 1960, dem „Tag der Befreiung", zu 320 Aufbaustunden; zum „Frauentag" am 8. März erhielten alle Rentnerinnen Glückwünsche; auf Hausversammlungen wurden Ehrenurkunden und die „Aufbaunadel" vergeben. Hier waren offenbar aus den langen Wartelisten auf Wohnraum auch viele „würdige Genossen" zusammengesucht worden, mit denen sich eine aktive und auch propagandistisch verwertbare Hausgemeinschaftsleitung bilden ließ. „Alle dabei gegebenen Hinweise laufen bei dem Hausvertrauensmann zusammen, werden von ihm dem Staatsapparat übermittelt und tragen wesentlich zur Verbesserung der staatlichen Arbeit bei." So lauteten die offiziellen Richtlinien, Einvernehmlichkeit fordernd. Doch in den meisten Fällen bestanden später die HGLs – wenn sie überhaupt zustande kamen – aus Mitbewohnern, die tatsächlich das Vertrauen erhielten, im Namen der Mieter wohnliche Verbesserungen gegen staatliche Stellen durchzusetzen bzw. Gelder für gemeinnützige Zwecke einzufordern.

dwehrkanals
: Bahn. Er
: Trennung
sellenblock"
e im demo-
dem Bezirk
Steinwurf
us entfernt
gehört, und
rlin auf dem
)DR. Diese
e Mieter im
enblock". Es
en Produk-
erwaltungen
it Leben er-
chen Arbeit
'ohnung aus
te.

ist es nicht
persönliches
n Ansätze,
en wollen.
es und das
ehe es sich
ern ist im
aanden.

sere Haus-
tagt jeden
Monat und
Die sind
waren von
iten durch
zu schaffen
en uns, das
Unser Vor-
ecke führte
Bauleitung
alles nichts
a Brief los.

Es tut sich was im „Junggesellenblock"

Sie ist noch sehr jung, die Hausgemeinschaft in der Lohmühlenstraße 27–31. Knapp ein halbes Jahr, und trotzdem hat sie schon einiges aufzuweisen. Das begann eigentlich schon im Sommer des Jahres 1959. Der Bau war noch nicht fertig, da fanden sich donnerstags, sonnabends und auch sonntags die zukünftigen Mieter ein und halfen im NAW mit. Bei der Grob- und Feinreinigung wurden über 1500 Aufbaustunden geleistet. Endlich war es dann soweit. In den letzten Tagen des Oktobers 1959 startete der große Einzug. Tagelang hielten die Möbelwagen, und 64 Mieter nahmen freudig ihre Wohnung in Besitz. Viele von ihnen hatten jahrelang in Untermiete gewohnt. Sie bezogen jetzt ihr Heim, das durch die Arbeit unserer Werktätigen in den Betrieben in unserem Staat der Arbeiter und Bauern ihr eigen wurde. Überwiegend Einzimmerwohnungen mit gekacheltem Bad, teilweise mit Balkon für 24,75 DM bzw. 26 DM und 18 1½-Zimmerwohnungen, ebenfalls mit Bad und teilweise mit Balkon für 35,50 DM bzw. 33,25 DM enthält der Block in der Lohmühlenstraße 27–31. Mieten, die im „Freien Wirtschaftswunderland der westlichen Welt" Wunschträume der werktätigen Menschen sind.

Er ging an die KWV, die Stadtbezirksleitung und die Stadtbauleitung. Darauf kam eine Kommission und nach heißer Diskussion die Beantwortung, daß unsere berechtigt beanstandeten Mängel beseitigt werden.

Dann erfolgte der Knüller mit den Gasdurchlauferhitzern, die wir kürzlich erst geliefert bekamen, und die jetzt eingebaut werden sollten. Nun paßten aber die Rohre nicht. Kurt Warnecke ging auf Achse. Tagung beim Rat erfolgte, Ingenieur-Kommission besichtigte unseren Bau; neuer Termin für Beseitigung der Mängel 15. April.

Jetzt erwarten und fordern wir von den verantwortlichen Stellen im Stadtbezirk und Stadtbaumt sowie von der KWV, daß nun endgültig Schluß mit der Schluderarbeit an unserem Bau gemacht wird und die noch vorhandenen Mängel zum festgesetzten Termin erledigt werden. Trotz allem aber machen wir unser Programm weiter und lassen nicht locker, daß die Initiative unserer Mieter gehemmt wird.

Zwei Hausversammlungen starteten. Auf der ersten wurden Mieter für ihre aktive Mitarbeit mit Urkunden und Aufbaunadel ausgezeichnet. Unter ihnen die 82jährige

Frau Marie Pusch, Frau Alice Jahn, sie zählt 69 „Lenze". In der zweiten Hausversammlung wurde unser Arbeitsplan mit einer Stimmenthaltung angenommen:

Er besagt: Wir stellen uns das Ziel, eine sozialistische Hausgemeinschaft zu werden. Wir wollen im NAW vor und hinter unserem Haus Ordnung schaffen; wir machen jeden Sonntag Aufbau; wir wollen jeden Monat einen Tag der Gemeinschaft mit den verschiedensten Themen abhalten; wir veranstalten am Vorabend des 15. Jahrestages der Befreiung vom Faschismus am 7. Mai ein Hausfest; wir schmücken unser Haus zum 1. und 8. Mai aus; wir machen einen Erfahrungsaustausch mit anderen HGL; wir treiben jeden Sonntag um 10 Uhr Gymnastik entsprechend dem Motto: „Jedermann an jedem Ort einmal in der Woche Sport".

Zu insgesam
verpflichteten :
lich des 15. Ja
ung vom Fas
Frauen, die in
den im NAW
schon tätkräft
verwirklichen.
Ja, der rul
mühlener Bloc
Jahr „Wir" we
ein wenig abw
ein größer
sonntags vor
Haus im NA\
Wie z. B. Karl
Jahr so aktiv
jede Aufbaust
und zum Frie
Am 1. April
Gemeinschaft
entmilitarisiert
berlin?" statt.
Thema gewäh
Herzen liegt,
Taten mithelfe
kommenden G
Deutschland, S
militarisierten
Der Vorsitze
bandes Berlin
verordnete Fr
tete die Frag
Gäste waren d
seit kurzer Ze
ist. Sie kamer
uns, weil, wie
Faschisten regi
In freimütige
dieser interessa
Hauses des S
Frieden.

e Treptower Rundschau!

ner vorigen
Reihe von

Treptow der Demokratischen Bauernpartei war am Sonnabend, dem

werdet Ihr mit Recht sagen. Was ist denn nun der Haken dabei? Wir

Die ersten Bewohner des Junggesellenblocks bei Aufbaustunden, Mai 1955

Gerade weil man direkt vom Balkon über die Grenze hinweg nach Kreuzberg blicken konnte, war der Junggesellenblock von Anbeginn als Vorzeigehaus gedacht. Darin sollte jeder Bewohner „durchsichtig" sein und mit der erwarteten „hohen politischen Moral" das erstrebte Ideal des „sozialistischen Menschen" verkörpern. Vor allem danach waren die Wohnungen vergeben worden. Gemeinsam und beispielhaft sollte nun der erste Schritt „vom Ich zum Wir" vollzogen werden. Darüber befand regelmäßig am

Wir fordern

Die Hausgemeinschaft Loh‑
mühlenstraße 27-31 fordert 1
der Gipfelkonferenz,
daß über einen Friedensvert‑
mit Deutschland und der Sch‑
fung einer entmilitarisier‑
Freien Stadt Westberlin bera‑
wird.
Deshalb ist es notwendig, ‑
entsprechend dem Vorschlag ‑
seres Ministerpräsidenten O‑
Grotewohl, eine gemeins‑
deutsche Delegation ihren Sta‑
punkt auf der Gipfelkonfer‑
darlegt.
Die Tatsache, daß in We‑
deutschland alte Militaristen ‑
Faschisten die Macht ausüb‑
die mit allen Mitteln ei‑
Atomkrieg auslösen wollen,
eine Gefahr für den Frieden ‑
Welt. Ein Friedensvertrag ‑
Deutschland würde auch
Westdeutschland die Wurz‑
eines Krieges beseitigen, dar‑
fordern wir einen Friedensvt‑
trag und eine entmilitarisie‑
Freie Stadt Westberlin.
Wir werden alles tun, um ‑
unseren Westberliner Verwa‑
ten und Bekannten über di‑
Lebensfragen unserer Nation ‑
sprechen.

Diese Entschließung wurde auf ‑
Hausversammlung am 1. April ‑
stimmig angenommen.

letzten Donnerstag im Monat die HGL, denn ganz so selbstverständlich war es wohl nicht. Mancher wollte die Regeln nicht akzeptieren, nach denen man im Sozialismus und später ganz besonders im Grenzgebiet leben sollte; nämlich beispielsweise „...nicht dulden, daß der Gegner seine Hetze und Gerüchte in der DDR und ihrer Hauptstadt Berlin verbreiten kann...". Wer damals nicht ausreichend mittun konnte oder wollte, dem wurde wie im Junggesellenblock drohend entgegengehalten: „Aber auch jene werden sich bald einreihen: denn jede Aufbaustunde ist gleichzeitig ein Bekenntnis zu unserem Staat und zum Frieden."

Wie gefährlich es mitunter war, die eigene Privatsphäre gegen öffentliche Kontrolle abschotten zu wollen, zeigt der makabre Fall der damals bereits 87jährigen Frau F. in der Beermannstraße 16. „Bestimmte Bürger" waren auf die alte Dame aufmerksam geworden, weil sie „ständig Besuche in Westberlin machte" und ohne Anmeldung niemanden in ihre Wohnung ließ. Zwei Feuerwehrmänner fanden dort dann folgendes: 400 Schuß Munition, Schreckschußpistolen, Knallkorken, zwei Flaschen Zyankali und Strychnin. Im Korridor waren zu beiden Seiten vom Fußboden bis zur Decke Zeitungen wie „Völkischer Beobachter" und „Der Angriff" aus der Nazizeit gestapelt. „Die Tatsache, daß im Korridor durch die vielen Zeitungsstapel nur ein ganz schmaler Gang blieb, daß kein elektrisches Licht vorhanden war und Frau F. nur Talglicht brannte, war eine gefährliche Brandmöglichkeit. Als Haustier fütterte die F. eine Ratte." Weil man außerdem noch Schriftstücke der Organisation „Freiheitliche Journalisten" fand, statuierte man am Fall der Frau F. ein Exempel und schlachtete es in der Presse aus: „Ein Agentennest weniger". Aus einer sozialen Indikation wurde ein Verbrechen konstruiert und die Frau dem Staatsanwalt übergeben.

◼ Händler, Schieber, Schmuggelware

Berichte über Grenzzwischenfälle im Zusammenhang mit Schieberei oder Schleichhandel am Beginn und im weiteren Verlauf der fünfziger Jahre füllen dicke Aktenmappen der Zollbehörden. Nicht wenige Westberliner versuchten, sich über ihren günstigen Wechselkurs im Ostsektor mit größeren Lebensmittelmengen einzudecken. Umgekehrt waren Ostberliner bemüht, im Westsektor Mangelwaren und Genußmittel zu kaufen, veräußerten dafür eigene Erzeugnisse oder bemühten sich um illegale Geldgeschäfte. Im Ostsektor war die Westmark längst verboten. Der hohe Umtauschsatz, mit dem man in 88 Wechselstuben der Westsektoren für D-Mark die Ostmark einkaufen konnte (z. B. 1960 1:5), wurde als „Schwindelkurs" bezeichnet. Gelegenheit also für viele, den Besuch bei Verwandten und Bekannten, den Weg zur Arbeit oder den Einkaufsbummel mit etwas „Nützlichem" zu verbinden.

Beiderseits der Sektorengrenze wurde gegen diesen Handel und Wandel vorgegangen. Westberliner Zollbeamte und die Ostberliner Grenzpolizei – letztere hatte ihre Strukturen 1956/57 den militärischen weitgehend angeglichen – waren auch aus politischen Gründen gleichermaßen präsent. Das Zollgrenzkommissariat VI in der Neuköllner Siegfriedstraße 1 war eine der neun lokalen Schaltstellen, von denen aus die Erlasse des Hauptzollamtes Berlin-Hansa an die Grenzaufsichtsstellen z. B. in der Elsen- und Wildenbruchstraße oder an der Lohmühlenbrücke weitergegeben wurden. Umgekehrt nahmen die dortigen Kommissare die Vollzugs- und Informationsberichte der Grenzassistenten entgegen und koordinierten die Überwachung. Auf der Ostseite unterstützten die Beamten des „Amtes für Zoll und Kontrolle des Warenverkehrs" die „Vopos". Wer wen kontrollierte, festnahm oder auch laufenließ, war ganz unterschiedlich und hing oft von der Person des Kontrollierenden ab, der die Auflagen seiner Behörde mehr oder weniger genau erfüllte. Im ganzen waren die Ostberliner Kontrollen wesentlich schärfer, da sie immer auch Fluchtvorhaben aufdecken und verhindern sollten.

Trotzdem, zwischen 1950 und 1953/54 florierte der illegale Handel „ausgezeichnet", gab es ein geschäftiges Hin und Her von größeren und kleineren persönlichen Posten an unverzollten und unversteuerten Waren. „Die größeren, rein gewerblichen Einfuhren werden mit der S- und U-Bahn durchgeführt. Sie kommen in erster Linie in den frühen Morgenstunden bis gegen 10 Uhr zur Ausführung", stellten Westberliner Beamte in Polizistendeutsch fest. Allein im November 1953 gab es auf westlicher Seite 142 Beschlagnahmen bei 83 Ost- und 59 Westberlinern. „Eingeschwärzt" werden – so nannte man dies damals – sollten unter anderem 15 in leeren Treibgasflaschen versteckte Rollen Dachpappe, über siebzig Teppiche, Stühle

Provisorisches Zollhaus an der Sektorengrenze Leuschnerdamm /
Ecke Waldemarstraße, Mai 1955

und Lampen, Fliesen, meterweise Gummischlauch und Stoffe, 16 Pakete
gewaschene Wäsche und viele Kilogramm Fleisch, Kaffee und Getreideer-
zeugnisse, dazu Schnittblumen, Futtermittel, Kartoffeln, Zigaretten, seide-
ne Damenstrümpfe oder Buntmetallschrott. In manchem „Umzugsgut" fand
sich auch eine neue Kücheneinrichtung. Daß beim „Besorgen" von Kleinst-
mengen über die Grenze hinweg oft genug Kinder oder biedere Hausfrauen
schon beim ersten Mal erwischt wurden, war naheliegend. Trotzdem baten
die Westberliner Grenzaufsichtsbeamten in bis 1953 immer wiederkehren-
den Anträgen um ihre Bewaffnung. Sie verwiesen auf die größeren „Fi-
sche": „Ein Nachlassen der Zwischenfälle beim Grenzaufsichtsdienst ist
nicht zu erwarten, eher das Gegenteil; denn die Leute, die heute noch
Schmuggel betreiben, sind mehr oder weniger Verbrecher- oder Gangster-
typen, die vor Gewaltanwendung nicht zurückschrecken."

Eine Anweisung für die Zollassistenten der unmittelbaren Aufsichtsstel-
len, sich nur an „übersichtlichen Stellen" und in einem Mindestabstand von
150 Metern zur Sektorengrenze zu postieren, zeigt weitere Konfrontations-
möglichkeiten im Dienst. Nach dem 17. Juni 1953 erging bei Androhung

Das Schieberehepaar Manke aus Neukölln mit seiner Schieberware, März 1946

disziplinarischer Maßnahmen sogar die Aufforderung, „unangebrachte Mentalität" in Form „plump-vertraulichen oder sogar kameradschaftlichen Verhaltens gegenüber Angehörigen der ‘Volkspolizei’ unbedingt zu unterlassen" und sich vor „falschem taktischen Verhalten" zu hüten. Wer von den „Vopos" im sowjetischen Sektor angetroffen oder dahin gebracht und angeklagt wurde, hatte seit dieser Zeit mit strengsten Strafen zu rechnen. Im März 1955 rief ein Volkspolizist einem Touristen zu, der ihn fotografieren wollte: „Stehnbleiben! In solchen Fällen schieße ich sogar auf meinen eigenen Bruder!"

Bezeichnend für die angespannte Lage und die politisch-ideologische Situation in den fünfziger Jahren war auch, daß beiderseits vor allem nach „Propagandamaterial" gesucht wurde. Gemeint waren Schriften „zur Verbreitung militaristischer, faschistischer oder antidemokratischer Ideen", mit „abfälligen Bemerkungen oder Mißtrauensäußerungen gegen irgendeine Besatzungsmacht", mit Aufrufen zu „Unruhe und Aufruhr in den Sektoren" oder zur „Unterstützung eines totalitären Systems". Diese Vorschriften der Westberliner Zollbeamten hätten ohne weiteres auch auf der anderen

Seite erlassen worden sein können. Broschüren des ostdeutschen „Freien Deutschen Gewerkschaftsbundes" oder der westlichen Vereinigung „Freiheitliche Journalisten" wurden jeweils beschlagnahmt. Das Einschmuggeln des „Neuen Deutschlands", des „Zentralorgans der SED", nach Westberlin wurde verfolgt. Ließ man es in solchen Fällen gegenüber Ostberlinern nicht selten bei einer Abmahnung oder Registrierung bewenden, ergingen an die eigene Bevölkerung schon eher Strafanzeigen.

All dies geschah während des täglichen Personenverkehrs zwischen beiden Teilen der Stadt, mal mit mehr, mal mit weniger hektischer Betriebsamkeit. Dieses schwankende „Klima" des „kalten Krieges", die diffizile Situation an der Sektorengrenze trieb auch im Privaten erschreckende Blüten. Ernüchternd wirkt, wie unversöhnlich und fast brutal einzelne Menschen sich immer wieder gegeneinander auszuspielen versuchten. Allerdings bestimmten gerade hierbei wohl die im Nationalsozialismus verfestigten Lebenserfahrungen und Feindbilder den Umgang vieler Berliner miteinander, ihre Einstellung zu Behörden und Uniformierten. Da zeigte der Nachbar die Nachbarin an, die „fast täglich den Kaffee (vermutlich Mengen von ca. 5 Pfund) aus der Magdalenenstraße im Ostsektor" holte und weiterverkaufte. Der Untermieter bezichtigte seinen Vermieter und der gekränkte und geschiedene Ehemann seine frühere Frau: „Ich mache diese Angaben, weil meine Frau mich überall denunziert und schlecht macht, und ich auf dem Standpunkt stehe, daß sie als Angehörige einer öffentlichen Dienststelle nicht im Sowjetsektor kaufen darf und darüber hinaus nicht derart intimen Verkehr mit Bewohnern des Ostens haben sollte, zumal ich weiß, daß Verwandte ihrer Bekannten im Osten bei Ostberliner Dienststellen tätig sind." Solche Beschuldigungen zielten auf politische und möglichst berufliche Konsequenzen, andere gar auf die rassistische Diskriminierung von Verdächtigen: „Der Jude R. ... ist ungefähr 1, 70 m groß, etwas dick und hat schwarzes Haar. Der rechte Fuß des Juden ist ein Spreizfuß, der bei dem üblichen jüdischen Watschelgang sehr stark nach außen steht, trägt hellen Gabardine." Nicht selten blieben die Denunzianten bei Hinweisen auf vermeintliche Schmuggler und Schieberlager anonym, konnten aber mit detaillierten Wohnungsbeschreibungen und weiteren Beobachtungen aufwarten, die bis ins Privatleben der Angezeigten reichten.

Der Ärger über die unsicheren Nachkriegsverhältnisse, an denen sich einige bereicherten, hatte natürlich ganz reale Hintergründe. Aus der Sicht der Westberliner hörte sich das z. B. so an: „Bin ein alter Rentner, kann mir noch nicht mal das Fleisch, Wurst und den Zucker kaufen, die uns der Ostler anbietet." Und ein Ostberliner Varietékünstler machte einen Westberliner Möbelhändler namhaft, weil der ihm eine Couch verkauft hatte, deren Bezugsstoff aus dem Ostsektor stammte: „Wir zahlen bei Ostqualitäten, die die Geschäftsleute billig und illegal drüben einkaufen, kein Westgeld und überteuert; wo wir so selten in den Genuß des Westgeldes kommen!" Die allgemeine Stimmung derjenigen, die Mühe hatten, sich ihren persönlichen Anteil am wirtschaftlichen Aufstieg in den Westsektoren zu sichern, war in jeder Hinsicht gereizt. An den Regierenden Bürgermeister Reuter schrieb ein Fleischermeister Ende 1952: „Ich bin ein kleiner Meister und wohne dicht am Ostsektor und möchte gern mal wissen, ob Sie auch wissen, wie schlecht es unserem Handwerk geht. Fast alle sind kurz vor der Pleite... Wir müssen uns plagen und nochmals plagen, damit wir den Steuern gerecht werden, und diese Steuern werden dann zum Ostsektor getragen, indem 60 % der Bevölkerung drüben ihr Fleisch und ihre Wurst kaufen." Der „Osten" kontrolliere scharf, aber die gut bezahlten westlichen Zollbeamten stünden nur rum. Mancher wurde in seinem Gesuch an die jeweils Regierenden durchaus prinzipiell. Eine Westberliner Hausfrau stellte entnervt fest: „... es wäre endlich an der Zeit, ‚jeden und jeden' Einkauf im Osten zu unterbinden, aber fangen Sie bitte endlich mal bei den ‚Großen' an. Hörte das alles mal gründlich auf, müßten die Ostler bald ihre HO-Geschäfte schließen. Man gehe nur einmal in solche Geschäfte, wie brechend voll sie sind, zum Gegensatz zu unseren, ein Zorn kommt einem da an."

Im Ostsektor ergingen harte Urteile gegen ertappte Schieber. Anfang 1961, berichtet die „Treptower Rundschau", erhielten Herr T. zwei Jahre und seine Frau ein Jahr und neun Monate Gefängnis für Butter- und Fleischverschiebung nach Westberlin; der siebzehnjährige Sohn blieb ungeschoren. Dies schien konsequent, war jedoch wohl eher hilflose Abschreckung statt objektives Urteil. Denn die Grenzen zwischen Erlaubt und Verboten, zwischen individueller Bedürfnisbefriedigung und schon beginnender Bereicherung waren für den einzelnen oft schwer zu erkennen bzw. zu akzeptieren.

■ Die Grenzgänger

Eine Bevölkerungsgruppe, die ganz besonders öffentliches Mißfallen erregte und immer wieder Gesetze und Erlasse auf sich zog, waren die sogenannten Grenzgänger. Arbeiter und Angestellte, aber auch Ärzte und Wissenschaftler, letztlich sogar Schüler wurden seit der Geldreform des Sommers 1948 so bezeichnet, wenn sie auf dem Weg zu irgendeiner Tätigkeit oder zu ihren Wohnungen in die eine oder andere Richtung die Grenze zur Insel Westberlin regelmäßig überschritten. Diese Mobilität wurde oft jahrelang praktiziert und war innerhalb einer Großstadt eigentlich selbstverständlich. Doch erhielt sie mit dem Auseinanderdriften der beiden Stadthälften plötzlich den Anstrich des Illegalen. West- und Ost-Grenzgänger bekamen nämlich vom Arbeitgeber oder über die Westberliner Aus-

Sektorengrenze Friedrichstraße/ Ecke Zimmerstraße, September 1959

gleichskasse einen Teil ihres Lohnes in DM-West ausgehändigt. Das zahlte sich innerhalb Ostberlins im Verhältnis zu den anderen Einwohnern bald aus. Wie ihre Nachbarn konnten die West-Grenzgänger die allgemeinen Lebenshaltungskosten in Ostmark entrichten, hatten aber zusätzlich Westgeld ohne den ungünstigen Umtausch zur Verfügung, mit dem sie in den Westsektoren Konsumgüter einkauften, während gleichzeitig ihre Arbeitskraft für den Aufbau im Osten fehlte. Mit Blick darauf und natürlich angesichts der zu dieser Zeit bereits reichlich dreieinhalb Millionen Flüchtlinge aus dem Osten Deutschlands, zu denen fast täglich um 500 weitere kamen, sagte der Vorsitzende des Auswärtigen Ausschusses des US-amerikanischen Senats am 3. August 1961 der „New York Times": „Ich verstehe nicht, weshalb die DDR-Behörden ihre Grenze nicht schließen, denn ich meine, sie haben alles Recht, sie zu schließen."

Th. Scholze: Hatten Sie auch den Eindruck gewonnen, daß die ostdeutsche Wirtschaft Flüchtlinge und Grenzgänger nicht mehr lange würde aushalten können?

Frau B.: Allerdings. Wenn das so weitergegangen wäre, dann wären wir wahrscheinlich schon viel eher pleite gewesen als 1989.

Th. Scholze: Hatten Sie denn selbst Grenzgänger in Ihrem Bekannten- oder Verwandtenkreis?

Frau B.:War ja alles doch relativ offen, und man hatte seine normalen Beziehungen zu irgendwelchen Freunden. Man ging rüber, sie kamen her... Mein Sohn arbeitete auch drüben, der traute sich das. Ich habe mir das nicht getraut als Haushaltungsvorstand. Im Haus waren einige Genossen, die haben das nicht gern gesehen.Ich habe immer gesagt: Wir leben doch hier.

Als Folge der wirtschaftlichen Aufwärtsentwicklung Westberlins und steigender Beschäftigtenzahlen nahm die Menge der in Ostberlin bzw. der DDR arbeitenden Westberliner bis 1961 von 100 000 auf ca. 13 000 ab. Darunter waren zu dieser Zeit noch 6 000 Eisenbahner und 3 500 freischaffende Künstler, Artisten und Schausteller. Die Zahl der registrierten West-Grenzgänger hingegen ging bis 1961 nur um 10 000 auf vielleicht 63 000 zurück. Vor allem diese bildeten den Stein des Anstoßes. Hinzu kam eine Dunkelziffer von ungefähr 40 000 Schwarz- und Gelegenheitsarbeitern, die sich unter den Hunderttausenden befanden, welche täglich die Sektorengrenze nach Westberlin überschritten.

Th. Scholze: Was hielten Sie damals von Grenzgängern?

Frau K.: Ehrlich gesagt, ich hatte das in Mecklenburg erlebt. Wir kriegten beispielsweise Butter, die hier oben bei Berlin auf dem Verschiebebahnhof hin und her gerückt wurde, durch Sabotageakte, bis sie grün durchwachsen war. Es hieß, die war von den Russen geliefert worden, obwohl die selber hungerten. Die Butter konnte man dann nur noch auslassen als Butterschmalz. Also die Mauer hätte gleich kommen müssen, dann wäre vielleicht nicht so viel gestört und zerstört worden. Und dann eben das Grenzgängerproblem da unten in Papenberge, nach Spandau zu. Dieses Hin und Her. Ich fand das insofern unehrlich, als sich die anderen all das nicht leisten konnten, was die Grenzgänger innerhalb eines Jahres hatten. Die hatten einen Fernseher, den brachten sie von drüben mit. Wir hatten soundso viele Jahre Wartezeit. Dann hinterher, die hatten ein Haus aufgebaut, die hatten dies und jenes. Wir haben gesagt, das ist das Scheuerlappengeschwader.

Th. Scholze: Wie war die Stimmung in der Bevölkerung allgemein?

Frau K.: Ich weiß bloß, daß es immer viel Ärger gab im Dorf. Einmal waren sie wie von Socken, daß sogar die Förstersfrau drüben öffentlich am Stand mit bediente, wenn in Tegel Markttag war. Über Heiligensee war man ja schnell rein. Da in Heiligensee waren auch immer die strengen Kontrollen, die wir alle als sehr unangenehm empfanden. Da wurde einmal eine hochschwangere Frau rausgeführt, das habe ich selbst erlebt. Der ganze Zug

Brandenburger Tor, August 1961

hat sich empört, und wir standen endlos. Wir hatten doch alle was zu erledigen, wollten nach Berlin rein! Dann kam die Frau schlank wieder, und sie hielten zwei Gänse in der Hand. Die hatte sie sich um den Leib gebunden. Griebnitzsee hieß Spargelbahnhof, und wir waren der Eierbahnhof. „Heiligensee", hieß es im Scherz, „alle, die Eier haben, sofort raustreten zur Kontrolle!" Da sollen alle Männer aufgestanden sein und sich draußen aufgestellt haben (lacht).

Die Zeitzeugen vermischen Spaß und Ernst. Schon im Januar 1953 war mit einer „Anordnung über die statistische Erhebung der Beschäftigtenverhältnisse" versucht worden, Registrierung und Erlaubniseinholung für eine Weiterarbeit in Westberlin durchzusetzen. Dies gelang nur unbefriedigend, so blieb es weiterhin bei dosierter Entlassung von Ost-Grenzgängern aus ihren Arbeitsverhältnissen, weil man ihrer leichter habhaft werden konnte.

Im Sommer 1961 aber schlug die bis dahin verschleierte Stimmungsmache in eine offizielle Verfolgung und Bestrafung der „uneinsichtigen" Grenzgänger um. Jetzt endlich wollten die Teilungsfanatiker den schon

50

immer schwer abzuschätzenden Störfaktor für die „Herstellung von Ordnung und Sicherheit" beseitigen. Man brauchte den „Volkszorn" gegen Flüchtlinge und Grenzgänger, um den wirtschaftlichen Rückstand zu rechtfertigen und möglichst große Teile der Bevölkerung auf die bevorstehende Abriegelung Westberlins einzustimmen. Die folgenden Zwangsmaßnahmen und Schüsse bedurften eines moralischen Anstrichs. Zusammen mit den in Umbruchszeiten überall massenhaft auftauchenden Konjunkturrittern, die ausschließlich schnelle persönliche Vorteile aus den zunehmenden Wirtschafts- und Währungsunterschieden ziehen wollten, wurden die West-Grenzgänger zu verstockten Gesetzesbrechern erklärt. Man nannte sie von parteioffizieller Seite „asoziale Elemente", stellte sie auf eine Stufe mit Schiebern, Spekulanten und Spionen und kriminalisierte viele dabei zu Unrecht. Die „Treptower Rundschau" druckte einen Aufruf an ihre Leser, gegen Grenzgänger vorzugehen. Die Hausgemeinschaft Lohmühlenstraße 27-31 teilte dahingehend auch wirklich mit, daß man den Beschluß gefaßt habe, sich eine Übersicht über die Grenzgänger im Haus zu verschaffen und diese zu „agitieren". Westberliner Grenzgänger durften nun verschiedene Luxusgüter (Fernsehgeräte, Boote, Waschmaschinen) nicht mehr in Ostberlin erwerben, bald darauf wurde ihnen verboten, auch andere Waren und Dienstleistungen ohne den Nachweis eines 1:1 Umtausches von West- in Ostmark in Anspruch zu nehmen. West-Grenzgänger erfuhren mit Datum vom 4. August, daß sie bei Geld- oder Gefängnisstrafe zur Registrierung zu erscheinen hätten. Vier Tage später wurde ihnen die Bezahlung von Miete, Pacht und Steuern, Strom und Gas, Pflichtversicherungen, öffentlichen und Verwaltungsgebühren in DM-West abverlangt, selbst dann, wenn die Betroffenen gar keinen selbständigen Haushalt führten, sondern etwa bei ihren Eltern wohnten. Damals waren es nur noch wenige Tage bis zum 13. August.

VERORDNUNGSBLATT
für Groß-Berlin

Herausgegeben vom
Magistrat von Groß-Berlin

17. Jahrgang Teil I Nr. 27

Ausgabetag 12. August 1961

Teil I
Gesetze, Verordnungen, Anordnungen

Beschluß
des Magistrats von Groß-Berlin
über Arbeitsrechtsverhältnisse in Westberlin

Vom 4. August 1961

Der Magistrat bestätigt den Brief des Oberbürgermeisters vom 31. Juli 1961 an den Senat von Westberlin, in dem der Vorschlag wiederholt wurde, durch Verständigung zwischen den politischen Vertretungskörperschaften beider Teile der Stadt die sogenannte Grenzgängerfrage zu regeln. Der Magistrat stellt fest, daß trotz der Dringlichkeit der Angelegenheit keine Antwort eingegangen ist und beschließt:

1. Alle Bürger der Hauptstadt der Deutschen Demokratischen Republik (demokratisches Berlin), die in Westberlin einer Beschäftigung nachgehen, haben sich auf Grund der Anordnung über statistische Erhebung der Beschäftigungsverhältnisse vom 14. Januar 1953 (VOBl. I S. 23) registrieren zu lassen, gleichgültig ob es sich um ein festes Arbeitsverhältnis oder gelegentliche Dienstleistungen handelt.

2. Die unter Punkt 1 genannten Personen haben mit Wirkung vom 1. August 1961 an ihre Miete, Pacht für Grundstücke und die Abgaben für Strom, Gas, Wasser sowie öffentliche Gebühren in Westmark zu zahlen.

Diese Verpflichtung besteht auch dann, wenn eine Wohngemeinschaft mit einem Familienmitglied besteht, das zu den in Punkt 1 genannten Personen gehört.

3. Zuwiderhandlungen werden auf Grund von Punkt 7 der genannten Anordnung nach der Wirtstrafverordnung mit Gefängnis und Geldstrafe oder mit einer dieser Strafen bestraft.

4. Zur Durchführung dieses Beschlusses erlassen der Vorsitzende des Wirtschaftsrates beim Magistrat von Groß-Berlin und der Leiter der Abteilung Finanzen des Magistrats von Groß-Berlin nach Abstimmung mit den Räten der Stadtbezirke die erforderlichen Bestimmungen und Anordnungen.

Berlin, den 4. August 1961

Der Magistrat von Groß-Berlin

E b e r t
Oberbürgermeister

Erste Anordnung
zur Durchführung des Magistratsbeschlusses vom 4. August 1961 über Zahlungen im demokratischen Berlin durch Personen, die in Westberlin einer Beschäftigung nachgehen

Vom 8. August 1961

§ 1

(1) Personen mit Wohnsitz in der Hauptstadt der DDR (demokratisches Berlin), die in Westberlin arbeiten, haben ihre

a) Mieten aller Art,

b) Pachten und Steuern für Grundstücke,

c) Abgaben für Strom, Gas, Wasser sowie

d) öffentliche Gebühren (wie Telefon, Rundfunk, Fernsehen, Müllabfuhr, Straßenreinigung, Entwässerungsgebühren, Kfz-Steuern, Hundesteuern, Wasserstraßenabgaben, Pflichtversicherungen, Verwaltungsgebühren aller Art usw.

in DM DBB (Westmark) zu entrichten.

(2) Diese Verpflichtung zu a), b) und c) besteht auch dann, wenn eine Wohngemeinschaft mit einem Familienmitglied besteht, das zu den in (1) genannten Personen gehört.

§ 2

Die Einzahlung der Westmarkbeträge hat über die Kreditinstitute der DDR einschließlich der Deutschen Post zugunsten des Zahlungsempfängers zu erfolgen.

§ 3

Wer gegen die Vorschriften der §§ 1 und 2 verstößt, wird nach § 9 der Wirtschaftsstrafverordnung vom 2. August 1950 in der Fassung der Änderungsverordnung vom 14. Dezember 1953 (VOBl. I S. 419) bestraft, sofern nicht nach anderen Bestimmungen eine höhere Strafe verwirkt ist.

§ 4

Diese Anordnung tritt mit Wirkung vom 1. August 1961 in Kraft.

Der Magistrat von Groß-Berlin
Abteilung Finanzen

K r e b s
Stadtrat

Beschluß
des Magistrats von Groß-Berlin über die Aufhebung der Verordnung vom 25. August 1953

Vom 30. Juni 1961

Durch den Beschluß des Magistrats von Groß-Berlin vom 10. Februar 1961, über die Verbesserung der Versorgung der Bevölkerung mit Baumaterialien, ist die Verordnung vom 25. 8. 1953 (VOBl. I S. 287) überholt und wird hiermit mit Wirkung vom 1. Juni 1961 aufgehoben.

Berlin, den 30. Juni 1961

Der Magistrat von Groß-Berlin

E b e r t   G i ß k e
Oberbürgermeister   Stadtrat

Verordnung
zur Übernahme der Verordnung über die Besteuerung der Bäuerlichen Handelsgenossenschaften und anderer Genossenschaften der Vereinigung der gegenseitigen Bauernhilfe

Vom 4. August 1961

§ 1

Die vom Ministerrat der Deutschen Demokratischen Republik erlassene Verordnung über die Besteuerung der Bäuerlichen Handelsgenossenschaften und anderer Genossenschaften der Vereinigung der gegenseitigen Bauernhilfe vom 1. Juni 1961 (GBl. II S. 233) gilt für Groß-Berlin unter Berücksichtigung des Aufbaus und der Stellung der Organe der Staatsmacht von Groß-Berlin.

§ 2

(1) Diese Verordnung gilt für die Abrechnung des Wirtschaftsjahres ab 1961.

(2) Gleichzeitig finden die nachfolgenden Bestimmungen auf Molkereigenossenschaften und andere Genossenschaften der Vereinigung der gegenseitigen Bauernhilfe keine Anwendung mehr:

Die Erste Durchführungsbestimmung zur Selbstberechnungsverordnung — Abschlagszahlungen — vom 10. März 1961 (VOBl. I S. 104),

die Anordnung über die Besteuerung der Vereinigung der gegenseitigen Bauernhilfe und der ihr angeschlossenen Genossenschaften der werktätigen Bauern vom 19. August 1957 (VOBl. I S. 508).

Berlin, den 4. August 1961

Der Magistrat von Groß-Berlin

E b e r t   K r e b s
Oberbürgermeister   Stadtrat

Anlage
zu vorstehender Verordnung

Verordnung
über die Besteuerung der Bäuerlichen Handelsgenossenschaften und anderer Genossenschaften der Vereinigung der gegenseitigen Bauernhilfe

Vom 1. Juni 1961

Um die Besteuerung der Bäuerlichen Handelsgenossenschaften und anderer Genossenschaften der Vereinigung der gegenseitigen Bauernhilfe den gesellschaftlichen und ökonomischen Bedingungen anzupassen und um das Besteuerungssystem grundlegend zu

53

und der anderen Schichten der Bevölkerung zur Stärkung der Deutschen Demokratischen Republik, die ihren hervorragendsten Ausdruck in der Verpflichtung der Brigade Krahmann aus dem VEB Kabelwerk Øberspree – der sich von Tag zu Tag immer mehr Brigaden, Arbeitsgemeinschaften und Gewerkschaftsgruppen anschließen – fand, sind ein einmütiges Bekenntnis der Treue aller Bürger der Hauptstadt zu ihrem Staat der Arbeiter und Bauern, für den Frieden und den Sozialismus. Sie zeugen von der ständig wachsenden politisch-moralischen Einheit der Bevölkerung und ihrem festen Zusammenschluß um die Sozialistische Einheitspartei Deutschlands, die dem ganzen deutschen Volk unter Leitung ihres Zentralkomitees und seines 1. Sekretärs, dem Vorsitzenden des Staatsrats der Deutschen Demokratischen Republik, Walter Ulbricht, den einzig möglichen und den nationalen Interessen unseres Volkes entsprechenden Weg zu einem einigen friedliebenden demokratischen Deutschland weist.

Die Stadtverordnetenversammlung von Groß-Berlin appelliert an die Bevölkerung der Hauptstadt, in ihren Anstrengungen um die Erfüllung des Volkswirtschaftsplanes in all seinen Teilen, im Kampf um die Beseitigung der Störanfälligkeit unserer Wirtschaft nicht nachzulassen und alle Versuche des Gegners, unsere friedliche Arbeit, die Ruhe und Ordnung zu stören, im Keim zu ersticken.

Der Friedensvertrag wird uns nicht geschenkt. Wir werden ihn mit Fleiß, Ausdauer und Mut erkämpfen. Jeder Erfolg bei der Stärkung unserer Arbeiter-und-Bauern-Macht trägt zur endgültigen Niederlage des westdeutschen Militarismus bei!

Mit dem Friedensvertrag zu Frieden und Einheit der Nation!

Mit dem Sozialismus zum Glück des Volkes!

Berlin, den 16. August 1961

Flint　　　　　　　　　**Ebert**
Tagungsvorsitzender　　　Oberbürgermeister

Bekanntmachung
des Magistrats von Groß-Berlin
über Beschäftigung in Westberlin

Vom 12. August 1961

Auf Grund des Beschlusses des Ministerrates der Deutschen Demokratischen Republik vom 12. August 1961 ist es Bürgern des demokratischen Berlins nicht mehr möglich, in Westberlin eine Beschäftigung auszuüben.

Der Magistrat fordert alle Bürger des demokratischen Berlins, die bisher einer Beschäftigung in Westberlin nachgingen, auf, sich entweder an ihrer letzten Arbeitsstelle im demokratischen Berlin zur Wiederaufnahme der Arbeit oder bei der für sie zuständigen Registrierstelle zur Vermittlung einer geeigneten Tätigkeit zu melden.

Berlin, den 12. August 1961

Der Magistrat von Groß-Berlin

Ebert
Oberbürgermeister

Bekanntmachung
des Magistrats von Groß-Berlin
über die Registrierung von Schülern, Lehrlingen und Studenten, die bisher in Westberlin lernten

Vom 19. August 1961

1. Bürger der Hauptstadt der Deutschen Demokratischen Republik (demokratisches Berlin), deren Kinder bisher eine Westberliner Schule besuchten, werden aufgefordert, sich zwecks Einschulung ihrer Kinder bei dem für sie zuständigen Rat des Stadtbezirks, Abteilung Volksbildung, zu melden.

2. Lehrlinge, die bisher in Westberlin ein Lehrverhältnis hatten, melden sich zur Aufnahme eines Ausbildungsverhältnisses bei dem für sie zuständigen Rat des Stadtbezirks, Abteilung Arbeit.

3. Studenten und Fachschüler, die bisher in Westberlin eine Universität, Hoch- oder Fachschule besuchten, melden sich bei dem für sie zuständigen Rat des Stadtbezirks, Abteilung Volksbildung.

4. Die in 1 bis 3 vorgesehenen Meldungen haben bis zum 26. August 1961 zu erfolgen.

Berlin, den 19. August 1961

Der Magistrat von Groß-Berlin
Abteilung Volksbildung

Lengsfeld
Stadtrat

Sechste Durchführungsbestimmung*
zur Verordnung über die Vergütung der Tätigkeit der Lehrkräfte an den Fachschulen

Vom 11. August 1961

§ 1

Die vom Staatssekretär für das Hoch- und Fachschulwesen erlassene Achte Durchführungsbestimmung zur Verordnung über die Tätigkeit der Lehrkräfte an den Fachschulen vom 30. Mai 1961 (GBl. II S. 227) gilt für Groß-Berlin unter Berücksichtigung des Aufbaues und der Stellung der Organe der Staatsmacht von Groß-Berlin.

§ 2

(1) Diese Durchführungsbestimmung tritt mit Wirkung vom 1. Juli 1961 in Kraft.

(2) Gleichzeitig tritt die Vierte Durchführungsbestimmung zur Verordnung über die Vergütung der Tätigkeit der Lehrkräfte an den Fachschulen vom 12. Mai 1960 (VOBl. I S. 407) außer Kraft.

Berlin, den 11. August 1961

Der Magistrat von Groß-Berlin
Abteilung Volksbildung

Fritz Wolff
Stadtrat

* 5. DB VOBl. I 1960 S. 508

Anlage

zu vorstehender Durchführungsbestimmung

Achte Durchführungsbestimmung
zur Verordnung über die Vergütung der Tätigkeit der Lehrkräfte an den Fachschulen

Vom 30. Mai 1961

Auf Grund des § 12 der Verordnung vom 22. Januar 1953 über die Vergütung der Tätigkeit der Lehrkräfte

II. 1961: KEINE AUFENTHALTSERLAUBNIS AN DER STAATSGRENZE

„Ulbricht fragte dies und jenes, und ich erzählte ihm auch, daß man in Jerusalem eine Mauer gebaut habe, die West-Jerusalem von Ost-Jerusalem trennt, das arabische vom jüdischen Jerusalem trennt. Und seitdem die Mauer da ist, ist es relativ ruhig in der Stadt. Schau an, kluge Leute, diese Juden, hat Ulbricht gesagt."

Kurt Goldstein 1991 in „Der Spiegel"
(Interview von Cordt Schnibben)

„So wahr ich hier sitze, es war nichts zu sehen, es war nichts zu hören, es war überhaupt nichts festzustellen!"

Frau B. 1991

Th. Scholze: Wie haben Sie den 13. August 1961 erlebt?

Frau B.: Es begann eigentlich für mich schon einige Tage vorher. Anfang August ist mein Sohn dabei aufgehalten worden, als er einem Kollegen mit Handwagen, Sack und Pack, helfen wollte, in den Westen zu kommen. Die Polizei hat beide ganz schön auseinandergenommen. Die Sachen wurden beschlagnahmt, und jetzt kam er in die Normannenstraße, zur Stasi. Am gleichen Tag fand bei mir eine Haussuchung statt. Meinem Sohn wurde Beihilfe zur versuchten Flucht des Herrn R. vorgeworfen, so hieß der junge Mann. Und bei der Haussuchung habe ich mich nun doch getraut und gefragt, ob sie das verantworten könnten. Mein Sohn sei sehr krank, er hatte auch wirklich Weihnachten einen Magendurchbruch und war operiert worden. „Das war doch bloß eine Unüberlegtheit", habe ich gesagt, „das ist doch kein Grund, einen Menschen da nun festzusetzen." Und es war ja auch noch nicht entschieden. Mein Sohn durfte mich dann bei jemandem im Haus anrufen und war ganz aufgeregt: „Mutti, um Gottes willen, das kann ich gar nicht begreifen. Ich wollte ja dem Günther hier nur einen Gefallen tun!" Natürlich nur so geredet. Auf alle Fälle haben die bei uns rumgeguckt, und da haben sie auch ein bißchen Westliteratur gefunden bei ihm. Und nun: „Wo arbeitet er?" „Im Westen." Das hat ihnen natürlich nicht geschmeckt. Ich hatte dann ein paar schlaflose Nächte. Jedenfalls am 7. August, es war Montag, und ich hatte gerade Haushaltstag, da kam er nach Hause, übernächtigt und aufgelöst. „Mutti, die haben mich behandelt wie ein Stück Dreck. Die haben mich ja menschenunwürdig behandelt und zerschlagen. Also ich gehe rüber." Er ließ sich nicht mehr halten, das war für mich sehr schwer. Ich bin aber noch immer weiter durch den Westsektor

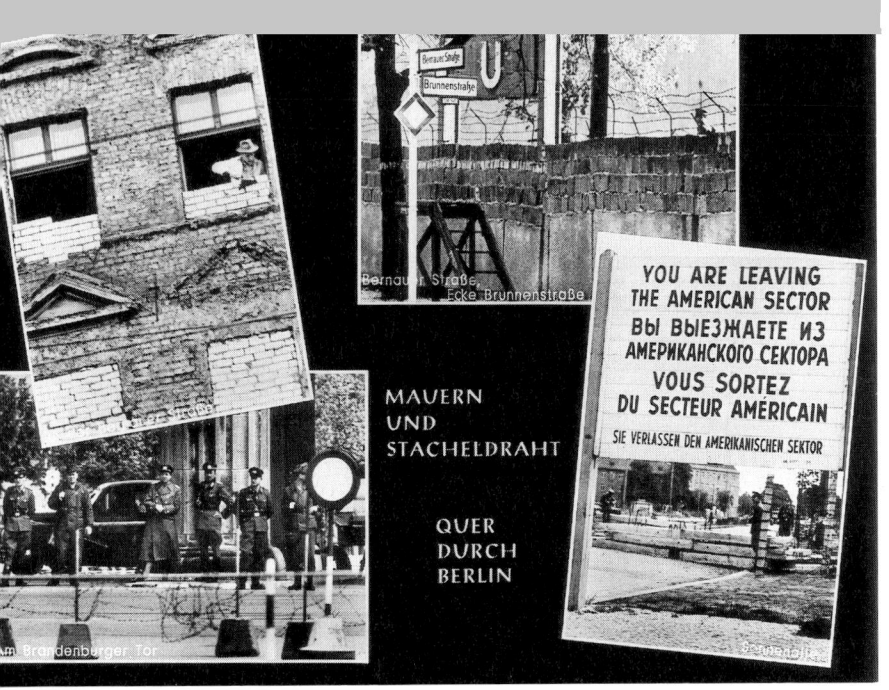

MAUERN
UND
STACHELDRAHT

QUER
DURCH
BERLIN

YOU ARE LEAVING
THE AMERICAN SECTOR
ВЫ ВЫЕЗЖАЕТЕ ИЗ
АМЕРИКАНСКОГО СЕКТОРА
VOUS SORTEZ
DU SECTEUR AMÉRICAIN
SIE VERLASSEN DEN AMERIKANISCHEN SEKTOR

Postkarte aus Anlaß des 13.8.1961

gefahren zu meiner Arbeit in Mitte, war ja offen, und so konnte ich immer mit meinem Sohn sprechen.

Dann kam der 12. August, ich war mit meinem Sohn in Neukölln bei meinem Jugendfreund. Wir saßen im Garten, auch meine zehnjährige Tochter war dabei und mein Lebenskamerad. Der war zufällig nun auch wieder ein Westberliner, das stand ja keinem an der Nase geschrieben. Ich hatte immer so ein Pech, daß das Westler waren. Der zog auch an mir: „Bleib doch hier, sag mir, wo deine Papiere sind, ich gehe noch einmal in die Wohnung." Da waren wir alle zusammen in Neukölln, man muß sich das mal vorstellen, am 12. August. Mein Junge sagte immer wieder: „Könnt ihr meiner Mutter nicht Pech untern Hintern machen, daß sie hier nicht mehr wegkommt? Überlege doch mal. Du hast die Kleine bei, wir sind zusammen, und Oma und Opa kommen bestimmt hinterher!" Ich hatte aber so eine Bindung an mein Elternhaus und überhaupt, meine Familie, meine Heimat... Also ich konnte mich nicht entschließen. Und wie sollte ich ahnen, daß mein Leben über die bevorstehende Trennung beinahe zu Ende gehen würde?

56

Berlin, Humboldthafen

„Kämpfer" beim Ausbau der Sperranlagen, 1961

Wir verabschiedeten uns dann relativ spät, es war vielleicht eins durch, morgens am 13. August, und mein Jugendfreund sagte: „Also weißt du, ich fahre dich aber nicht mehr in den Osten rein, das ist mir zu umständlich mit den Papieren und so. Ich bringe dich bis an die Weichselstraße, Lohmühlenbrücke." Und Werner, mein Bekannter, sagte: „Ich komme lieber nicht mit, mir ist das zu heikel nach Uwes Flucht, das wird da bestimmt alles beobachtet." Ich fühlte mich auch beobachtet, danach, als mein Junge weg war. Jeder fuhr nun praktisch nach Hause. Und ich bin mit meinem Kind die Lohmühlenstraße entlanggelaufen, Heidelberger, Isingstraße vorbei bis nach Hause. Und so wahr ich hier sitze, es war nichts zu sehen, es war nichts zu hören, es war überhaupt nichts festzustellen. Aber am nächsten Morgen, es kann so halb acht gewesen sein, da klingelte es bei mir Sturm. Es war Frau R., die wohnte unter mir. Die war außer sich und nahm mich am Arm. „Kommen Sie mit zum Fenster! Die haben Stacheldraht gezogen. Wir sind jetzt drin, wir sind irgendwie gefangen." „Moment mal", sagte ich noch ganz im Schlaf. „Kann ja nicht wahr sein..." Und wirklich, das konnte nicht wahr sein. Da war schon exakt der Stacheldraht am Kanal entlang.

August 1961

Berlin, den 13.8. 1961

Genossen Offiziere und Wachtmeister !

Die Erhaltung des Friedens erfordert, daß der Friedensvertrag mit der Deutschen Demokratischen Republick abgeschlossen wird, den Bonner Ultras ein energisches "Halt"
für die Versuche, die imperialistische Herrschaft auch auf
das Gebiet der DDR auszudehnen, geboten wird.
Die Maßnahmen der Regierung der DDR, die von allen Staaten
des Warschauer Vertrages gebilligt und unterstützt werden,
sind ein empfindlicher Schlag gegen die Versuche, Westberlin
weiterhin als Verschwörungszentrum gegen den Frieden und als
Stützpunkt des Menschenhandels auszunutzen.
Die Volkspolizei Berlin hat die ehrenvolle Aufgabe erhalten,
entscheidende Maßnahmen zur Sicherung des Friedens durchzuführen.
Von jedem Genossen Offizier, Unterführer und Wachtmeister
erwartet die Arbeiterklasse und ihre Partei in diesen Stunden;

- daß jeder Genosse bedingungslos und ohne Zögern
  die gegebenen Befehle durchsetzt !

- daß jeder Genosse streng die Regeln der militärischen
  Disziplin einhält !

- Kühnheit, Mut und Entschlossenheit bei jedem Handeln.

Die ganze friedliebende Welt schaut jetzt auf Berlin, auf
das Handeln eines jeden Volkspolizisten.
Die Losung für unsere Kampfentschlossenheit lautet:

> "Die westdeutschen Militaristen und ihre faschis-
> tischen Handlanger in Westberlin werden an unserer
> Entschlossenheit scheitern."

die Deutsche Demokratische Republik und die anderen sozialistischen Länder ist sogar ein Sonderfonds gebildet worden. Der westdeutsche Kanzler Adenauer hat unlängst die NATO-Regierungen aufgefordert, diesen Fonds zu vergrößern.

Es ist charakteristisch, daß sich die von Westberlin ausgehende Wühltätigkeit in letzter Zeit verstärkt hat, und zwar gerade nachdem die Sowjetunion, die DDR und die anderen sozialistischen Länder Vorschläge für eine unverzügliche Friedensregelung mit Deutschland gemacht haben. Diese Wühltätigkeit schädigt nicht nur die Deutsche Demokratische Republik, sondern berührt auch die Interessen der anderen Länder des sozialistischen Lagers. Angesichts der aggressiven Bestrebungen der reaktionären Kräfte der Bundesrepublik und ihrer NATO-Verbündeten können die Warschauer-Vertrags-Staaten nicht umhin, die erforderlichen Maßnahmen zu treffen, um ihre Sicherheit und vor allem die Sicherheit der Deutschen Demokratischen Republik im Interesse des deutschen Volkes selbst zu gewährleisten.

Die Regierungen der Warschauer-Vertrags-Staaten wenden sich an die Volkskammer und an die Regierung der DDR, an alle Werktätigen der Deutschen Demokratischen Republik mit dem Vorschlag, an der Westberliner Grenze eine solche Ordnung einzuführen, durch die der Wühltätigkeit gegen die Länder des sozialistischen Lagers zuverlässig der Weg verlegt und rings um das ganze Gebiet Westberlins, einschließlich seiner

Grenze mit dem Demokratischen Berlin eine verläßliche Bewachung und eine wirksame Kontrolle gewährleistet wird. Selbstverständlich werden diese Maßnahmen die geltenden Bestimmungen für den Verkehr und die Kontrolle an den Verbindungswegen zwischen Westdeutschland nicht berühren.

Die Regierungen der Warschauer-Vertrags-Staaten verstehen natürlich, daß die Ergreifung von Schutzmaßnahmen an der Grenze Westberlins für die Bevölkerung gewisse Unbequemlichkeiten schafft, aber angesichts der entstandenen Lage trifft die Schuld daran ausschließlich die Westmächte und vor allem die Regierung der Bundesrepublik. Wenn die Westberliner Grenze bisher offengehalten wurde, so geschah dies in der Hoffnung, daß die Westmächte den guten Willen der Regierung der Deutschen Demokratischen Republik nicht mißbrauchen würden. Sie haben jedoch unter Mißachtung der Interessen des deutschen Volkes und der Berliner Bevölkerung die jetzige Ordnung an der Westberliner Grenze zu ihren heimtückischen Wühlzwecken ausgenutzt. Der jetzigen anomalen Lage muß durch eine verstärkte Bewachung und Kontrolle an der Westberliner Grenze ein Ende gesetzt werden.

Zugleich halten es die Regierungen der Teilnehmer-Länder des Warschauer Vertrags für notwendig, zu betonen, daß die Notwendigkeit dieser Maßnahmen fortfällt, sobald die Friedensregelung mit Deutschland verwirklicht ist und auf dieser Grundlage die spruchreifen Fragen gelöst sind.

Beschluß
des Ministerrats der Deutschen Demokratischen Republik

Auf Grund der Erklärung der Teilnehmer-Staaten des Warschauer Vertrages und des Beschlusses der Volkskammer beschließt der Ministerrat der Deutschen Demokratischen Republik:

Die Erhaltung des Friedens erfordert, dem Treiben der westdeutschen Revanchisten und Militaristen einen Riegel vorzuschieben und durch den Abschluß eines deutschen Friedensvertrages den Weg zu öffnen für die Sicherung des Friedens und die Wiedergeburt Deutschlands als friedliebender, antiimperialistischer, neutraler Staat. Der Standpunkt der Bonner Regierung, der zweite Weltkrieg sei noch nicht zu Ende, kommt der Forderung gleich auf Freiheit für militaristische Provokationen und Bürgerkriegsmaßnahmen. Diese imperialistische Politik, die unter der Maske des Antikommunismus geführt wird, ist die Fortsetzung der aggressiven Ziele des faschistischen deutschen Imperialismus zur Zeit des dritten Reiches. Aus der Niederlage Hitler-Deutschlands im zweiten Weltkrieg hat die Bonner Regierung die Schlußfolgerung gezogen, daß die räuberische Politik des deutschen Monopolkapitals und seiner Hitler-Generale noch einmal versucht werden soll, indem auf eine deutsche nationalstaatliche Politik verzichtet und Westdeutschland in einen NATO-Staat, in einen Satellitenstaat der USA verwandelt wurde.

Diese neuerliche Bedrohung des deutschen Volkes und der europäischen Völker durch den deutschen Militarismus konnte zu einer akuten Gefahr werden, weil in der westdeutschen Bundesrepublik und in der Frontstadt Westberlin die grundlegenden Bestimmungen des Potsdamer Abkommens über die Ausmerzung des Militarismus und Nazismus fortlaufend gebrochen worden sind.

In Westdeutschland ist eine Verschärfung der Revanchepolitik mit sich steigernden Gebietsforderungen gegenüber der Deutschen Demokratischen Republik und den Nachbarstaaten Deutschlands erfolgt, die in enger Verbindung mit der beschleunigten Aufrüstung und Atombewaffnung der westdeutschen Bundeswehr steht. Es wird eine systematische Bürgerkriegsvorbereitung durch die Adenauer-Regierung gegenüber der Deutschen Demokratischen Republik betrieben. Bürger der Deutschen Demokratischen Republik, die Westdeutschland besuchen, sind in zunehmendem Maße terroristischen Verfolgungen ausgesetzt. Von westdeutschen und Westberliner Agentenzentralen wird eine systematische Abwerbung von Bürgern der Deutschen Demokratischen Republik und ein regelrechter Menschenhandel organisiert.

Wie aus offiziellen Regierungsdokumenten und aus der Grundsatzerklärung der Parteiführung der CDU/CSU zu entnehmen ist, hat diese aggressive Politik und Störtätigkeit das Ziel, ganz Deutschland in den westlichen Militärblock der NATO einzugliedern und die militaristische Herrschaft in der Bundesrepublik auch auf die Deutsche Demokratische Republik auszudehnen. Die westdeutschen Militaristen wollen durch alle möglichen betrügerischen Manöver, wie z. B. „freie Wahlen", ihre Militärbasis zunächst bis zur Oder ausdehnen, um dann den großen Krieg zu beginnen.

Die westdeutschen Revanchisten und Militaristen mißbrauchen die Friedenspolitik der UdSSR und der Staaten des Warschauer Vertrages in der Deutschlandfrage, um durch feindliche Hetze, durch Abwerbung und Diversionstätigkeit nicht nur der Deutschen Demokratischen Republik, sondern auch anderen Staaten des sozialistischen Lagers Schaden zuzufügen.

Aus all diesen Gründen beschließt der Ministerrat der Deutschen Demokratischen Republik in Übereinstimmung mit dem Beschluß des Politischen Beratenden Ausschusses der Staaten des Warschauer Vertrages zur Sicherung des europäischen Friedens, zum Schutze der Deutschen Demokratischen Republik und im Interesse der Sicherheit der Staaten des sozialistischen Lagers folgende Maßnahmen:

Zur Unterbindung der feindlichen Tätigkeit der revanchistischen und militaristischen Kräfte Westdeutschlands und Westberlins wird eine solche Kontrolle an den Grenzen der Deutschen Demokratischen Republik einschließlich der Grenze zu den Westsektoren von Groß-Berlin eingeführt, wie sie an den Grenzen jedes souveränen Staates üblich ist. Es ist an den Westberliner Grenzen eine verläßliche Bewachung und eine wirksame Kontrolle zu gewährleisten, um der Wühltätigkeit den Weg zu verlegen. Diese Grenzen dürfen von Bürgern der Deutschen Demokratischen Republik nur noch mit besonderer Genehmigung passiert werden. Solange Westberlin nicht in eine entmilitarisierte neutrale Freie Stadt verwandelt ist, bedürfen Bürger der Hauptstadt der Deutschen Demokratischen Republik für das Überschreiten der Grenzen nach Westberlin einer besonderen Bescheinigung. Der Besuch von friedlichen Bürgern Westberlins in der Hauptstadt der Deutschen Demokratischen Republik (demokratisches Berlin) ist unter Vorlage des Westberliner Personalausweises möglich. Revanchepolitikern und Agenten des westdeutschen Militarismus ist das Betreten der Hauptstadt der DDR (demokratisches Berlin) nicht erlaubt. Für den Besuch

von Bürgern der westdeutschen Bundesrepublik im demokratischen Berlin bleiben die bisherigen Kontrollbestimmungen in Kraft. Die Einreise von Bürgern anderer Staaten in die Hauptstadt der Deutschen Demokratischen Republik wird von diesen Bestimmungen nicht berührt.

Für Reisen von Bürgern Westberlins über die Verbindungswege der Deutschen Demokratischen Republik ins Ausland gelten die bisherigen Bestimmungen weiter.

Für den Transitverkehr zwischen Westberlin und Westdeutschland durch die Deutsche Demokratische Republik wird an den bisherigen Bestimmungen durch diesen Beschluß nichts geändert.

Der Minister des Innern, der Minister für Verkehrswesen und der Oberbürgermeister von Groß-Berlin werden beauftragt, die notwendigen Ausführungsbestimmungen zu erlassen.

Dieser Beschluß über Maßnahmen zur Sicherung des Friedens, zum Schutze der Deutschen Demokratischen Republik, insbesondere ihrer Hauptstadt Berlin, und zur Gewährleistung der Sicherheit anderer sozialistischer Staaten bleibt bis zum Abschluß eines deutschen Friedensvertrages in Kraft.

Dieser Beschluß tritt am 13. August 1961 in Kraft.

Berlin, den 12. August 1961

Der Ministerrat
der Deutschen Demokratischen Republik

Bekanntmachung
des Ministeriums des Innern der Deutschen Demokratischen Republik

Auf Grund des Beschlusses der Regierung der Deutschen Demokratischen Republik vom 12. August 1961 erläßt der Minister des Innern mit sofortiger Wirkung folgende Anweisung:

1. Im Straßenverkehr für Kraftfahrzeuge und andere Fahrzeuge sowie Fußgänger zwischen Westberlin und dem demokratischen Berlin bleiben folgende Übergänge geöffnet:

Kopenhagener Straße
Wollankstraße
Bornholmer Straße
Brunnenstraße
Chausseestraße
Brandenburger Tor
Friedrichstraße
Heinrich-Heine-Straße
Oberbaumbrücke
Puschkin-Allee
Elsenstraße
Sonnenallee
Rudower Straße

2. Bürger der Deutschen Demokratischen Republik einschließlich der Bürger der Hauptstadt der Deutschen Demokratischen Republik (des demokratischen Berlin) benötigen für den Besuch von Westberlin eine Genehmigung ihres zuständigen Volkspolizei-Kreisamtes bzw. ihrer zuständigen Volkspolizei-Inspektion.

Über die Ausgabe solcher Genehmigungen erfolgt eine besondere Bekanntmachung.

3. Friedliche Bürger von Westberlin können unter Vorlage ihres Westberliner Personalausweises die Übergangsstellen zum demokratischen Berlin passieren.

4. Einwohner Westdeutschlands erhalten an den vier Ausgabestellen Wollankstraße, Brandenburger Tor, Elsenstraße, Bahnhof Friedrichstraße unter Vorlage ihrer Personaldokumente (Personalausweis oder Reisepaß) wie bisher Tages-Aufenthaltsgenehmigungen für den Besuch der Hauptstadt der Deutschen Demokratischen Republik (das demokratische Berlin).

5. Für ausländische Staatsangehörige gelten die bisherigen Bestimmungen. Für Angehörige des Diplomatischen Corps und der westlichen Besatzungskräfte bleibt es bei der bisher bestehenden Ordnung.

6. Bürger der Deutschen Demokratischen Republik, die nicht in Berlin arbeiten, werden gebeten, bis auf weiteres von Reisen nach Berlin Abstand zu nehmen.

Berlin, den 12. August 1961

M a r o n
Minister des Innern

Harzer Straße, Durchgang zum Kiehlufer, 1961

August 1961

Heidelberger / EckeWildenbruchstraße, August 1961

■ „Niemand hat die Absicht, eine Mauer zu errichten!"

Walter Ulbricht im Juni 1961

Während für die Familie B. auf dem Neuköllner Wochenendgrundstück der Tag langsam zu Ende ging, nahm im Ostberliner Polizeipräsidium der Einsatzstab seine Arbeit auf. Um 19 Uhr waren die verantwortlichen Offiziere zusammengekommen, für 20 Uhr war das „Öffnen der versiegelten Unterlagen" befohlen. Bis 23 Uhr wurden die acht VP-Inspektionen der Stadtbezirke eingeweiht und die einzelnen Revierleiter der örtlichen Dienststellen informiert. Um 1.30 Uhr gab es Gefechtsalarm der Stufe II für alle Einheiten. Um 1.40 Uhr wurde für weitere Reservekräfte und auch für die Bataillone und Hunderschaften der Betriebskampfgruppen Alarm gegeben. Sie aktivierten ab 3 Uhr selbständig oder mit Hilfe der Volkspolizei die einzelnen „Kämpfer". Im Hintergrund agierte Staatssicherheit, hielten sich außerdem die sowjetischen Streitkräfte bereit. Und bis ein neuer Morgen an diesem ruhigen Wochenende in den Sommerferien graute, hatten

Heidelberger / Ecke Elsenstraße, August 1961

Volks- und Bereitschaftspolizei, Kampfgruppen und bald darauf die eintref-
fenden Soldaten der Nationalen Volksarmee in einer Blitzaktion die gesamte Sektorengrenze beinahe bis hin zum letzten Einstieg in die städtische
Kanalisation zugesperrt.

Betonpfähle, schon länger unauffällig eingelagert, wurden aufgestellt,
und man spannte Stacheldraht. Den Ausbau der Sperranlagen besorgten vor
allem die Kampfgruppen. Allerdings erbrachte ihre Alarmierung bis 12 Uhr
erst 40-45 % der vorgesehenen Mannschaftsstärken, die dann während des
Einsatzes insgesamt nie 60 % überstiegen. Immerhin aber unterbrachen
einzelne „Kämpfer" ihren Urlaub oder ihr Studium und verließen sogar
ihre Frauen während der Entbindung. Nicht wenige Männer und Frauen
folgten ihrem Einsatzbefehl im Laufe des Tages, weil sie durch Rundfunk-
meldungen aufmerksam geworden waren. Auch in den Polizeieinheiten, die
sich innerhalb von 90 Minuten zu 80 % in ihren Dienststellen einfinden
sollten, betrug die durchschnittliche Einsatzbereitschaft um 10.15 Uhr erst
rund 53 % (in Treptow etwa 63 %). Mancher Kampfgruppenangehörige

Heidelberger-/Ecke Elsenstraße schon mit Mauer, August 1961

August 1961

erschien später in Sandalen oder Halbschuhen. Bei Unfällen, die sich daraus ergaben, konnten die anwesenden Sanitäter mangels Kenntnissen in
Erster Hilfe und „feldmäßigem Krankentransport" oft nicht eingesetzt werden. Mehrere Desertionen und sogenannte Wühlarbeit wurden registriert. In
den Reihen der Volkspolizei mußten 82 Wachtmeister und Offiziere zumeist
wegen Trunkenheit bestraft werden, 36 wurden während der Aktion dienst-
entpflichtet, weil sie sich geweigert hatten, die Befehle auszuführen. Es
folgten Disziplinar- und Gerichtsverfahren, für Mitglieder der SED kamen
Parteiverfahren mit nachfolgenden Ausschlüssen oder Streichungen hinzu.

Insgesamt jedoch bestätigen die abschließenden Einsatzberichte an
das Innenministerium und an die Parteispitze den vollen Erfolg, wofür alle
Mittel erlaubt waren: „Vielen Acht-Groschen-Jungen wurden außer ihrer
Festnahme ihre Provokationen zusätzlich mit der Arbeiterfaust beantwor-
tet." Bis zum 5. September 1961, 18 Uhr, galt für die Polizei die Gefechts-
alarmstufe II. Gemeldet wurden bis Mitte dieses Monats 842 Festnahmen,
davon 344 auf Grund von Fluchtversuchen. 2 665 Personen wurden wegen
„Staatsverbrechen", d. h. „Hetze, Propaganda und Staatsverleumdung"

Eine Ostberliner Fabrik an der Grenze, 1961

„zugeführt", 1 085 Ermittlungsverfahren eingeleitet. Die Fluchtbewegung, die im Juli des Jahres 1961 mit über 30 000 Menschen die höchste Flüchtlingszahl seit März 1953 erreicht hatte – und seit dem 12. August mittags waren im Aufnahmelager Marienfelde wieder 3 700 DDR-Flüchtige registriert worden –, war gestoppt. In den folgenden Tagen und Wochen gelang noch einmal einigen Hundert, in den Monaten und Jahren danach nur noch einzelnen die Flucht.

Am Sonntagmorgen, dem 13. August, herrschten im öffentlichen Nahverkehr Berlins chaotische Zustände. Frau B. berichtet: „Gegen Mittag kam Werner zu Besuch und erzählte Unbeschreibliches. Alle U- und S-Bahnhöfe waren voll, Auf- und Abgänge, die Rolltreppen. Es hat sich was abgespielt, keiner kam beim Umsteigen vorwärts. Werner war stundenlang unterwegs von Moabit nach Treptow. ‚Warum hast du denn das nun so hingezogen', sagte er. ‚Hoffentlich ist das nur ein Spuk wie nach dem 17. Juni...'" Der S- und U-Bahnverkehr nach Westberlin war eingestellt worden, die dazugehörigen Bahnhöfe waren geschlossen und wurden bewacht. Es gab nur noch 13 Grenzübergangsstellen, davon wurde das Brandenburger Tor am

14. August ebenfalls geschlossen. Bis zum 22. August blieben im Ortsteil Treptow die Elsenstraße und die Puschkinallee als Übergänge geöffnet, danach gab es für ganz Berlin nur noch sieben Übergangsstellen, wovon Westberliner vier benutzen durften (Chaussee- und Invalidenstraße, Ober- baumbrücke sowie Sonnenallee). Lediglich die Westberliner mit ihren Per- sonalausweisen und Bundesbürger mit Aufenthaltsgenehmigungen konnten Ostberlin betreten. Selbst DDR-Bürger wurden „gebeten, von Reisen nach Berlin Abstand zu nehmen", sofern sie dort nicht arbeiteten.

Schon in den ersten Tagen nach dem 13. August wurde klar, daß Kom- munikation und Reiseverkehr zwischen beiden Teilen Berlins und den bei- den Deutschlands gänzlich unterbunden werden sollten. Ab 23. August wurde die Bevölkerung aufgefordert, der innerstädtischen Grenze sofort in einem Abstand von hundert Metern auf beiden Seiten fernzubleiben. West- berliner benötigten nun ebenfalls einen Passierschein für den Ostsektor. Jedoch erhob der Senat dagegen Einspruch, Anträge auf Besuchserlaubnis von Ostberliner ´Behörden´ angestellten auf Westberliner Boden entgegen- nehmen zu lassen. Damit waren die Menschen endgültig getrennt. Für die Westberliner begann sich die Situation mit dem ersten Passierscheinab- kommen zu Weihnachten 1963 wieder etwas zu entspannen. Für die Ost- deutschen sollte es noch Jahrzehnte dauern.

Auf der Titelseite ihrer dritten Augustausgabe verkündete die wöchent- liche Lokalzeitung „Treptower Rundschau" den „Sieg des Sozialismus": „Dieser Schlag saß", erfuhren die Leser in Ostberlin. „Direkt auf die Schnauze des wildgewordenen militaristischen Untiers schmetterte die Faust unserer Arbeiter-und-Bauern-Macht." Im „Neuen Deutschland" wurde die Loyalität Andersdenkender gegenüber dem System vorgeführt: „Wir fortschrittlichen Christen sehen den 13. August als Unterstützung un- serer christlichen Aufgabe an. Einmütig gaben die Wählervertreter den 18 Kandidaten und Nachfolgekandidaten des Wahlkreises I (Treptow) ihre Zu- stimmung." Der Bericht von der 22. außerordentlichen Tagung der Stadt- verordnetenversammlung vom 16. August vermeldete „Heiterkeit" und „starken Beifall" für die Ansprache des Ostberliner Oberbürgermeisters Ebert: „Einige besonders gelehrte Herren klauben aus dem Müllhaufen der Geschichte wieder den sogenannten Viermächtestatus heraus! Jede Berliner Grenzstraße ist heute eine echte Grenzstraße!" Wer dies noch nicht akzep- tierte, dem drohte der Treptower Stadtbezirksbürgermeister Hoffmann, „daß noch große Krafteinsätze bei der Erklärung all unserer Maßnahmen notwen- dig sind. Eine am heutigen Morgen durchgeführte Rundfrage ergab bei 26 großen volkseigenen Betrieben, daß 621 ehemalige Grenzgänger bereits vorgesprochen haben. Das zeigt noch Zurückhaltung bei den Grenzgängern, die völlig unbegründet ist..."

Ein Jahr später verlautbarte eine Ratsstudie zur „Entwicklung des Stadtbezirks 1958-1962" eine steigende Bruttoproduktion der Industriebetriebe mit einem ersten Sprung von 1960 auf 1961 unter anderem auch als Ergebnis konsequenter Trennungspolitik. Diese frühen wirtschaftlichen Erfolge mußten schon bald zwanghaft frisiert werden, denn langfristig und international konnte die anfängliche ökonomische Stabilisierung der DDR nicht konkurrieren. Darüber hinaus wuchsen Ohnmacht und Enttäuschung eines Großteils der ostdeutschen Bevölkerung, weil die Mauer statt Liberalisierung und innere Entspannung politische Willkür bei eher fortschreitender Entdemokratisierung nach sich zog. Statt eines „vernünftigeren" Staatswesens, das die Verwirklichung traditioneller plebejisch-proletarischer Moralvorstellungen von Stärke, Gerechtigkeit und Volkswillen im Gegensatz zu kapitalistischer Ausbeutung und Unterdrückung hätte bedeuten sollen, festigte sich eine Diktatur, in der eine zunehmend privilegienvernarrte neue Herrschaftsschicht immer repressiver regierte.

Schon 1961 verschwiegen die machtabhängigen Medien des Staatsapparates alle Tatsachen, die dem Mythos vom gerechten Kampf, von Einheit und Geschlossenheit des ganzen Volkes auch nur minimal widersprachen. Mit keinem einzigen Foto, keinem Kommentar informierte die bis 1962 erscheinende „Treptower Rundschau" über die nach dem 13. August gespannte Situation an der örtlichen Grenze. Dort eskalierten Gewalt und Gegengewalt, zeigten nächtliche Schußwechsel an, daß einzelne durch ihre Flucht die geschaffene Ordnung in Frage stellten. Im öffentlichen Selbstverständnis allerdings wurde die Mauer als Mittel der Durchsetzung moralischen Verhaltens weitgehend toleriert. In der Presse abgedruckte Anfragen, ob „wegen der Grenzgänger unbedingt ein Stacheldraht durch Berlin gehen" müsse, richteten sich als erzieherischer Appell gegen die Unbelehrbarkeit einzelner: „Auch in unserem Haus gibt es Menschen", schrieb die Hausgemeinschaftsleitung der Elsenstraße 37, „die in Westberlin Freunde, Bekannte und Verwandte haben und sie nun gegenwärtig nicht mehr treffen können. Das ist nicht immer ganz einfach." Daß das politische System die Abwanderung seiner Untertanen selbst erzeugte, stand nicht zur Debatte. Und so verteidigte Rosemarie Sch. aus der schon genannten Hausgemeinschaft Lohmühlenstraße den „von den Sicherheitsorganen" gegen die „Winkerei" geschaffenen Waldstreifen gleich „im Namen anderer Anwohner".

1.) Desertionen

1959 desertierten 55
1960 desertierten 61 und
in diesem Jahr desertierten bisher 40 ehemalige Volkspolizisten, d.h. eine laufende Steigerung.

Die Analyse der Desertionen in diesem Jahr ergibt folgende Lage:
Von den 40 Desertierten waren 12 Mitglied unserer Partei,
25 waren in der FDJ organisiert. Dienstgradmässig schlüsseln
sie sich wie folgt auf:

      2 Anwärter
     10 Unterwachtmeister
      7 Wachtmeister
      8 Oberwachtmeister
      6 Hauptwachtmeister
      4 Meister
      3 Leutnants.

Das Dienstalter beträgt bei

   2 Desertierten   15 Jahre
   4   "   10 – 12 Jahre
   1   "   8 – 10 Jahre
   8   "   4 – 8 Jahre
   3   "   seit 1958
   6   "   seit 1959
  16   "   seit 1960.

Charakteristisch ist, daß der Anteil der Desertionen aus
den Inspektionen und Sonderdienststellen immer grösser
wird.

So beträgt der Anteil 1961

   VP-Inspektionen   16 Desertionen
   VP-Bereitschaften 18 Desertionen und
   Sonderdienststellen 6 Desertionen.

1961 sind bisher 2 Selbstmorde zu verzeichnen.

1. VP-Wm. Böhm, VPI-Köpenick (seelische Depressionen)

2. VP-Owm. Lein, IV. Bereitschaft.
   L. konnte im angetrunkenen Zustand sich in den Besitz
   einer Dienstpistole bringen und damit Selbstmord begehen.
   L. wollte zu einer anderen Kompanie versetzt werden. Das
   Gesuch wurde vom Kompanie-Führer in selbstherrlicher
   Weise abgelehnt. Das Verhältnis in der Kompanie ent-
   sprach nicht den Grundsätzen sozialistischer Beziehungen
   unter den Genossen.

Bekanntmachung
des Ministeriums für Verkehrswesen der Deutschen Demokratischen Republik

Zur Durchführung des Beschlusses des Ministerrats der Deutschen Demokratischen Republik vom 12. August 1961 werden ab sofort folgende Veränderungen im gesamten Verkehrsnetz des Raumes von Berlin durchgeführt:

I. Auf dem Streckennetz der Deutschen Reichsbahn

1. Fernverkehr

Die Züge des internationalen Fernverkehrs und des Fernverkehrs zwischen Berlin und Westdeutschland verkehren nach ihrem bisher gültigen Fahrplan. Jedoch beginnen und enden diese Züge am Fernbahnsteig A des Bahnhofs Friedrichstraße.

2. Berliner S-Bahn-Verkehr

Der direkte S-Bahn-Verkehr zwischen den Randgebieten der Deutschen Demokratischen Republik und Westberlin wird eingestellt.

Ferner werden eingestellt der direkte S-Bahn-Verkehr zwischen den S-Bahnhöfen Pankow—Gesundbrunnen, Schönhauser Allee—Gesundbrunnen, Treptower Park—Sonnenallee, Baumschulenweg—Kölnische Heide.

Auf der Stadtbahn beginnen und enden die S-Bahn-Züge nach und aus Richtung Osten auf dem Bahnsteig C des Bahnhofs Friedrichstraße. Die Züge nach und aus Westen beginnen und enden auf dem Bahnsteig B des Bahnhofs Friedrichstraße.

Die S-Bahnhöfe Bornholmer Straße, Nordbahnhof, Oranienburger Straße, Unter den Linden und Potsdamer Platz werden für den öffentlichen Verkehr geschlossen. Die Bahnhöfe Wilhelmsruh, Schönholz und Wollankstraße der Nordstrecken der S-Bahn können nur von der Westberliner Seite her betreten und verlassen werden. Die Züge der Nord-Süd-S-Bahn, die zwischen Frohnau und Lichterfelde-Süd, Heiligensee und Lichtenrade sowie zwischen Gesundbrunnen und Wannsee über Schöneberg verkehren, halten im demokratischen Berlin nur am unteren Bahnsteig des Bahnhofs Friedrichstraße. Das Hauptgebäude des Bahnhofs Friedrichstraße kann nur nach dem Passieren einer Kontrolle betreten und verlassen werden. Der Bahnsteig C des Bahnhofs Friedrichstraße kann über die Zugänge an seinem östlichen und westlichen Ende ohne Kontrolle betreten und verlassen werden.

Auf den im demokratischen Berlin gelegenen S-Bahnstrecken wird der Zugverkehr in der bisherigen Weise in vollem Umfang aufrechterhalten. Der S-Bahnverkehr von Bernau — über Pankow — Schönhauser Allee zum östlichen Teil des Innenrings wird verstärkt.

Auf den S-Bahnstrecken Oranienburg—Hohenneuendorf, Velten—Hennigsdorf, Nauen—Falkensee, Potsdam—Griebnitzsee und Mahlow—Rangsdorf wird der örtliche Nahverkehr durch Pendelzüge der S-Bahn bedient. Zur Verbindung der nördlich, westlich und südlich von Westberlin gelegenen Kreise des Bezirks Potsdam mit

der Hauptstadt der Deutschen Demokratischen Republik wird der bereits bestehende Berufsschnellverkehr auf dem Berliner Außenring verstärkt.

II. Auf dem Streckennetz der U-Bahn

1. Die U-Bahn-Züge des im demokratischen Berlin gelegenen Teils der Linie A beginnen und enden für den öffentlichen Verkehr auf dem Bahnhof Thälmannplatz. Der U-Bahnhof Potsdamer Platz wird für den öffentlichen Verkehr geschlossen.

2. Der Bahnhof Warschauer Brücke der U-Bahn-Linie B wird für den öffentlichen Verkehr geschlossen.

3. Die Züge der U-Bahn-Linie C halten im demokratischen Berlin nur auf dem U-Bahnhof Friedrichstraße, der nach dem Passieren einer Kontrolle betreten und verlassen werden kann. Die Bahnhöfe Walter-Ulbricht-Stadion, Nordbahnhof, Oranienburger Tor, Französische Straße und der zu dieser Linie gehörende Bahnsteig des Bahnhofs Stadtmitte werden für den öffentlichen Verkehr geschlossen.

4. Die Züge der U-Bahn-Linie D durchfahren das demokratische Berlin ohne Halt. Die U-Bahnhöfe Bernauer Straße, Rosenthaler Platz, Weinmeisterstraße, der Bahnsteig D des Bahnhofs Alexanderplatz, die Bahnhöfe Jannowitzbrücke und Heinrich-Heine-Straße dieser Linie werden für den öffentlichen Verkehr geschlossen.

5. Der parallel zu den U-Bahn-Linien C und D verlaufende Omnibus- und Straßenbahnverkehr der BVG wird verstärkt.

III. Fahrgastschiffahrt

Der Ausflugsverkehr der „Weißen Flotte" zwischen den Havelseen und dem Seengebiet im Osten Berlins wird eingestellt.

IV. Sonderfahrten mit Kraftomnibussen

Alle grenzüberschreitenden Sonderfahrten mit Kraftomnibussen aus Westberlin sind genehmigungspflichtig.

Die Genehmigung zu solchen Fahrten ist beim Deutschen Reisebüro zu beantragen.

Einige dieser Maßnahmen werden zu Fahrzeitverlängerungen und andere zu Fahrzeitverkürzungen führen. Das Ministerium für Verkehrswesen wird sofort die erforderlichen Maßnahmen einleiten, um so schnell wie möglich auftretende Unbequemlichkeiten zu vermindern.

Diese Maßnahmen tragen vorläufigen Charakter und bleiben in Kraft bis zum Abschluß eines Friedensvertrages.

Berlin, den 12. August 1961

K r a m e r
Minister für Verkehrswesen

Herausgeber: Büro des Präsidiums des Ministerrates der Deutschen Demokratischen Republik, Berlin C 2, Klosterstraße 47 — Redaktion: Berlin C 2, Klosterstraße 47, Telefon: 22 07 36 22 Für den Inhalt und die Form der Veröffentlichungen tragen die Leiter der staatlichen Organe die Verantwortung, die die Unterzeichnung vornehmen — AG 134 61 DDR — Verlag: (4) VEB Deutscher Zentralverlag Berlin C 2, Telefon: 31 05 21 — Erscheint nach Bedarf — Fortlaufender Bezug nur durch die Post — Bezugspreis: Vierteljährlich Teil I 1,20 DM, Teil II 1,30 DM und Teil III 1,80 DM — Einzelausgabe bis zum Umfang von 8 Seiten 0,15 DM, bis zum Umfang von 16 Seiten 0,25 DM, bis zum Umfang von 32 Seiten 0,40 DM, bis zum Umfang von 48 Seiten 0,55 DM je Exemplar, je weitere 16 Seiten 0,15 DM mehr — Bestellungen beim Buchhandel und beim Zentral-Versand Erfurt, Erfurt, Anger 37/38, Telefon: 5451, sowie Bezug gegen Barzahlung in der Verkaufsstelle des Verlages, Berlin C 2, Roßstraße 6. Telefon: 31 05 21 — Druck: (140) Neues Deutschland, Berlin

Merkblatt

Die Passierscheinstellen sind für die Zeit vom 18. 12. 1963 bis 04. 01. 1964 in jedem Verwaltungsbezirk von Berlin (West) eingerichtet.

Die Passierscheinstellen haben die Aufgabe, Anträge auf Passierscheine von Bürgern entgegenzunehmen und Passierscheine für das Betreten der Hauptstadt der DDR auszugeben.

Die Passierscheinstellen sind werktags von 13.00-18.00 Uhr geöffnet. Sie sind an Sonn- und Feiertagen geschlossen.

Passierscheine erhalten Westberliner Bürger, die in der Hauptstadt der Deutschen Demokratischen Republik Verwandte besuchen wollen. Als Verwandtenbesuch gilt der Besuch von Eltern, Kindern, Großeltern, Enkeln, Geschwistern, Tanten und Onkeln, Nichten und Neffen sowie der Ehegatten dieses Personenkreises und der Besuch von Ehegatten untereinander.

Für Ehegatten und Kinder kann ein gemeinsamer Antrag gestellt werden. Dazu genügt die Ausfüllung eines Vordruckes.

Die Anträge können für die Familie von jedem Ehegatten und auch von den Kindern gestellt werden, wenn diese bereits einen eigenen Personalausweis besitzen.

Falls der Antrag gleichzeitig für Eltern bzw. Ehegatten und für Kinder gestellt wird, sind auch deren Personalausweise vorzulegen bzw. ist nachzuweisen, daß die Kinder im Personalausweis der Eltern mit eingetragen sind.

Passierscheine werden für den Zeitraum vom 19. 12. 1963 bis 05. 01. 1964 einschließlich ausgegeben und sind gebührenfrei. Sie sind gültig für den darauf bezeichneten Tag bis 24.00 Uhr. Auf Antrag kann für die Eltern und Kinder ein gemeinsamer Passierschein ausgestellt werden.

Passierscheine, die für den 31. 12. 1963 ausgestellt sind, gelten bis zum 01. 01. 1964, 05.00 Uhr.

Die Anträge müssen spätestens zwei Tage vor der Einreise gestellt werden. Fällt die Einreise auf einen Sonn- oder Feiertag, so sind die Anträge drei Tage vor Beginn des Sonntags bzw. der Feiertage zu stellen.

Der auf dem Passierschein vermerkte Kontrollpassierpunkt (KPP) ist bei der Ein- und Ausreise zu benutzen.

Genossen Offiziere und Wachtmeister !

Der Schlag hat gesessen !

Die Massnahmen unserer Regierung haben den Gegner absolut
überrascht. Westberlin als Provokationsherd zu benutzen,
wird dem Gegner unmöglich gemacht. Wir haben die westdeutschen Imperialisten an der empfindlichsten Stelle
getroffen.
Einmal mehr wird uns augenscheinlich, dass sich
        die Kräfte des Friedens im ständigen Vor-
        marsch befinden !
        Wir bestimmen die Entwicklung !
        Es wird keinen Krieg geben !
Wir demonstrieren die Stärke und Entschlossenheit, gemeinsam mit unseren Waffenbrüdern der sozialistischen
Staaten, die Friedensaufgaben zu lösen.

Die innere Sicherheit der DDR wird von uns garantiert !
Der Gen. Wachtm. H. vom VPR 14 nahm eine Person fest,
die eine Gruppe Jugendlicher aufwiegeln wollte. Das
zeigt:
        Provokateure bokommen Arbeiterfäuste zu spüren !

Eine richtige Antwort auf die Provokationen des Klassen-
feindes sind die Verpflichtungen, den Dienst in der
DVP als Lebensberuf zu betrachten, die auf die Dienst-
stellen eingehen.
Laufend erscheinen Genossen in den Dienststellen, die ihren
Urlaub von sich aus abbrachen, um die Kampfkraft der
Volkspolizei zu stärken.

Jeder dieser Schläge trifft den Klassengegner empfindlich !
Berlin muss und wird eine Stadt des Friedens werden !

Wir machen alles gründlich !

Genossen Wachtmeister, Unterführer und Offiziere !

Die konsequente und exakte Durchführung der militärischen
Schutzmaßnahmen der Regierung der Deutschen Demokratischen
Republik bereitete den Militaristen die schwerste Niederlage
seit 1945.
Ihr Reagieren zeigt - der Schlag hat gesessen.
Dieser Erfolg war in erster Linie möglich, auf Grund der
konsequenten Durchführung aller Befehle und Weisungen und durch
das geschlossene Auftreten aller eingesetzten Sicherungskräfte.
Doch Brandt und seine Clique geben keine Ruhe.
Sie versuchen durch Hetze, Verleumdungen und demagische Losungen
neue gefährliche Provokationen zu starten und Verwirrung in
unseren Reihen zu schaffen.
Es gibt Beispiele, wo die Westberliner Spionage- und Agenten-
organisationen zum sogenannten " Ost-West-Gespräch am Stacheldraht " auffordern, wo nach wie vor versucht wird die Grenze zu
verletzen und wo gewaltsame Angriffe auf einzelne Genossen der
Sicherungskräfte unternommen wurden.
All das beweist uns, daß es äußerst gefährlich ist, wenn wir
auf Grund unserer bisherigen Erfolge die Wachsamkeit auch nur
einen einzigen Augenblick vernachlässigen.
Worauf kommt es deshalb an :
- kein Bürger Westberlins darf sich unseren Sicherungskräften
  auf mehr als 1oo Meter nähern;
- duldet keine Menschenansammlungen beiderseits der Grenze;
- laßt euch nicht durch Diskussionen von euren Aufgaben ablenken;
- wir lassen nicht mit uns spielen;
- durch konsequentes Auftreten halten wir Ruhe und Ordnung in
  unserem Abschnitt;
- alle Weisungen werden nach wie vor in ihrem vollstem Umfang
  durchgesetzt;
- melde alle Veränderungen in deinem Abschnitt und auch das
  kleinste Vorkommnis unverzüglich dem Vorgesetzten;

      Wenn Brandt und Lemmer noch so hetzen -
    unsere Grenze werden sie nicht verletzen !

ESCHEBACH

KÜCHENMÖBELFABRIK

VVB – MÖBEL, DRESDEN

An unsere
bewaffneten Organe

Genossen **M a r o n**

B e r l i n

DRAHTWORT: ESCHEBACH RADEBERG
Fernruf 441 und 725. Von 16 bis 7 Uhr nur 441
BANKKONTO: DEUTSCHE NOTENBANK RADEBERG 1760
BANK-KENN-NR. 112046
WAGGONSENDUNG: RADEBERG-ANSCHLUSSGLEIS
GERICHTSSTAND: DRESDEN

RADEBERG BEI DRESDEN

IHRE ZEICHEN	IHRE NACHRICHT VOM	UNSERE ZEICHEN	TAG
			18. August 1961

Liebe Genossen der bewaffneten Formationen!

Mit größter Befriedigung und Begeisterung sind
unsere Gedanken bei Euch, die Ihr die Sache der
Arbeiterklasse mit der Waffe in der Hand vertretet
und einen eisernen Gürtel um den Brückenkopf des
Imperialismus Westberlin gezogen habt!
Wir sind stolz auf Euch und Eure Leistungen, die
Ihr in unserem Auftrag vollbringt. Es ist eine
ehrenvolle Aufgabe von historischer Bedeutung, die
Ihr bekämt, welche den Feinden des deutschen Volkes
das "bis hierher und nicht weiter" entgegenstellt.

Schon heute steht es fest, daß die Politik des
Westens durch Eure kühne Tat in Verwirrung geraten
ist und daß damit eine entscheidende Veränderung
der weltpolitischen Pläne des Imperialismus eingeleitet wurde.

Wir danken Euch allen herzlichst für Euren uner-
müdlichen Einsatz auf dem vorgeschobenen Posten
des sozialistischen Lagers. Wenn wir älteren
Genossen an die Zeiten denken, wo wir den schwer-
bewaffneten Horden des Klassenfeindes tausend
Kämpfe mit der bloßen Faust lieferten oder hilflos
in ihre Hände fielen, dann kommen uns die Tränen
der Freude in die Augen, wenn wir sehen, wie
mächtig wir heute durch die Hilfe unserer sowjetischen Genossen und das Lager des Sozialismus
geworden sind.

Es lebe der Sieg über die Kriegstreiber -
es lebe der Friedensvertrag!

Alles für den Sieg des Sozialismus
in unserer Deutschen Demokratischen
Republik und in der ganzen Welt!

Mit heißesten Kampfesgrüßen!

die Genossen der BPO
VEB Eschebach - Küchenmöbelfabrik Radeberg
i.A. *Arthur Tzschoppe*
Sekretär

Liebe Angehörige der Volkspolizei, Volksarmee
und Kampfgruppen.

2 : 5

Wir Kollegen der technischen Verwaltung des VEB Rohrwerkes
Bautzen begrüßen auf das herzlichste die schnelle Maßnahme
unserer Regierung.
Wir wünschen und hoffen, daß nun mit dem Gesindel, wie
Brandt und Lemmer und wie sonst die Konsorten noch heißen,
reiner Tisch gemacht wird. Lange genug konnten sie sich in
der sogenannten „Freien Stadt einer freien Welt" breit machen und
ihr Unwesen durch die Spionagezentralen treiben. Viel zu
lange hat man diesen Treiben freien Lauf gelassen. Berlin
muß wieder frei werden von diesem Gesindel. Wir fordern eine
wirklich freie Stadt Berlin und die strengste Bestrafung aller
Kopfjäger und Brandstifter.
Hiermit möchten wir unseren Kampfgruppen und den Genossen
der Deutschen Volkspolizei und der Volksarmee die beste Grüße
übersenden und den herzlichsten Dank aussprechen, die sich in
der letzten Tage in aufopferungsvolle Kampf für die
Erhaltung des Friedens einsetzten. Mögen sie sich auch weiterhin nicht provozieren lassen, aber trotzdem hart und unbarm-
herzig den Radaubrüdern unsere ernste Forderung beibringen
und sie in die Schranken weisen.
Einmütig stehen wir hinter dieser Maßnahme und geben
deshalb unsere vollste Übereinstimmung kund.

Abt. Technologie

<u>An die</u>
<u>Soldaten und Offiziere</u>
<u>der Panzereinheit</u>
<u>in Berlin - Mitte</u>

Wir Thälmannpioniere des Sonder-

schulheimes Königstein (Sächsische Schweiz)

danken Euch für Eure mutigen Taten

vom August dieses Jahres.

Ihr habt unserer Republik den Frie-

den gerettet und das Agentennest

Westberlin dichtgemacht.

Darüber sind auch wir sehr froh.

Th. Scholze: Was geschah nach dem 13. August entlang der Mauer, wie kam es zum Grenzgebiet?

Frau B.: Anfangs konnte man noch bis an den Zaun rangehen, nur wo die Öffnung zur Wiener Brücke war, zum Kanal, da hat sich keiner mehr hingetraut. Ein Stückchen weiter links,vom Haus aus gesehen, da waren die Neubauten an der Grenze. Die wurden so um 1960 gerade schlüsselfertig. Ich glaube nicht, daß nur Genossen dort eine Wohnung bekamen. Jedenfalls wenn ich dort eine gekriegt hätte, da wäre ich bedient gewesen. Denn die Leute durften jetzt keinen Besuch mehr empfangen und gar nichts. Oben, Richtung Lohmühlenplatz, war ja auch wieder Grenzgebiet, und nach rechts, zur Überführung für die Görlitzer Eisenbahn, ebenfalls. Es hat dann in unserer Gegend nicht allzu lange gedauert, da kamen als Zaun Betonplatten hin, damit man von der Straße aus nichts mehr sehen sollte. Um sich überhaupt wenigstens von weitem noch sehen zu können, sind damals manche zur Schwedter Straße gefahren. Dort hatten welche einen Berg, eine künstliche Erhöhung aufgeschippt. Da standen die Ostler. Die Westler hatten ja andere Möglichkeiten. Die holten eine Leiter oder was, daß sie die Köpfe sehen konnten. Dann wurde hin und her gewinkt. Wie mir eine Bekannte erzählte, kam im Osten aber immer gleich die Polizei: „Nicht stehnbleiben! Verboten! Keine Zusammenrottung! Keine Ansammlungen! Gehen Sie weiter, gehen Sie weiter!"

Ich wurde damals in meinem Bekanntenkreis beneidet, weil ich zwei Treppen wohnte. Denn wenn ich auf meinem Balkon saß, sah ich meine Angehörigen. Mein Sohn oder mein Bekannter standen manchmal an der Wiener Brücke, auf der anderen Seite des Kanals. Heute ist da eine Anlage, hat sich ja alles ganz verändert auf der Westseite, damals war das freier. So konnten wir uns sehen. Aber wehe, wenn man sich mal irgendwie geäußert hat oder die Hand hob und winkte. Oder die haben gewinkt, und man hat vielleicht automatisch geantwortet. Also das war ganz schwer verboten. Einmal habe ich mich doch hinreißen lassen, als meine beiden Männer auf der anderen Straßenseite standen und winkten. Ich merkte ja auch, daß ihnen das nicht ganz egal war, daß sie ergriffen waren. Und da hat man eben doch gewinkt oder gerufen: „Hast du meinen Brief nicht bekommen?" Jedenfalls habe ich gewinkt, dann haben sie abgewinkt wie „Was soll's, man kann sich ja doch nichts sagen". Und wenn die dann gingen, war man natürlich immer in Tränen aufgelöst. Und ich war eben noch so aufgelöst, da klopfte es bei mir. Die hatten ja eine Art zu klopfen, ich nehme an, es war die Stasi. Zwei Männer wollten mich gerne mal sprechen. Ich sagte: „Bitte, in welcher Angelegenheit?" „In einer ganz persönlichen Angelegenheit, und ich glaube nicht, daß es Ihnen lieb ist, wenn die anderen Hausbewohner das

Harzer Straße, August 1961

Abschrift
Kampfblatt Nr. 3

Polit-Abteilung   Berlin, den 14. August 1961

Es gibt kein Betreten Westberlins !

Die von der Regierung der DDR beschlossenen Maßnahmen kommen einem
Treffer ins Schwarze gleich. Der Gegner wurde so vollkommen überrascht, daß es ihm bisher nicht gelang, wirksame Gegenmaßnahmen zu
treffen. Es gibt jetzt Versuche, auf legalem Wege nach Westberlin
zu gelangen. So waren am gestrigen Tage bereits einige tausend
Personen bemüht, auf VP-Revieren bzw. VP-Inspektionen eine Genehmigung zum Betreten Westberlins zu erhalten. Es ist zu erwarten,
daß die Anzahl dieser Personen weiter ansteigen wird.
Es kann jedoch nicht die Aufgabe unserer Volkspolizisten sein,
dieses Bestreben durch entsprechende Auskünfte zu unterstützen und
diese Personen zu den VPR bzw. VPI zu schicken.

In der Bekanntmachung des Ministeriums des Innern der DDR heißt
es, daß über die Ausgabe solcher Genehmigungen eine besondere Bekanntmachung erfolgen wird. Aus dieser Formulierung geht unzweifel-
haft hervor, daß der Zeitpunkt zur Ausgabe dieser Genehmigungen
n o c h   n i c h t   festgelegt ist, d.h., daß darum auch n o c h
k e i n e   Genehmigungen ausgegeben werden.

Allen Personen, die mit einem diesbezüglichen Anliegen erscheinen,
ist unmißverständlich mitzuteilen, daß eine Antragstellung gegenwärtig zwecklos ist. Ihnen muß gesagt werden, daß sie den entsprechenden Zeitpunkt bis zur Veröffentlichung einer diesbezüglichen
konkreten Bekanntmachung abzuwarten haben und daß keine Ausnahmen
gemacht werden können.

Es muß Schluß gemacht werden mit der sogenannten "Abschiebetaktik",
in dem diese Personen von einer Dienststelle zur anderen geschickt
werden, damit man nicht selbst einen konkreten Standpunkt einzu-
nehmen braucht. Es ist notwendig, daß unsere Genossen Volkspolizisten auch in dieser Frage einen klassenmäßigen Standpunkt ein-
nehmen. Es besteht keine Veranlassung, durch Gefühlsduselei oder
Mitleid bei diesen Personen die Hoffnung zu erwecken, diese Genehmigung im gegenwärtigen Moment zu erhalten. Die Schuld, für die
aus diesen Maßnahmen entstehenden Härten liegt bei denen, die jahrelang die ernstgemeinten und konkreten Vorschläge unserer Regierung,
auf dem Wege friedlicher Verhandlungen die vom westdeutschen Militarismus ausgehende Gefahr für den Frieden zu bannen, im Interesse
ihrer Revanchepolitik ablehnten.

Die beschlossenen Maßnahmen unserer Regierung dienen dem Schutz
des demokratischen Berlins und seiner Menschen. Sie sind ein wirk-
samer Schlag gegen den jeglichen Rechtsnormen widersprechenden
Menschenhandel, der von den Bonner Ultras organisiert wurde.
Die Aufgabe der Sicherheitsorgane besteht also darin, zu verhindern,
daß Bürger unserer Republik und ihrer Hauptstadt zu Objekten ge-
wissenloser Menschenhändler werden. Das aber heißt, das Betreten
Westberlins durch unsere Bürger zu verhindern.

hören. Dürfen wir mal reinkommen?" Ich sagte: „Wer sind Sie denn?" „Wir kommen von den Grenztruppen und wollen unbedingt mal mit Ihnen sprechen." Ich ließ sie rein. Der eine war der Redner, der andere wahrscheinlich der Zeuge. Es war sagenhaft, was die mir alles gesagt haben. Winken und Zeichen geben wäre verboten, ich machte das öfters. Ich sollte mir so etwas nicht noch einmal einfallen lassen. Ob mir bewußt sei, daß sie sehr, sehr würdige Genossen für diese Wohnung hätten? – Das glaubte ich, diese schöne Dreizimmerwohnung, die ich mir so furchtbar erkämpfen mußte, die hätten sie gerne gehabt. – Ob ich schon mal gehört hätte von Deportation? Und das Wort hat mich so in Harnisch gebracht, weil ich der Meinung war, das war unter Hitler so ein Schlagwort: „Deportation!" Das hat mich so verrückt gemacht, daß ich dann auch ziemlich maßlos wurde. Ich komme aus einer alten antifaschistischen Familie, da habe ich gesagt: „Das finde ich ja ungeheuerlich, was Sie mir hier sagen. Winken und Zeichen geben! Ich habe eben vielleicht emotional rübergewinkt! Wissen Sie, wer drüben steht? Mein einziger Sohn und mein Lebenskamerad! Und denken Sie, daß alle Menschen, die da drüben stehen, nur schlechte Menschen sind oder wie? Was soll der Blödsinn! Die sind genauso gerührt und depressiv wegen dieser Grenze, das können Sie mir glauben! Mein Leben hat sich sehr verändert. Aber Deportation hätten Sie nicht sagen dürfen, das macht mich ganz verrückt, das ist ja unglaublich. Als Sie nämlich noch in die Windeln gemacht haben, da hat sich mein Großvater für diese Sache zusammenschlagen lassen, bereits damals. Das war nämlich schon immer nicht so einfach, und Sie sagen mir heute so was!" – So haben sich das meine Vorfahren nicht gedacht, wie das hier gewesen ist nachher, die haben sich Sozialismus sicher anders vorgestellt. – Ich bin ziemlich laut gewesen, war ja nun meine Wohnung: „Sie haben sich ja gleich einen Zeugen mitgebracht, wie gut. Aber ich werde mir schön überlegen, was ich sage. Und wenn es mir genug ist, dann verlassen Sie meine Wohnung!" Dann habe ich sie beide rausgeschickt und mich natürlich gleich wieder hingesetzt, um alles nach drüben zu schreiben, was ja auch nicht so einfach war. Telefon war unterbrochen, die Post wurde geöffnet und durchschnüffelt, hätte auch in die Hose gehen können.

Noch einmal hatten wir eine solche Aufregung, als mein Sohn heiratete. Da stand die kleine Hochzeitsgesellschaft wieder jenseits der Wiener Brücke. Ich hatte meinen Haushaltstag, die Kleine war schulbefreit, und meine Mutti war da. Die Hochzeit war im August 1964. Wir saßen dann auf dem Balkon und haben nur geheult. Drüben winkten sie mit Taschentüchern, es war natürlich sehr traurig.

Abt. Agitation u. Propaganda.   8. 11. 61.

Genossen Franz F.

Bei der Anleitung der WPO-Sekretäre am 8. 11. wurden von einigen
Genossen Fragen des Gebiets der Staatsgrenze behandelt.
WPO 19/20/21: Im Gebiet Heidekampweg/Kuhgraben müsste unbedingt
etwas gegen die ideologischen Grenzgänger getan werden.
Hier haben sie immer noch die Möglichkeit, an die Staatsgrenze
heranzugehen und schreien nach Westberlin hinüber u.a.:"Schickt
uns Persil, Zigaretten usw."
In diesem Gebiet existieren auch noch keine Hinweisschilder
auf die Staatsgrenze. Zwar wird eine Kontrolle der DPA durchgeführt, aber trotzdem kann jeder bis zur Staatsgrenze heran-
gehen.
An der Stelle, an der die "Goebbels-Schnauze" herüberfunkt,
sammeln sich regelmässig Menschen an. Gegen Genossen wird sogar
provokatorisch dabei aufgetreten mit solchen Bemerkungen, wie:
"Zieht doch aus den Häusern raus, dann können wir dort herein
und noch besser winken."
Die Genossen schlagen vor, mit LKW vorzufahren, diese Schreier
mal aufzuladen und zum Kartoffeleinsatz oder anderen Arbeiten
einzusetzen.
WPO 1/3: Noch nicht an allen Grenzstrassen befinden sich die
Grenzschilder. Selbst dort, wo diese Schilder bereits aufgestellt
sind, laufen die Leute an diesen vorbei. Wenn von seiten der
Grenzorgane nichts getan wird, um die Schilder zu respektieren,
dann sind diese doch illusorisch.
Die Besucher der Neuen Apostolischen Gemeinde gehen vor und
nach ihrem Kirchgang zur Staatsgrenze und winken dann.
Die Wahl von Hausvertrauensleuten in den Grenzhäusern darf
nicht so formal erfolgen, wie es ein Mitarbeiter des Staatsapparates, der für dieses Gebiet eingesetzt ist, tun will.
Ihm geht es nur um den Namen, aber wir müssen doch die Hausversammlungen dort dazu benutzen die politischen Grundfragen
zu klären.

Die aktuelle Lage im Ortsteil war allen Verantwortlichen sehr wohl bekannt. Mitarbeiter der Abteilung „Inneres" des Rates des Stadtbezirks, „Genossen" der Wohngebietsparteiorganisationen und der Volkspolizei gaben in der ersten Zeit stündlich – in dem für die Staatsführung während des Gefechtsalarms geführten „Journal der Handlungen" manchmal minütlich – genaue Berichte. Am 14. August meldeten die Beobachter zwischen 13 und 14 Uhr folgendes: Eine Person passierte die VP-Kontrollstelle Elsenstraße unkontrolliert; einige Ostberliner Häuser in der Harzer Straße wurden zum Westsektor hin unverschlossen vorgefunden; in der Lohmühlenstraße wurde jemand beim Überklettern der Mauer von der „Agitations- und Propagandagruppe" des Rates gestellt und der Polizei übergeben; am Sportplatz Lohmühlenstraße durchschwammen drei Personen in voller Bekleidung den Landwehrkanal; in der Mengerzeile 12 wurde ein „Provokationszentrum" ausfindig gemacht, Schwerpunkt zweiter Stock, links; dort diskutierten die Mieter „in übelster Weise" von ihren Balkons aus, weshalb eine Verstärkung der „Agit-Prop-Gruppe" empfohlen wurde.

Vor allem bei den Menschenansammlungen beiderseits der Grenze waren bis zu 12 „Mitarbeiter des Staatsapparates im Einsatz". Dort fielen Worte wie „KZ, Zuchthaus, Gefangenschaft". „Russenknechte", rief man den Soldaten zu, und „bei euch gibt es keine Butter!" Sehr offen redeten die evangelischen Pfarrer in Treptow bei einem Gespräch mit dem Stadtbezirksbürgermeister von „Verletzung der Menschenrechte" und von den „dringendsten persönlichen Anliegen", die bestünden. Aus einem HO-Lebensmittelgeschäft war bekannt geworden: „Die Kollegin Michel aus der Lohnbuchhaltung brachte zum Ausdruck, daß sie sich aufhängen wolle, da sie jetzt nicht mehr ihre 88jährige Mutter in Westberlin besuchen könne. Es gab daraufhin eine längere und harte Auseinandersetzung." Erregt diskutierten Arbeiter vor ihren Betrieben über ständige Polizei- und Kampfgruppenaufmärsche, besonders im „Werk für Signal- und Sicherungsbau" an der Ecke Elsen-/Heidelberger Straße war die Stimmung explosiv. Armee und Polizei sollten lieber die Ernte einbringen! Als „Feindarbeit" wurden aufgefundene Pfirsichkerne angesehen, in die Hakenkreuze geschnitzt waren, sowie die Äußerung eines Arbeiters: „Wenn man jetzt seine Meinung sagt, weiß man nicht, wohin man kommt." Wieso Abwerbung, hieß es, die Regierung hat doch nur Angst, daß alle abhauen. Die Intelligenz hat Köpfchen und ist schon weg. Denn unser Geld ist ohnehin nichts wert. Und dann die Rente, viel zu niedrig.

Im Verlauf der ersten Woche nach der Grenzschließung setzten Hamsterkäufe ein, Läden wurden fast gestürmt und hohe Summen bei den Banken abgehoben. In sogenannten Rathausgesprächen mit den Händlern sollte

Propaganda von Osten, 1961

geklärt werden, wie die Stimmung der Bevölkerung zu heben wäre: „Wie kann in der Verkaufsstelle eine politische Atmosphäre geschaffen werden, die Provokationen und Hamsterei unterbindet? Warum müssen die Geschäftsstraßen mit Einsetzen der Dunkelheit immer einen dunklen, trostlosen Eindruck machen (Schaufensterbeleuchtung)? Warum demonstrieren die Schaufenster Armut, die nicht vorhanden ist?"

Aber schon Anfang September begannen in den Berichten die Erfolgsmeldungen zu überwiegen. Nur vereinzelt noch stellte man fest, daß Hausvertrauensleute ihre Posten niedergelegt oder Mieter ganzer Häuser die Spende bei einer Listensammlung der „Nationalen Front" verweigert hatten. Die Grenzbewohner waren vorsichtiger geworden. Denn allzu deutlich hatten die Spitzel und Agitatoren bei Gesprächen auf der Straße, in Geschäften und Hausversammlungen die „Schuldigen" bisheriger „ideologischer Diversion" mit Name und Adresse festgehalten;

„Studio am Stacheldraht"

Unzufriedene, zu Selbstbewußte oder Grenzgänger, vor allem Intellektu-
elle und der Mittelstand galten als „Problemfälle". Ärzte beispielsweise
wurden registriert, die um die Schulbildung ihrer Kinder in Westberlin
fürchteten. Und die Angst aller Beobachteten war sehr wohl begründet, zumal wenn sie im Grenzgebiet, etwa im Bereich der Harzer Straße, wohnten.

August 1961

Harzer Straße 1961

An Herrn
　　　Bezirksrat Henschke
　　　Berlin-Treptow
　　　Neue Krugallee 4
　　Abtlg. Innere Angelegenheiten

　　Ein paar Tage nach unserer Reise,in der Zeit des 20 -25.Mai
könnte es gewesen,ging ich in der Mittagszeit einholen. Als ich
aus dem Haus, Bouchestr.15 in welchen ich wohne ging, hielten vor
dem Hause ein Pkw und ein Kombiewagen. Aus die Wagen stiegen drei
Männer und Zwei Frauen aus. Ich schenkte dem weiter keine Beachtung
da dieselben stehen blieben und sich unterhielten. Ich ging mei=
ner Wege,schaute mir die Auslagen der Geschäfte an. In der Zwischen
zeit waren die Personen in Höhe des Textilwarengeschäfts, wo ich
gerade fortging, hinter mir angelangt. Ich sah wie die Männer in
den großen Handtaschen der Frauen etwas legten. Ausserdem sah ich
noch einen älteren Herrn im Hellen Sommermantel und Stock mit dem
sich die Männer unterhielten. Bei der Wäscherei,kurz vor der
post, waren sie hinter mir angelangt und ich konnte folgende
Gesprächsteile durch Zufall mit anhören: Wir gehen bis zur Mauer,
ihr könnt knipsen und wir Decken. Als dieselben an mir vorbei=
gingen sah ich das zwei der Männer Fotoapparate bei sich hatten.
Als ich mir darüber Gedanken machte,was die für Absichten haben,
und wie kannst du die Grenzpolizei davon verständigen ohne nochmals
im Gesichtskreis dieser Personen zu kommen, sprach ich eine Frau
an, ob sie mit mir kommen würde um die Grenzpolizei auf etwas
wichtigesAufmerksam zumachen, ich bekam als Antwort ,ich mische
mich in soetwas nicht rein. Ein des Weges kommender Genosse,
den ich ansprach und ihm sagte um was es sich handele, meinte :
Ach lassen sie ruhig fotografieren,was können dieschon machen.
Daich mich darüber innerlichaufgeregt hatte,ich selber an Herzan=
fällen leide war es mir nicht möglich allein hinter her zulaufen.
Ich ging weiter einholen. Als ich aus der Molkereiprodukte
kam ,sah ich zwei von den vier Männer von der Richtung Krüllstr.
komment durch die Graetzstr. zur Bouchestr. gehen. Die beiden
Frauen, sah ichan der Post wie sie in Richtung Bouchestr. zu den
Wagen gingen. Die zwei Männer gingen hinter her,stiegen in die

Wagen, beide fuhren sofort an, ein Wagen fuhr in Richtung
Puschkinallee, der andere Wagen bog in die Kiefholzstr. ein.
Ich ging noch im Hause zum Gemüsehändler, eine Kundin machte mich
Aufmerksam, daß die Grenzpolizei einen älteren Mann dessen Mantel
zerrissen war, mitnahm. Die Kleidung, Stock und Figur glich von
hinten dem Mann, der in Begleitung der anderen Personen war.

Berlin - Treptow
Bouchestr.

P r ü f u n g s b e r i c h t
über Bewohner der Staatsgrenze Mengerzeile 14,
Harzerstraße 109 - 119, Onckenstraße 15 und 16

– –

Am 14. September 1961 wurde in Zusammenarbeit mit der Genossen
aus der Wohnparteiorganisation 1 (Genossin P   als Sekretär)
von der Kommission eine Überprüfung nach folgenden Gesichts-
punkten durchgeführt:

1.) Wieviel Genossen in welchen Häusern wohnen,

2.) welche vertrauenswürdige Personen sind vorhanden,

3.) wo sind ehemalige Grenzgänger vorhanden,

4.) gibt es ehemalige SPD-Mitglieder,

5.) durch welche Bewohner werden Verbindungen nach Westberlin
aufrecht erhalten,

6.) wer muß umquartiert werden ?

Zur Harzerstraße 109:

Anzahl der Haushalte: 10 mit 13 Personen.

Zu 1) Keine Genossen wohnhaft
zu 2) Vertrauenswürdige Personen nicht bekannt.
zu 3) G   , Else (Bisheriger Grenzgänger)
zu 4) Keine SPD-Mitglieder
zu 5) G   , Else und K   , Marie durch spekulative
      Handlungen nach Westberlin
zu 6) G   , Walter   24.2.03 }
      G   , Elsa   23.3.09 } 2-Zimmerwohnung
      K   , Marie   17.7.88   2-Zimmerwohnung

Harzerstraße 110:

Anzahl der Haushalte 11 mit 21 Personen.

Zu 1) Genosse K   (ist geschieden, wohnt noch mit Frau in der
                        gleichen Wohnung)
zu 2) N   , Werner – HGL-Vorsitzender
      N   , Alfons
      N   , Gertrud
      L   , Werner   HGL
      K   , Traute
zu 3) Keine Grenzgänger
zu 4) SPD-Mitglied nicht bekannt
zu 5) D   , Hedwig   9.11.98   (Kirchlicher Bund Westberlin)
      in ihrem Keller wurde Öffnung zur Entgegennahme von Paketen
      geschaffen.
zu 6) D   , Hedwig – 3-Zimmerwohnung

Harzerstraße 112:

Anzahl der Haushalte 10 mit 15 Personen:

Zu 1) F   , Erich
      B   , Anneliese
      T   , Friederike
zu 2) B   , Hans-Jürgen 7.11.41

- 2 -

90

zu 3) Keine Grenzgänger
zu 4) Keine SPD-Mitglieder
zu 5) K   Charlotte (hat Bindungen (Kinder) nach Westberlin)
     S   , Max u. Ehefrau (Angehörige der Neuapostolischen
                      Gemeinde, Bindungen nach Westberlin)
                      Erhalten Besuch der Gespräche nach
                      Westberlin führt)
     D   , Marie (Schneiderarbeiten nach Westberlin - Pakete
                      als Gegenleistung)
     S   , Wally (Westberl. Verwandtschaft-erhält Besuch der
                      nach Westberlin Gespräche führt)
     H   , Kurt u. Familie (Verbindungen nach W-Berlin, besonders
                      zum gegenüberliegenden Zigarettengeschäft
                      Harzerstraße)
zu 6) Alle zu 5) aufgeführten (alles 2-Zimmerwohnungen)

Harzerstraße 113:

Anzahl der Haushalte 7 mit 11 Personen

Zu 1) Gen. T   , Alfred
     Genn. E   , Lieselotte
zu 2) Keine besonders bekannt
zu 3) K   , Liesbeth (hat zeitweilig vor unseren Maßnahmen in
                  Westberlin gearbeitet)
zu 4) Keine SPD-Mitglieder
zu 5) B   , Kurt u. Ehefrau (Theaterring Westberlin, Annahme von
                  Paketen)
     D   , Gerhard u. Ehefrau (Westberlin Verwandtschaft,
                  Provoz. der Sicherungsorgane)
     F   , Walli 5.7.07- Freund und alle Verwandten in W-Berlin,
                  sieht Genossen als Spitzel
     \ K   , Liesbeth   - Alle Verwandten nach W-Berlin. Wenn
                  Maßnahmen vorher bekannt, wäre sie
                  gegangen).
zu 6) Alle zu 5) aufgeführten - alles 2-Zimmerwohnungen.

Harzerstraße 114:

Anzahl der Haushalte 8 mit 17 Personen.

Zu 1) Gen. B   , Elisabeth
     Gen. J   , Reinhold
     Gen. L   , Reinhold
     Gen. P   , Fritz
zu 2) S   , Paul - VP-Angehöriger
     J   , Else
     L   , Gertrud
     P   , Elisabeth
zu 3) A   , Margarete
zu 4) Kein Mitglied der SPD
zu 5) S   , Erich u. Ehefrau (2 Söhne in W-Berlin, einer gegen-
                  über Harzerstr., starke kirchl.
                  Bindungen)
     W   , Rosalie   (stark kirchl. gebunden (kath.)
                  nach Westberlin.
     A   , Ernst (ehem. Genosse, Frau ehem. Grenzgänger)
zu 6) alle zu 5) aufgeführten - alles 2-Zimmerwohnungen

- 3 -

Harzerstraße 117:

Anzahl der Haushalte 11 mit 22 Personen

Zu 1) Genn. M   , Charlotte
      Gen. N   , Kurt
zu 2) N   , Erna
      N   , Gisela
      V   , Emil
      B   , Hermine
zu 3) Keine Grenzgänger bekannt
zu 4) Keine SPD-Mitglieder
zu 5) B   , Erich und Familie (Westverwandtschaft, Trainer im
                          Westberliner Sport).
      C   , Elsbeth (Gespräche mit Westverwandten)
      K   , Konrad und Ehefrau (Gespräche mit Westverwandten)
      P   , Emma (doppelte Rentenbezieherin-auch Westberlin,
                      laufend Gespräche nach Westberlin)
      S   , Gertrud - Verdacht auf Vorbereitung von RF.
      S   , Walter (in der Verwandtschaft RF nach dem 13.8., mit
                      der weiterhin Verbindung gehalten wird)
      T   , Max und Ehefrau (steht in engen verwandtschaftlichen
                          Beziehungen zu Sünder)
zu 6) alle zu 5) aufgeführten (alles 2-Zimmerwohnungen)

Harzerstraße 118:

Anzahl der Haushalte 14 mit 32 Personen

Zu1) Vorderhaus kein Genosse
zu 2) Vertrauenswürdige Personen konnten nicht benannt werden.
zu 3) Keine Grenzgänger
zu 4) Keine SPD-Mitglieder
zu 5) K   , Ursula (Tasche aus dem Fenster nach Westberlin)
      S   , Walter und Ehefrau (Rentner - führt laufend
                      Schuhreparaturen für Westberliner aus.
                      300,— DM Mietschulden)
      S   , Richard und Ehefrau (Rente aus Westberlin)
zu 6) alle zu 5) aufgeführten (Eine 3-Zimmerwohnung
                              Zwei 1-Zimmerwohnungen).

Harzerstraße 119:

Aus dem Haus Harzerstraße 119, welches völlig auf unserem Territorium steht (auch mit Straßenland) ist besonders zu erwähnen,
daß die Genossin M   Ursula, 24.5.27, stark westlich
eingestellt ist und ihren Freund in Westberlin hat. Ständige
negative Auseinandersetzungen über die notwendigen Kontrollmaßnahmen
mit den Sicherungskräften. Bisher erfolgte keine Meldung beim
WPO-Sekretär. Beschäftigungsverhältnis unbekannt.

Harzerstraße 118: (Hinterhaus)

W   , Erwin - 17.1.20 - und Ehefrau Gerda - 4.1.21 - sind
als Spekulanten und Säufer bekannt, Kinder wurden zur Heimerziehung
eingewiesen. Umquartierung aus diesem Gebiet wäre erforderlich.

- 4 -

Zu den Häusern Mengerzeile 14, Onckenstraße 15 und 16 ist zu berichten, daß eine Überprüfung nicht abgeschlossen werden konnte, daß die anwesenden Genossen und die WPO-Sekretärin keine genauen Auskünfte erteilen konnten. Eine genauere Überprüfung bzw. Rücksprache mit den dort wohnenden Genossen muß noch erfolgen.

Zusammenstellung der Wohnungen:

	1 Zimmer	2 Zimmer	3 Zimmer
Harzerstraße 109	–	3	–
Harzerstraße 110	–	–	1
Harzerstraße 112	–	5	–
Harzerstraße 113	–	4	–
Harzerstraße 114	–	3	–
Harzerstraße 117	–	5	–
Harzerstraße 118	2	–	1
Insgesamt:	2	20	2

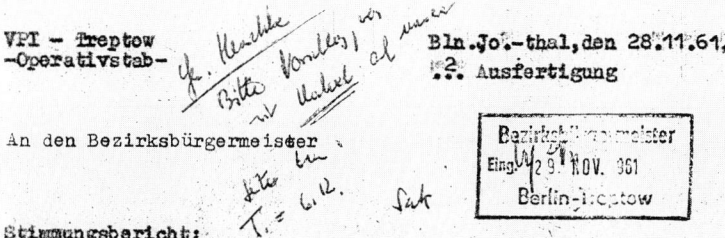

VPI – Treptow   Bln.Jo[.]-thal,den 28.11.61.
-Operativstab-   .2. Ausfertigung

An den Bezirksbürgermeister

> Bezirk[.] ~~ ~~ meister
> Eing[.] 2 9 NOV. 361
> Berlin-Treptow

Stimmungsbericht:

Der ABV Ultn.d.VP.B   vom VPR 231 berichtet:

Seit einigen Wochen wird unserer, an der Staatsgrenze wohnende,
Bevölkerung Tag für Tag durch westliche politische Hetzsendungen
welche durch Lautsprecher von der westlichen Seite her übertragen
werden,aufgehetzt und beunruhigt.
Diese Hetzsendungen sind genau nach den Anweisungen des ameri=
kanischen Experten für psychologischen Kriegsführung,Mister
T a y l o r (Strategie des Schreckens)vertont und aufgebaut.

Die Art und Weise dieser Sendungen ist in Bezug auf Vertonung
und Rethorik so raffiniert gemacht,daß sie nicht nur den poli=
tisch Zurückgebliebenen sondern auch den bewußten Bürgern mit
der Zeit auf die Nerven geht.Nach jeder Sendung wird bei den
Bürgern festgestellt,daß sie erschreckt und beunruhigt sind.
Diese Hetzsendungen haben eine enorme Lautstärke und Reichweite.
Wenn die Sendungen von der Wiener Brücke (Treptow) durch die
Graetzstr.geleitet werden,so sind sie noch an der Elsenstr.
deutlich zu verstehen.
Im Ortsteil Treptow werden diese Sendungen hauptsächlich an
der Wiener Brücke,Lohmühlenbrücke,Wildenbruchstr.und Elsenstr.
gemacht.
Damit wird der am stärksten bevölkerte Teil Treptows täglich
mit Hetzsendungen überschüttet.Dazu kommen noch die fünf großen
Betriebe EAW,OL,Werkzeugfabrik,Hermann Schlimme und WSSB mit
ca.15000 Arbeitern.
In jeder Sendung wird die Bevölkerung mit scharf ausgesprochenen
Drohungen äußerst verängstigt.Jedesmal kommt die Hetze gegen
demokratische Einrichtungen,gegen unsere Regierung und Aufforderung
zum Ungehorsam.In jeder Sendung werden die Angehörigen der Volks-
und Grenzpolizei und der NVA direkt als Kameraden angesprochen
und zur Befehlsverweigerung und Desertion aufgefordert.
In jeder Sendung hört man die Aufforderung:Deutsche schießt nicht
auf Deutsche.
Am 30.10.61. 14.30 Uhr wurde wörtlich gesagt:Kameraden der VP
und NVA,die Politoffiziere und Parteifunktionäre belügen euch,
glaubt ihnen nicht.
In jeder Sendung wird versucht,den Bürgern klarzumachen,daß in
der DDR der Faschismus wieder aufersteht und nicht in der West=
zone.
Zu Beginn jeder Sendung ertönen besonders langgezogene,markante
Sirenentöne.
Unsere Bürger verurteilen diese westlichen Provozierungen und
wollen sie nicht hören.Sie fordern,daß gegen diese schädliche
Beeinflussung etwas unternommen wird.

                           Lageoffizier

                           (   )
                           Ltn.d.VP.

■ Die Zwangsräumungen

Am Morgen des 13. August verließ Frau Jaschinsky ihre Wohnung in der Bouchéstraße 37, wechselte die Straßenseite, bog an der Harzer Straße um die Ecke und kam nie wieder zurück. Die Besitzerin des Hauses und des angrenzenden Industriegeländes, auf dem ihre frühere Pianofabrik lag, nutzte die Verwirrung der Posten, die sich über den Grenzverlauf an dieser Stelle noch nicht im klaren waren. Bei der nächsten Mietzahlung legten Mitarbeiter des Wohnbezirksausschusses den verbliebenen Bewohnern, vorwiegend Rentnern, ein Schreiben vor, „in dem jeder Mieter auf seine Pflichten als Anwohner der Staatsgrenze eindringlich hingewiesen" wurde.

Während der beiden Häuserräumaktionen, die im August und September des Jahres 1961 in Treptow stattfanden, blieben diese Menschen glücklicherweise unbehelligt. Anders erging es den Bewohnern der Harzer Straße und der Eckhäuser an den einmündenden Nebenstraßen. Bereits am Montag, dem 21. August, wurden in einem ersten, von der Öffentlichkeit noch kaum registrierten und im Rahmen der Grenzziehung wohl von vielen auch für notwendig erachteten „Einsatz" über 25 noch belegte Erdgeschoßwohnungen geräumt. Der Informationsbericht vermerkt lapidar: „Die Räumung der in der Harzer Straße befindlichen Parterrewohnungen erfolgte planmäßig. Die Durchführung der entsprechenden Sicherheitsmaßnahmen wird am 21. abgeschlossen. Die Umquartierung ist ohne Zwischenfälle und reibungslos erfolgt. Die Wohnung des Mieters Johannes, Harzer Str. 117, mußte infolge Abwesenheit des Mieters geöffnet werden. Entsprechende Sicherheitsvorkehrungen sind getroffen worden." Gemeint waren damit vor allem die Vermauerung oder Vergitterung aller ebenerdigen Fenster, der Zugänge und Durchlässe in den Westsektor durch den VEB Bauhof. „Die Brigade Lenz hatte den Auftrag, in der Elsenstraße die zwei Zugangstüren zum Westen zuzumauern. Bei der Ausführung äußerte sich ein Kollege zum Betriebsleiter Pultermann, daß das eine große Schweinerei sei... Direkt verweigert hat er die Arbeit nicht..." Nahezu 40 Arbeiter waren in diesen Tagen mit solchen Maurerarbeiten beschäftigt. Die wenigsten widersprachen. Auch die Umquartierten bestätigten gegenüber der Abteilung Wohnungswesen beim Rat des Stadtbezirks, sie seien mit den zugewiesenen Wohnungen recht zufrieden und bezeichneten nun gar die noch verbliebenen Mieter als „die richtigen Schieber".

Viele der so Denunzierten, die noch in den Grenzhäusern ausharrten, ohne Fluchtabsichten zu hegen, ahnten bereits ihre bevorstehende Exmittierung. Sie hatten größtenteils schon eine oder mehrere Zuweisungen für Ersatzwohnungen erhalten und diese aus unterschiedlichen Gründen nicht akzeptieren können oder wollen.

Treptow, Harzer Straße, 1962

Berlin-Mitte, Bernauer Straße, 16. 10. 1961

Hausversammlungen wurden abgehalten, in denen man die mangelnde Disziplin der Posten als Anzeichen bevorstehender Repressionen wertete. In dieser gespannten Situation sprangen deshalb am 12. September noch drei Bewohner der Harzer Straße 112 bzw. 113 mit Betten und Kleidungsstücken aus dem zweiten Stock in die bereitgehaltenen Sprungtücher der Westberliner Feuerwehr. „Bis in die jüngste Zeit versuchen die Bürger, die Sicherungsmaßnahmen an der Staatsgrenze zu durchbrechen", stellten „offizielle" Beobachter fest.

Eine vollständige Räumung auch größerer Mietshäuser fand in den Monaten nach dem Mauerbau entlang der gesamten innerstädtischen Grenze statt. Zusammen fast 4000 Menschen waren davon betroffen; allein im Stadtbezirk Treptow mußten 240 Familien zwangsweise umziehen. In der Gegend um die Harzer Straße begann die zweite und größte Treptower Räumaktion am 20. September und dauerte bis in die darauffolgende Nacht. Für solche Aktionen wurden oft Angehörige der Betriebskampfgruppen eingesetzt. In der Regel am Abend vorher unter Geheimhaltung alarmiert, erfuhren die „Kämpfer" in den Morgenstunden die Art ihres Einsatzes in „Räuberzivil": Ausquartierung der restlichen Bewohner in Häusern an der unmittelbaren Staatsgrenze. Öffneten die Betroffenen, hatten die Räumkommandos sofort alle Fenster zu besetzen und dann einen einstudierten Text vorzutragen, der die „Maßnahme" begründete. Fanden sich die Wohnungsinhaber zum Umzug bereit, erhielten sie Zeit, ihre Sachen zusammenzupacken und halbwegs geordnet auf LKWs bzw. Möbelwagen verladen zu lassen.

Rekonstruieren wir das Geschehen in zwei Fällen, in denen die Betroffenen sich weigerten, den Aufforderungen nachzukommen: Ein Rentnerehepar öffnet die Wohnungstür nicht. Kaum ist diese aufgebrochen, läßt sich die Frau an einem vorbereiteten Seil in den Westsektor hinab. Sie stürzt die letzten Meter hinunter und fällt auf den Gehsteig. Während sie von Polizisten in einen bereitstehenden Krankenwagen getragen wird, ruft sie ihrem oben am Fenster stehenden Mann ununterbrochen zu, doch wie vereinbart zu folgen. Er vermag es nicht. Ein anderes Ehepaar, das in der Gegend früher ein bekanntes Milchgeschäft führte, verweigert den Einzug in die vorgesehene Wohnung. Man fährt mit ihm zu einem Sonderwohnungsamt, erteilt zwei neue Zuweisungen, auch die werden abgelehnt. Dann werden die Möbel doch verladen und unter Protest der Ausquartierten gegen Abend in die letzte Wohnung eingeräumt. Verstört laufen die Betroffenen mit einer Tasche hin und her, in der sich das Familiensilber befindet. „Laß doch die Sachen da", sagt die Frau immer wieder beruhigend zu ihrem Mann, „halt das Silber fest."Weil die neue Wohnung zu klein ist, wird sie so vollgestellt, daß die Träger zuletzt selber über das Mobiliar steigen müssen, um sie zu verlassen.

Kommission
zur Sicherung der Staatsgrenze   Treptow, den 20.8.1961

Plan zur Räumung des Wohnkomplexes

Harzer Straße einschl. Eckwoh=
nungen Onkenstr. 15-16 und
Mengerzeile 14

I. Ablauf der Räumung:

a) Für den gesamten Ablauf der Operation ist ein Stützpunkt zu
schaffen.
Vorschlag:
Raum im EAW Schmoller Platz

b) Es ist ein erforderlicher Transportraum von *8* Möbelwagen zu
stellen.
Einsatz erfolgt am 21.8.1961 , 9.oo Uhr.

Standpunkt der Möbelwagen: Onkenstraße, Mengerzeile,
                                   Lohmühlenstraße hinter dem Haus
                                   Harzer Straße 119

c) Bekanntgabe der Räumung: s.Ablaufplan

Es ist festzulegen je 1 Verant =
wortlicher für die Durchführung
der einzelnen Wohnungsräumungen.

Dieser trägt die gesamte Ver =
antwortung von der Bekanntgabe der
Räumung der betroffenen Mieter
bis zu ihrem Umzug in den neuen
ihnen zugewiesenen Wohnraum.

Diese Kräfte sind am 21.8.1961
-      - durch den Betriebs =
leiter der KWV, Gen.R   , in
ihre Aufgabe einzuweisen.

-2-

A b l a u f p l a n zu I c)

Uhrzeit	Vorgang	Verantwortl.	Bemerkg.
7.oo Uhr	Einweisung der Sicherungs= kräfte — Rathaus Zi. 49 —	Hptm.K	
8.oo Uhr	Einweisung d. eingesetzten Staatsfunktionäre — HO-G Plänterwald —	1.Stellv.d. Bezirksbürgermstr. H	
8.3o Uhr	Bereitstellung d. eingesetzten Kräfte — Schmollerplatz —	Hptm. K	
9.oo Uhr	Beginn der Aktion		

Bereitstellung d.Möbelwagen wie folgt:

	Standort	m Wohnung	Name	
1.	Mengerzeile	Mengerzeile 14	N	
2.	Mengerzeile	Harzerstr. 109	K	
3.	Onkenstraße	Harzerstr. 110	S	
4.	Onkenstraße	Onkenstr. 15	G	
5.	Onkenstraße	Harzerstr.112	A	
6.	Onkenstraße	Harzerstr. 113	F	
7.	Lohmühlenstraße	Harzerstr. 118	S	
.	Reserve	Herzerstr.113	T	— Hausumzug —

Zweiter Einsatz der Fahrzeuge erfolgt nach Eintreffen beim Meldestab !

d) <u>Einsatz der Sicherungskräfte</u> : Mit der Bekanntgabe der Wohnungs

   - Verantwortl.:
      Gen.Hptm.K   -

räumung sind die Wohnräume,die
an der Seite der Harzer Str.
liegen, <u>sofort mit 2 Siche=</u>
rungskräften zu besetzen.

Diese Sicherungskräfte ver =
bleiben in der Wohnung bis
die erforderlichen Maurer =
arbeiten vollzogen sind.

Zur Sicherung des Umzuges
sind in den Kontrollpunkten
Onkenstr. , Mengerzeile,
Lohmühlenplatz zusätzlich
2 Sicherungskräfte mit dieser
Aufgabe zu betrauen.

Darüberhinaus ist ein Zug
zur Reserve bereitzustellen.

Die Sicherungskräfte sind
besonders einzuweisen. .

II. Bereitstellung des
    neuen Wohnraumes:

   - Verantwortl.:
     Abt.Ltr.W'wesen
     Gen.S ...... -

Es ist ein Plan aufzustellen,
der zum Inhalt hat, welche
Mieter wo in neuem Wohnraum
untergebracht werden.

   - Verantwortl.:
     Abt.Ltr.Finanzen
     Gen.L   -

Die vorgesehenen neu zu be-
ziehenden Wohnräume sind
RF-Wohnungen. Die Räumung
hat unmittelbar am 21.8.61
- morgens - nach Weisung der
Kommission bzw. der Fest =
legungen lt. anliegendem Ter-
minplan zu erfolgen.

-3-

15

III. <u>Erforderliche Baumaßnahmen:</u>
    - Verantwortl.:
      Stadtbezirksbaudirektor
      Gen.N   -

Sofort nach Räumung der Woh=
nungen hat der Einsatz der
Arbeitskräfte zum Vermauern der
Fensteröffnungen zu erfolgen.

Der Einsatz erfolgt ab :

Der Standort des zum Verbrauch
bestimmten Materials ist die
Lohmühlenstraße.

Transportfenster vermauern.

IV. <u>Sonstige Maßnahmen:</u>

    - Verantwortl.:
      Direktor d.KWV
      Gen.R   -

Die Kommunale Wohnungsverwaltung
ist für die Sicherung des geräumten Wohnraumes voll ver -
antwortlich.
Es ist dafür zu sorgen, daß alle
Fragen, die die Wohnungsschlüssel
Gas-, Wasser-, elektr.Licht und
evtl. Postanschlüsse betreffen,
bei der Sicherung beachtet werden.

    - Verantwortl.:
      Gen.Hptm. K   -

Für evtl. auftretende Krank =
heitsfälle ist der Einsatz
eines Arztes zu sichern.
Im Rahmen der Sicherungskräfte
ist der Einsatz einer Schwester
zu gewährleisten.

-4-

Für den Einsatz im Stützpunkt Zweig =
stelle VEB EAW Schmollerplatz sind vor=
gesehen:
1. Vertreter der KWV Gen.Walter B
2. Rat (Wohnungswesen) Kollgn.K
3. Mitglieder d.Komm. für Sicherheit

Harzer/ Ecke Onckenstraße, 1961

Obwohl der Räumungstag X feststand, hatten die Kampfgruppenangehöri-
gen die Anweisung, jeden Bewohner von der Notwendigkeit seines Umzugs
zu überzeugen. Dies geschah ausschließlich in offizieller Form und führte
auch zu verschiedenen Übereinkommen, ohne daß diese mehr als ein gewisses gegenseitiges Verständnis ausdrückten. Darüber hinaus war das Verhältnis der „Kämpfer" zu solchen Einsätzen durchaus differenziert, wie schon
die nur etwas über 50 % liegende Einsatzbereitschaft für den 13. August gezeigt hatte; zumal kamen die Einsatzkräfte aus verschiedenen Betrieben, öffentlichen Einrichtungen und wissenschaftlichen Instituten. Es gab Proteste
kleinerer Gruppierungen gegen ein kompromißloses Vorgehen in Fällen, wo
sich die Betroffenen verweigerten. Die persönlichen Rechte sollten mit An-
stand so gut wie irgend möglich gewahrt werden. Dies schloß auch ein, daß
mancher später den Empfängen fernblieb, auf denen die Kreissekretäre der
SED den Dank der Partei aussprachen. Hin und wieder nutzten einzelne
„Kämpfer" dann sogar die Gelegenheit zur Flucht, indem sie selber zum
erstbesten Fenster hinausstiegen und sich beispielsweise am Fallrohr der
Dachrinne in den Westsektor hinabließen, um nicht gegen ihre innere Überzeugung handeln zu müssen.

Harzer Straße/ Ecke Mengerzeile, 1961

In der „Treptower Rundschau" durften zwei „glückliche Familien" später über ihre neuen Unterkünfte berichten, in denen sie endlich ohne „ständige Provokationen" leben würden. Die neuen Wohnungen seien größer und hätten ein Bad. Niemand müsse wegen der „Grenzmaßnahmen" einstweilen in Schulen und Baracken hausen. Die Ausquartierungen erschienen so im öffentlichen Bewußtsein beinahe als ganz natürlich und erstrebenswert; doch sie hinterließen nicht selten irreparable physische und psychische Schäden bei den Betroffenen. Die dramatischen Räumungsaktionen und die dazu angefertigten Ratsakten bestätigen zudem, daß wohnliche Verbesserungen keinesfalls immer zu verzeichnen waren. Dem Vater einer fünfköpfigen Familie beispielsweise wurde geraten, selbst einen Wohnungstausch zu versuchen, um seine Angehörigen angemessen unterzubringen. Denn das Angebot an zumutbarem Wohnraum war begrenzt. Zwar hatten viele als Flüchtlinge ihr Zuhause aufgegeben, doch reichte eine Verteilung dieser Quartiere allein nicht aus. Zusätzlich nötig wurde ein allgemeiner Vergabestopp, weil auch für verschiedene Übersiedler noch Unterkünfte im Ostsektor fehlten.

An dieser Stelle ist die Frage angebracht, warum es außer verschiedentlichem Widerstand Betroffener keine nennenswerten Protestversuche der

Spätsommer 1961

Bevölkerung gegen die Räumungen gab. Denn nur am Rande sperrten „Ordner" und Polizisten einzelne Straßenabschnitte, traktierten ausgewählte Propagandatrupps westliche Beobachter mit Wasser und Tränengas oder stellten da und dort großflächige Schilder mit markigen Sprüchen als Sichtblenden auf: „Die Karre ist kaputt gefahren!" Die Ausquartierungen glichen so manches Mal – je nach Größe des zu räumenden Wohnbereichs – einem beinahe „zivilen" Repressionsakt. Doch wurden in mehreren Etappen Hunderte Familien inmitten dichtbesiedelter Wohngebiete exmittiert; viele sogar, noch ehe überhaupt eine gesetzliche „Grundlage" dafür geschaffen war. Auch hier wirkte offenbar die schon beschriebene Moralauffassung, aus der heraus die Deutschen den Mauerbau als zumindest zeitweilig notwendig tolerierten, ohne alle Konsequenzen zu übersehen. Zudem war deutlich geworden, daß die Westmächte die Grenzen vom 13. August als Ausdruck einer politischen Patt-Situation in Europa anerkannten. Denn von kleineren militärischen Konfrontationen abgesehen, begleiteten sie das Geschehen nur mit vereinzelter Gegenpropaganda und humanitärer Hilfeleistung. Vom Einverständnis der Großmächte und vom Stillhalten der eigenen

Harzer/Ecke Onckenstraße, 2. 9. 1961

Bevölkerung – die erst 1989 nach einem Umschwung in den politischen
Kräfteverhältnissen moralische Ansprüche diesmal gegen die Regierenden
erhob – profitierte die SED-Führung, die so eine scheinbare politische Au-
tonomiehandlung vollziehen durfte.

Die geräumten Häuser waren nun dem Verfall preisgegeben. Denn wie
ein Änderungsvorschlag beim Stadtbezirksbauamt vom Februar 1962 deutlich machte, blieb eine Durchlüftung mit vermauerten Fenstern nicht mehr
gewährleistet. Noch jahrelang aber bestimmten die wie nach einem Luftan-
griff gesicherten Fassaden und „Ruinen" das Bild der Harzer Straße, bis der
Abriß erfolgte. Allerdings blieben einzelne Wohnungen noch in Benutzung.
Eine Eingabenanalyse des Rates kritisierte Ende 1961 indirekt, „daß eine
große Anzahl der freigewordenen Wohnungen im Stadtbezirk" mittlerweile
„überwiegend für Sicherungsmaßnahmen verwandt worden sind".

Nicht nur Ein- oder Mehrfamilienhäuser wurden im Zuge der Grenzschließung geräumt, sondern auch Kleingartenanlagen. In diesen Fällen unterstützten viele Funktionäre von Kleingartenverbänden die „Maßnahmen
von Sicherheitskräften, Staatsapparat und Wohngebietsparteiorganisationen

Harzer Straße/Ecke Mengerzeile, 1961

der SED" tatkräftig. Nicht immer gelang es den Vorständen, Besitzer oder
Pächter zu gewinnen, sich mit Ersatzgrundstücken oder einer Entschädi-
gung einverstanden zu zeigen. Trotzdem wurden auch im Ortskern Treptow
die betroffenen Anlagen an der Heidelberger/Ecke Treptower und Ecke
Wildenbruchstraße sowie Harzer/Ecke Bouchéstraße geräumt, mit Planier-
raupen Zug für Zug eingeebnet und für die vorderste Grenzsicherung verwandt. So wie Willi U. aus der Kolmarer Straße im Prenzlauer Berg dürften
viele Treptower Gartenbenutzer empfunden haben, erst recht, wenn sie ihre
Lauben als Dauerwohnung nutzten: „In gut 25 Jahren ist uns dieses
Fleckchen Erde ans Herz gewachsen. Um noch einmal neu anzufangen oder
teures Land in ähnlicher Form zu pachten, bin ich einfach zu arm. 1945
habe ich alles restlos verloren."

Im Gegensatz zu Erhebungen für Westberlin gibt es nicht einmal annähernd eine Übersicht, wie vielen tausend Ostberlinern beim Ausbau der Grenze ebenfalls Grundstücke oder Gärten genommen wurden. Möglicherweise tauchen die – sicher sorgsam registrierten – Zahlen irgendwann bei der Durchsicht geheimgehaltener Aktenbestände einmal auf. In der DDR sollte niemand solche Fakten erfahren. Doch viele Einzelfälle sind bekannt, und deshalb ist es um so fragwürdiger, daß ausgerechnet der Betrug an den Berlinern im Ostsektor vom Senat mittlerweile für rechtsgültig erklärt wird: „Alles, was in der ehemaligen DDR entschädigt worden ist, sei es im Rahmen des Aufbaugesetzes, des Verteidigungsgesetzes oder des Baulandgesetzes, fällt nicht unter das Eigentumsgesetz", gab der Leiter des Berliner Landesamtes zur Regelung offener Vermögensfragen im Mai 1991 in der „Berliner Zeitung" bekannt.

Friedhofsbesuch, 60er Jahre

GESETZBLATT

der Deutschen Demokratischen Republik

Teil II

| 1961 | Berlin, den 25. August 1961 | Nr. 55 |

Verordnung
über Aufenthaltsbeschränkung.

Vom 24. August 1961

Auf Grund des Beschlusses der Volkskammer der Deutschen Demokratischen Republik vom 11. August 1961 verordnet die Regierung der Deutschen Demokratischen Republik:

§ 1

(1) Bei einer Verurteilung zu Freiheitsstrafe oder bei einer bedingten Verurteilung kann das Gericht zusätzlich auf eine Beschränkung des Aufenthalts des Verurteilten erkennen.

(2) Die Aufenthaltsbeschränkung kann angeordnet werden, wenn die Fernhaltung der Person von bestimmten Orten und Gebieten im Interesse der Allgemeinheit oder eines einzelnen geboten oder die öffentliche Sicherheit und Ordnung bedroht ist.

§ 2

Durch die Aufenthaltsbeschränkung wird dem Verurteilten der Aufenthalt an bestimmten Orten der Deutschen Demokratischen Republik untersagt. Die Organe der Staatsmacht sind auf Grund des Urteils berechtigt, den Verurteilten zum Aufenthalt in bestimmten Orten oder Gebieten zu verpflichten. Sie können ihn weiter verpflichten, eine bestimmte Arbeit aufzunehmen.

§ 3

(1) Auf Verlangen der örtlichen Organe der Staatsmacht kann, auch ohne daß die Verletzung eines bestimmten Strafgesetzes vorliegt, durch Urteil des Kreisgerichts einer Person die Beschränkung ihres Aufenthalts auferlegt werden, wenn durch ihr Verhalten der Allgemeinheit oder dem einzelnen Gefahren entstehen oder die öffentliche Sicherheit und Ordnung bedroht ist. § 2 dieser Verordnung findet Anwendung.

(2) Gegen arbeitsscheue Personen kann auf Verlangen der örtlichen Organe der Staatsmacht durch Urteil des Kreisgerichts Arbeitserziehung angeordnet werden.

(3) Die Bestimmungen der Strafprozeßordnung finden entsprechende Anwendung.

§ 4

(1) Entzieht sich der Verurteilte der Aufenthaltsbeschränkung oder der ihm auferlegten Arbeitsverpflichtung, so wird im Falle einer bedingten Verurteilung die Bewährungsfrist widerrufen.

(2) Wenn sich die Aufenthaltsbeschränkung an eine Freiheitsstrafe anschließt oder selbständig angeordnet ist, wird die Verletzung der Aufenthaltsbeschränkung oder der Arbeitsverpflichtung mit Gefängnis bestraft.

§ 5

Das Eigentum wird durch die Anordnung der Aufenthaltsbeschränkung nicht berührt.

§ 6

Durchführungsbestimmungen werden vom Minister des Innern und dem Minister der Justiz erlassen.

§ 7

Diese Verordnung tritt am 25. August 1961 in Kraft.

Berlin, den 24. August 1961

Der Ministerrat
der Deutschen Demokratischen Republik

Der Minister der Justiz

S t o p h   Dr. B e n j a m i n
Stellvertreter
des Vorsitzenden
des Ministerrates

Erste Durchführungsbestimmung
zur Verordnung über Aufenthaltsbeschränkung.

Vom 24. August 1961

§ 1

Örtliche Organe, die das Verlangen nach Aufenthaltsbeschränkung gemäß § 3 der Verordnung stellen können, sind die örtlichen Volksvertretungen und ihre Räte.

§ 2

Die Bestimmungen der Strafprozeßordnung, die gemäß § 3 Abs. 3 der Verordnung entsprechend Anwendung finden, sind insbesondere die Abschnitte über

Verhaftung und vorläufige Festnahme,

Durchführung der Hauptverhandlung,

Vollstreckung des Urteils.

§ 3

Der Haftbefehl wird auf Verlangen des örtlichen Organs vom Staatsanwalt beantragt.

Der Staatsanwalt vertritt das Verlangen der örtlichen Organe der Staatsmacht in der Hauptverhandlung.

Berlin, den 24. August 1961

Der Minister des Innern　　**Der Minister der Justiz**

M a r o n 　　　　　　Dr. B e n j a m i n

Herausgeber: Büro des Präsidiums des Ministerrates der Deutschen Demokratischen Republik, Berlin C 2, Klosterstraße 47 — Redaktion: Berlin C 2, Klosterstraße 47, Telefon: 32 07 35 22 — Für den Inhalt und die Form der Veröffentlichungen tragen die Leiter der staatlichen Organe die Verantwortung, die die Unterzeichnung vornehmen — AG 134 81 DDR — Verlag: (4) VEB Deutscher Zentralverlag, Berlin C 2, Telefon: 51 05 21 — Erscheint nach Bedarf — Fortlaufender Bezug nur durch die Post — Bezugspreis: Vierteljährlich Teil I 1,20 DM, Teil II 1,80 DM und Teil III 1,80 DM — Einzelabgabe bis zum Umfang von 8 Seiten 0,15 DM, bis zum Umfang von 16 Seiten 0,25 DM, bis zum Umfang von 32 Seiten 0,40 DM, bis zum Umfang von 48 Seiten 0,5 DM je Exemplar, je weitere 16 Seiten 0,15 DM mehr — Bestellungen beim Buchhandel und beim Zentral-Versand Erfurt, Erfurt, Anger 37/38, Telefon: 5451, sowie Bezug gegen Barzahlung in der Verkaufsstelle des Verlages, Berlin C 2, Roßstraße 6, Telefon: 51 05 21 — Druck: (140) Neues Deutschland, Berlin

Harzer Straße, Juni 1964

A k t e n v e r m e r k
=============================

R e h p f u h l

K   – negativ, Grenzgänger
B   – negativ, SPD, Verkauf von Waldbühnen-Karten
B.   – Mann RF

G r ü n e c k

H

                               – sehr negative Einstellung, sammelt alle
                                 negativen Kräfte um sich
B   – westliche Schmutzliteratur beim Umzug
                                 gefunden
L   – verwandt mit 1), wohnt im selben Hause
S   und P   – alter Nazi, negativ

Johannisthal, Straße 194

K   – Frau hält Hetzreden

Johannisthal, Hederichsweg

R   – alter Nazi
W   – sammelt alle negativen Kräfte um sich,
                                 laufende Westverbindung, wollte Umzug
                                 mit Gewalt verweigern
H   – gehört zu W
H   – sehr negativ, gehört ebenfalls zu Vorgenannte
S   – Nichtwähler vom 17.9.61
H   – negative Diskussion, Westverbindung
J   – 175er, vorbestraft

Heide am Wasser

M   – negative Diskussion, Sohn kriminell RF

Heimatscholle

R   – negativ, Grenzgänger

Eigene Scholle

H   – negativ, Grenzgänger

Morgensonne

P   – Ehekamerad in Westberlin, negative Diskussion

Oberdamm

S   – Grenzgänger

– 2 –

113

Verband der Kleingärtner, Siedler und Kleintierzüchter

KREISVERBAND TREPTOW

Telefon: 64 16 24 · Bankkonto: Berliner Stadtkontor 19/8305 · Postscheckkonto: Berlin 915 26
Sprechstunden: Montag 9—12 Uhr, Dienstag und Freitag 15—19 Uhr

Rat des Stadtbezirks Treptow
Herrn Bezirksrat Hentschke

Berlin-Adlershof, den   30. 11. 1961
Friedenstraße 8   La./Ha.

Berlin - Treptow
Neue Krugallee 4

Betr.: Sicherung der Staatsgrenze - Umquartierung von
Dauerbewohnern

Werter Kollege Hentschke!

Im Zuge der Grenzsicherung wurde die Familie M   aus
ihrer direkt an der Grenze befindlichen Wohnlaube ausquartiert.
Die Eheleute M   wurden vom Grenzkomando in die Wohnlaube
des republikflüchtigen K   in Berlin-Baumschulenweg, Kiefholzstraße, Anlage "Freundschaft" eingewiesen.
Nach persönlichen Rücksprachen mit den Eheleuten M   und
den Mitteilungen der Anlage "Freundschaft" halten wir es nicht
für ratsam, die Familie M   in dieser Laube zu belassen.
Wir haben den Eindruck, daß Frau M   durch ihre krankhaften
Redereien und Äußerungen unbewußt die erfolgten Maßnahmen ent-
stellt und unter den Kleingärtnern der Anlage "Freundschaft"
Unruhe stiftet. Herr M   ist nach unserer Information
im Kinderheim "Königsheide" als Schwerbeschädigter tätig.
Wir möchten dringend darum bitten, der Familie M   eine
Wohnung zuzuweisen.

Den gleichen Antrag müssen wir aus ähnlichen Gründen für den
aus der Anlage "Am Hederichsweg" durch Räumung zur Anlage
"Heide am Wasser" umquartierten Dauerwohner J   stellen.
("Heide am Wasser" - Parzelle A   - RF).

Wir bitten, entsprechend zu verfahren.

(P   )
Vorsitzender

114

VP.-Revier 234

Bln.-Joh.-thal, den 5.6.62

An die
VP.-Insp. Treptow
Op.-Stab/ Inf.

Eing. 1 2. JUN 1962
65 Berlin-1

Betrifft: S t i m m u n g s b e r i c h t

Im Grenzgebiet Am Hedrichweg in Bln.-Joh.-thal wurden im Oktober
1961 mehrere Familien wegen politischer Unzuverlässigkeit umgesie-
delt.Die Namen der Betroffenen sind beim Rat der Stadt Stadt
bekannt.
Die Geräumten besuchen jetzt wieder tagein-u.aus ihre Grundstücke
an der Staatsgrenze.Der Zutritt wurde ihnen bisher hierzu nicht
verwehrt. Es handelt sich hier um Pachtland,die Lauben u.Häuser
sind Eigentum,wofür bisher keine Regelung betreffs einer Abfindung
oder anderweitigen Vermietung getroffen wurde.
Z.B. kommen die Ehefrau und der Sohn,des wegen Staatsverleumdung
in Haft befindlichen H   hier weiterhin auf ihr
Grundstück. Ein massives Einfamilienhaus mit zwei Zimmern wird
von diesen lediglich für Sommerzwecke genutzt.
Die aus dem Hederichweg geräumte Familie W . wohnt z.B.
jetzt im Heuberger Weg Nr. 3o unweit der Staatsgrenze.
Die Bevölkerung fragt zurecht, wie ist soetwas nur möglich ?
(   ) Ultn.dVP.u.ABV.   (   )Oltn.dVP.u.Rev.-Ltr.
                                      i.V.

In der Laubenkolonie Klemkestraße, Bezirk Reinickendorf, 26. 9. 1961

Die Reste der KleingartenanlageTreptower/Ecke Heidelberger Straße, 31. 10. 1961

Ulbricht geht an der Mauer entlang, plötzlich steht da ein Junge und weint und weint. Er sagt: „Ja Junge, warum weinst du denn so?" „Ach", sagt der, „Opa, da drüben meine Schwester, auf der anderen Seite der Mauer, die ist blind, und wir sind getrennt." Ulbricht: „Na, dann laß sie doch hierher zu dir kommen!" Junge: „Opa, ich habe gesagt, sie ist blind und nicht blöd!"

„Früher haste hier gespielt, und jetzt darfste nicht mal hier langgehn?"

Frau W. 1990

A c h t u n g !

Dieser Bürgersteig von Harzer Straße bis Heidelberger Straße gehört zum Bezirk Treptow (sowjetisch besetzter Sektor Berlins). Wir bitten alle Mitbürger, die diesen Bürgersteig nicht als Zugang zu den Häusern Nr. 58 bis Nr. 69 benutzen wollen, bis auf weiteres einen anderen Weg zu wählen.

Bezirksamt Neukölln von Berlin

So moderat wie auf diesem Schild, von denen der Senator für Inneres bis Ende August 1961 fünf aufstellen ließ, waren die Warnungen vor der Grenze nur im Westsektor. Nur dort konnte jeder die Mauer mit den Händen berühren, Grenzausbau und -kontrollbetrieb sowie die Wohnungen auf der Gegenseite beobachten. Zwar sollte die schon am 23. August in Ostberlin erlassene Bestimmung, den Sperren beiderseits 100 Meter fernzubleiben, für alle Berliner gelten. Durchgesetzt werden aber konnte ein solches Grenzgebiet nur im Ostsektor. Schon im August 1962 hatte man bei einer Strukturanalyse des geplanten Sperrgebiets in Treptow 8 407 Einwohner gezählt. Darunter waren etwa ein Drittel Arbeiter, beinahe ein Viertel Kinder und jeweils reichlich tausend Angestellte, Hausfrauen und Rentner. Nur 147 Angehörige von Armee und Polizei wurden festgestellt. Insgesamt fanden sich unter allen Bewohnern 151 SED-Mitglieder, etwa 200 wurden als „unsichere Elemente", also Grenzgänger, Vorbestrafte, „fanatisch Gläubige" usw., eingestuft. Längere Zeit galt der Grundsatz: „Das Grenzgebiet umfaßt kein durch Gesetz geregeltes Gebiet, sondern ist auf Grund der Erfahrungen mit dem Stellvertreter des Bezirksbürgermeisters, Kollegen Henschke, festgelegt worden." 1963 dann wurde eine gesetzliche „Anordnung über die Errichtung eines Grenzgebietes" erlassen, und zu dieser Zeit gab die Volkspolizeiinspektion Treptow 5 640 Personen an, die zu registrieren waren.

___An den Rat
==============

des Bezirks Berlin-Treptow

Durch die bedingte Maßnahmen am 13.August,wurde ich von unserem Vorstand
aufgefordert,meine Parzelle in der Kiefholzstr 350.Kolonie Sorgenfrei binn
5.Stunden zu verlassen.Ich war ständiger Sommerbewohner,war auch Polizeilih
gemeldet.Bis zum 18.August hatte ich noch meine Aufgaben erfüllt,beim Ber=
liner Verlag in der Wilhelm-Piekstr.Der Genosse,oder Volksvertreter Heinz
B   ,kann wohl darüber nähere Auskunft geben.Auch möchte ich auch den Ge=
nossen Alouis L   danach zu fragen.Der Vorstand hatte mir benachrigti
ich möchte einen Treuhändler für meine Parzelle nennen.Das habe ich befolgt
und gab als Anschrift meine Schwester Frau Erna H   in Berlin N.58
Pappelallee an.Auch habe ich die Vollmacht meiner Schwester geschickt.Ich
Habe noch meinen ganzen Hausrat in der Laube,aber durch meine kurze Zeit
die mir noch geblieben war,war es mir nicht möglich mein Mopet,Fahrrad,
Hühner,und vieles andere noch mitzunehmen.Nun habe ich Nachricht bekommen
das ein anderer Kolonist meine Laube bewohnt,und dazu noch so ein Mensch,
welcher sich gerade nicht von Friedlcher seite gezeigt hat.Ich kann es nic
nicht verstehen,das da keine Unterschiede gemacht werden.Solche Leute
müsten von meiner Ansicht aus,in einer Kellerwohnung,damit sie erst mal
Denken Lernen.Ich habe meine Kolonisten gekannt,auch der Vorstand als sol
solcher,wird zufrieden sein,das als Berliner,nicht Westberliner.die Laube
verlassen muste.Durch sein Auftreten am 18.8.61 hatte er es mir gegen =
über am besten fühlen lassen.Ich bitte mir doch die Gelegenheit zu geben,
das ich mich selbst mal um meine Angelegenheit kümmern kann.Als ich damls
damals 1953 gemeinsam in Westberlin mit Alouis L   aus Politichen
Gründen die Laube aufgeben mußte,bekam ich die Laube von Heinz B   .
Bitte höflich darum,Erkundigungen darüber einzuholen.Auch hat es ihm
Vorstand nicht für nötig gehalten mir auf meinen Brief den ich an ihm
geschrieben hatte,zu antworten.Er hat auch nicht meiner Schwester Nach=
richt gegeben,das jemand dabei war,um festzustellen,was für Sachen vor=
hander waren,ehe dieser Herr K   in meine Laube einzog.Ich selbst
habe meine Lichtrechnung weit im voraus bezahlt.Nach meinen Ermessen hat
der Vorstand sich nicht richtig verhalten.Wir stellen uns hier an die
Staatsgrenze,und machen Winke -Winke.Bitte hirmit die Gelegenheit zu ge =
ben,das ich meine Angelegenheit selbst prüfen kann.Auch habe ich noch
wichtige Sachen in meiner Laube. Bitte nochmals meine Angelegenheit zu
prüfen,
        Mit den besten Dank

Berlin SO36 Ersatt P
Skalitzerstr 3 12 III r.

Wildenbruch-/Ecke Heidelberger Straße, März 1962 …

…und im Juli 1978

Harzer/Ecke Bouchéstraße, September 1967

Blick von der Harzer Straße zur Einmündung Mengerzeile, Oktober 1968...

…und Blick in die Bouchéstraße, Mai 1969

An gleicher Stelle im Mai 1977

GESETZBLATT

der Deutschen Demokratischen Republik

1963	Berlin, den 22. Juni 1963	Teil II Nr. 54

Verordnung
über Maßnahmen zum Schutze der Staatsgrenze
zwischen der Deutschen Demokratischen Republik
und Westberlin.

Vom 21. Juni 1963

Die ständige Störtätigkeit revanchistischer und militaristischer Kräfte Westberlins erfordert Maßnahmen zum Schutze der Staatsgrenze zwischen der Deutschen Demokratischen Republik und Westberlin. Dazu wird folgendes verordnet:

§ 1

Die Schutz- und Sicherheitsorgane sowie die örtlichen Räte haben alle Maßnahmen zu treffen, um an der Staatsgrenze zwischen der Deutschen Demokratischen Republik und Westberlin eine feste Ordnung durchzusetzen, insbesondere das Eindringen feindlicher Elemente aus Westberlin in die Deutsche Demokratische Republik zu verhindern, sowie die Sicherheit der Bürger der Deutschen Demokratischen Republik zu gewährleisten.

§ 2

Die zuständigen Minister werden beauftragt, entsprechende Anordnungen zur Durchführung dieser Verordnung zu erlassen.

§ 3

(1) Mit Gefängnis bis zu 2 Jahren und mit Geldstrafe bis zu 2000 DM oder mit einer dieser Strafen wird bestraft, soweit nicht nach einer anderen gesetzlichen Bestimmung eine höhere Strafe verwirkt ist, wer vorsätzlich gegen die Bestimmungen dieser Verordnung und der zu ihrer Durchführung erlassenen Anordnungen gemäß § 2 verstößt, insbesondere wer vorsätzlich

a) unbefugt das zur Sicherung der Staatsgrenze geschaffene Grenzgebiet betritt oder sich darin unberechtigt aufhält;

b) die zur Sicherung der Staatsgrenze errichteten Anlagen beschädigt oder zerstört;

c) unberechtigt über die Staatsgrenze Nachrichten oder Gegenstände austauscht oder andere Dienste leistet;

d) im Grenzgebiet genehmigungspflichtige Veranstaltungen ohne Genehmigung durchführt;

e) der für das Grenzgebiet festgelegten Melde- und Registrierpflicht nicht oder nicht rechtzeitig nachkommt oder dazu unrichtige Angaben macht;

f) innerhalb des Grenzgebiets unbefugt fotografiert oder filmt.

(2) Der Versuch ist strafbar.

(3) Wurde die Tat fahrlässig begangen, so ist auf Gefängnis bis zu 1 Jahr oder auf Geldstrafe bis zu 1000 DM zu erkennen.

(4) In minder schweren Fällen kann auf Geldstrafe bis zu 150 DM erkannt werden.

§ 4

Diese Verordnung tritt mit ihrer Verkündung in Kraft.

Berlin, den 21. Juni 1963

Der Ministerrat
der Deutschen Demokratischen Republik

Der Minister
für Nationale Verteidigung

Stoph
Erster Stellvertreter
des Vorsitzenden
des Ministerrates

Hoffmann
Armeegeneral

Anordnung
über die Einrichtung eines Grenzgebietes
an der Staatsgrenze der
Deutschen Demokratischen Republik zu Westberlin.

Vom 21. Juni 1963

Auf Grund des § 2 der Verordnung vom 21. Juni 1963 über Maßnahmen zum Schutze der Staatsgrenze zwischen der Deutschen Demokratischen Republik und Westberlin (GBl. II S. 381) wird folgendes angeordnet:

§ 1

Die unmittelbare Grenzzone wird durch Schilder als **Grenzgebiet** sichtbar gekennzeichnet.

§ 2

Bürger der Deutschen Demokratischen Republik, die im Grenzgebiet wohnen, erhalten besondere Ausweise.

§ 3

Das Betreten und Befahren des Grenzgebietes ist Bürgern der Deutschen Demokratischen Republik nur mit Sonderausweis gestattet.

§ 4

Das Betreten und Befahren des Grenzgebietes ist allen Bürgern anderer Staaten (Militär- und Zivilpersonen) verboten.

§ 5

Zuwiderhandlungen werden nach den gesetzlichen Bestimmungen der Deutschen Demokratischen Republik bestraft.

§ 6

Diese Anordnung gilt nicht für das Betreten und Befahren des Kontrollterritoriums der bestehenden Grenzübergangsstellen.

§ 7

Diese Anordnung tritt mit ihrer Verkündung in Kraft.

Berlin, den 21. Juni 1963

Der Minister
für Nationale Verteidigung

H o f f m a n n
Armeegeneral

Anordnung
über die Ordnung im Grenzgebiet
an der Staatsgrenze zwischen der
Deutschen Demokratischen Republik und Westberlin.

Vom 21. Juni 1963

Auf Grund des § 2 der Verordnung vom 21. Juni 1963 über Maßnahmen zum Schutze der Staatsgrenze zwischen der Deutschen Demokratischen Republik und Westberlin (GBl. I S. 381) wird zur Gewährleistung der Sicherheit an der Staatsgrenze zwischen der Deutschen Demokratischen Republik und Westberlin folgende

O R D N U N G

erlassen:

§ 1

Entlang der Staatsgrenze zwischen der Deutschen Demokratischen Republik und Westberlin besteht ein Grenzgebiet. Das Grenzgebiet umfaßt den 10-m-Kontrollstreifen unmittelbar entlang der Staatsgrenze und

a) innerhalb des Bezirkes Potsdam den 500-m-Schutzstreifen und

b) innerhalb der Hauptstadt der Deutschen Demokratischen Republik, Berlin, den 100-m-Schutzstreifen.

§ 2

(1) Bürger der Deutschen Demokratischen Republik, die ständig im Grenzgebiet wohnen, müssen bei der örtlich zuständigen Meldestelle der Deutschen Volkspolizei einen **Registriervermerk** der Meldestelle der Deutschen Volkspolizei im Personalausweis eingetragen erhalten. Der Registriervermerk ist auf jeweils 6 Monate befristet.

(2) In der Regel berechtigt der Registriervermerk nur zum Aufenthalt in der Wohngemeinde bzw. einem Ortsteil des Stadtbezirkes. Das Betreten und Verlassen des Grenzgebietes hat nur über die im Registriervermerk eingetragenen Zugangswege zu erfolgen.

(3) Der Registriervermerk verliert seine Gültigkeit nach Ablauf der Gültigkeitsdauer und bei Verzug aus dem Grenzgebiet.

(4) Registriervermerke berechtigen zur Benutzung von Kraftfahrzeugen.

§ 3

Die polizeilichen Anmeldungen bei Zuzug von Bürgern der Deutschen Demokratischen Republik in das Grenzgebiet werden von den Meldestellen der Deutschen Volkspolizei nur dann vorgenommen, wenn eine Zuzugsgenehmigung des zuständigen Rates des Kreises/Stadtbezirkes vorgelegt wird.

§ 4

(1) Bürger der Deutschen Demokratischen Republik, die außerhalb des Grenzgebietes wohnen und ihren ständigen Arbeitsplatz im Grenzgebiet haben, erhalten von den für den Arbeitsort zuständigen Abteilungen Innere Angelegenheiten der Räte der Kreise/Stadtbezirke einen **Genehmigungsvermerk** in den einheitlichen Ausweis, der zum Betreten des Grenzgebietes über die festgelegten Zugangswege berechtigt. Das gleiche gilt für Schüler ab 14 Jahren, die außerhalb des Grenzgebietes wohnen und innerhalb des Grenzgebietes eine Schule besuchen. Der Genehmigungsvermerk ist auf jeweils 6 Monate befristet.

(2) Die Anträge auf Erteilung dieses Genehmigungsvermerkes sind von den Leitern der Betriebe, Einrichtungen und Schulen an die Abteilung Innere Angelegenheiten des Rates des Kreises/Stadtbezirkes zu stellen.

(3) Der Ausweis verliert seine Gültigkeit nach Ablauf der Gültigkeitsdauer des Genehmigungsvermerkes und bei Lösung des Arbeitsrechtsverhältnisses bzw. bei Beendigung des Schulbesuches.

(4) Die Leiter der Betriebe, Einrichtungen und Schulen sind verpflichtet, unverzüglich ungültige Ausweise einzuziehen und den zuständigen Abteilungen Innere

Angelegenheiten der Räte der Kreise Stadtbezirke zu übergeben. Die zuständigen Volkspolizei-Kreisämter, Volkspolizei-Inspektionen sind durch die Abteilungen Innere Angelegenheiten von der Lösung des Arbeitsrechtsverhältnisses (Schulbesuches) in Kenntnis zu setzen.

(5) Die Ausweise berechtigen zur Benutzung von Kraftfahrzeugen.

§ 5

(1) Bürger der Deutschen Demokratischen Republik, die außerhalb des Grenzgebietes wohnen und aus beruflichen oder privaten Gründen vorübergehend das Grenzgebiet betreten wollen, benötigen einen **Passierschein.**

(2) Die Passierscheine sind schriftlich zu beantragen für das Betreten

a) des Grenzgebietes innerhalb des Bezirkes Potsdam bei der für den Wohnort zuständigen Volkspolizei-Dienststelle (Volkspolizei-Kreisamt oder Volkspolizei-Inspektion),

b) des Grenzgebietes innerhalb der Hauptstadt der Deutschen Demokratischen Republik, Berlin, bei der für den Abschnitt des Grenzgebietes zuständigen Volkspolizei-Inspektion.

(3) Bürgern der Deutschen Demokratischen Republik, die aus arbeitsbedingten und ähnlichen Gründen zeitweilig von ihren im Grenzgebiet wohnhaften Familien getrennt sind, können auch Passierscheine zur mehrmaligen Ein- und Ausreise ausgestellt werden, wenn der Aufenthalt bei den nächsten Familienangehörigen, mit denen sie sonst in Wohngemeinschaft leben, regelmäßig erfolgt und der Zeitraum des einzelnen Aufenthalts dem Charakter von Wochenendbesuchen entspricht.

(4) Beim vorübergehenden Aufenthalt von mehr als 12 Stunden im Grenzgebiet innerhalb des Bezirkes Potsdam haben sich die betreffenden Bürger bei der zuständigen Meldestelle der Volkspolizei (ist am Aufenthaltsort keine Meldestelle, dann beim Abschnittsbevollmächtigten der Volkspolizei) unverzüglich nach der Einreise polizeilich an- und vor der Abreise wieder abzumelden.

§ 6

(1) Feld-, Wald- und andere volkswirtschaftlich wichtige Arbeiten im Grenzgebiet sind genehmigungspflichtig. Die Genehmigung erteilt der zuständige Kommandeur der Grenztruppen. Die Genehmigung ist mindestens 24 Stunden vor Beginn der Arbeiten zu beantragen. Arbeiten dürfen nur von 1 Stunde nach Sonnenaufgang bis 1 Stunde vor Sonnenuntergang durchgeführt werden.

(2) Das Mitführen von Zugmitteln, Fahrzeugen aller Art und Arbeitsgeräten in unmittelbarer Nähe des Kontrollstreifens ist nur in dem für die durchzuführenden Arbeiten unerläßlichen Umfang gestattet.

(3) Im Grenzgebiet dürfen nur die von den zuständigen Kommandeuren der Grenztruppen festgelegten Wege benutzt werden.

§ 7

Gaststätten (außer Betriebsgaststätten), Kinos, Pensionen, Erholungsheime und Gästehäuser im Grenzgebiet sind zu schließen.

§ 8

(1) Versammlungen und andere Veranstaltungen der Nationalen Front des demokratischen Deutschland, der Parteien und demokratischen Massenorganisationen können durchgeführt werden. Dabei sind die Sicherheitsbestimmungen für das Grenzgebiet zu beachten.

(2) Die Versammlungen und anderen Veranstaltungen müssen bei der örtlich zuständigen Volkspolizei-Dienststelle 48 Stunden vor Beginn gemeldet und von dieser nach Abstimmung mit dem zuständigen Kommandeur der Grenztruppen genehmigt sein.

(3) Alle anderen Versammlungen und Veranstaltungen im Grenzgebiet sind verboten.

(4) Die Durchführung von Versammlungen und anderen Veranstaltungen mit Betriebsangehörigen in Betrieben und Einrichtungen sowie Versammlungen von Haus- und Hofgemeinschaften wird von dieser Regelung nicht betroffen.

§ 9

Film-, Foto- und Fernsehaufnahmen im Grenzgebiet dürfen nur mit Genehmigung der Pressestelle des Ministeriums für Nationale Verteidigung durchgeführt werden. Genehmigungen sind mindestens 48 Stunden vorher zu beantragen.

§ 10

(1) Die Durchführung wassertechnischer Arbeiten im Grenzgebiet ist nur mit Genehmigung des zuständigen Kommandeurs der Grenztruppen gestattet.

(2) In Grenzgewässern ist verboten:

a) das Angeln;

b) das Baden;

c) die Benutzung von Wasserfahrzeugen für sportliche Zwecke.

(3) Über die Ausgabe von Grenzfischereischeinen im Bezirk Potsdam entscheidet der Stellvertreter für Inneres des Rates des Bezirkes mit Zustimmung des Kommandeurs der Grenzbrigade.

(4) In den Grenzgewässern innerhalb des Stadtgebietes der Hauptstadt der Deutschen Demokratischen Republik, Berlin, ist über die in Abs. 2 aufgeführten Tätigkeiten hinaus verboten:

a) das Fischen;

b) der Fahrgastschiffahrtsverkehr.

(5) Grenzgewässer gemäß Abs. 4 sind:

a) der Spandauer Schiffahrtskanal von Kieler Brücke bis einschließlich Humboldthafen;

b) die Spree von Humboldthafen bis Marschallbrücke;

c) die Spree von 100 m unterhalb der Schillingbrücke bis Stralauer Brücke;

d) der Britzer Zweigkanal von Späthbrücke bis zur Grenzlinie;

e) der Teltow-Kanal von 100 m ostwärts der Wrede-Brücke bis Einmündung Britzer Zweigkanal.

Die Ein-, Aus- und Durchfahrt in, aus und durch diese Grenzgewässer ist nur in der Zeit von Sonnenaufgang bis 1 Stunde vor Sonnenuntergang für Frachtschiffe, technische Fahrzeuge und Schleppfahrzeuge mit den dafür erforderlichen Papieren gestattet. Die Bewegung von Wasserfahrzeugen in den Häfen dieser Grenzgewässer zwischen Sonnenuntergang und Sonnenaufgang ist verboten.

§ 11

(1) Im Grenzgebiet ist untersagt:

a) das Aufstellen von Zelten und die Übernachtung in Kraftfahrzeugen und Wohnwagen;

b) die Durchführung von Jagden;

c) die Einlagerung von Jagd- und Sportwaffen aller Art;

d) die Einlagerung von Munition, Sprengstoffen und Sprengmitteln;

e) die Einlagerung von giftigen Pflanzenschutz- und Schädlingsbekämpfungsmitteln.

(2) Das Betreten des Kontrollstreifens ist verboten.

§ 12

Die Bürger der Deutschen Demokratischen Republik sind verpflichtet, alle Personen, die sich widerrechtlich im Grenzgebiet aufhalten oder in anderer Weise gegen diese Ordnung verstoßen, unverzüglich der nächsten Dienststelle der Grenztruppen oder der Deutschen Volkspolizei zu übergeben bzw. zu melden.

§ 13

Personen, die gegen diese Ordnung verstoßen, werden nach § 3 der Verordnung vom 21. Juni 1963 über Maßnahmen zum Schutze der Staatsgrenze zwischen der Deutschen Demokratischen Republik und Westberlin (GBl. II S. 381) bestraft.

§ 14

(1) Diese Anordnung tritt mit ihrer Verkündung in Kraft.

(2) Das Betreten des Grenzgebietes ist ab 25. Juni 1963, 00.01 Uhr, nur noch mit den in dieser Anordnung festgelegten Dokumenten gestattet.

Berlin, den 21. Juni 1963

Der Minister
für Nationale Verteidigung

H o f f m a n n
Armeegeneral

Der Minister des Innern

M a r o n
Generaloberst

Herausgeber: Büro des Ministerrates der Deutschen Demokratischen Republik, Berlin C 2, Klosterstraße 47 — Redaktion: Berlin C 2, Klosterstraße 47, Telefon: 209 36 22 — Für den Inhalt und die Form der Veröffentlichungen tragen die Leiter der staatlichen Organe die Verantwortung, die die Unterzeichnung vornehmen — Ag 134/63/DDR — Verlag: (610/62) Staatsverlag der Deutschen Demokratischen Republik, Berlin C 2, Telefon: 31 05 21 — Erscheint nach Bedarf — Fortlaufender Bezug nur durch die Post — Bezugspreis: Vierteljährlich Teil I 1,00 DM, Teil II 1,00 DM und Teil III 1,00 DM — Einzelabgabe bis zum Umfang von 8 Seiten 0,15 DM, bis zum Umfang von 16 Seiten 0,25 DM, bis zum Umfang von 32 Seiten 0,40 DM, bis zum Umfang von 48 Seiten 0,55 DM je Exemplar, je weitere 16 Seiten 0,15 DM mehr — Bestellungen beim Zentral-Versand Erfurt, Erfurt, Anger 37/38, Telefon: 54 81, sowie Bezug gegen Barzahlung in der Verkaufsstelle des Verlages, Berlin C 2, Roßstraße 6, Telefon: 31 05 21 — Druck: (19) Neues Deutschland, Berlin

Eine Straßenecke im Wandel, Mai 1960 ...

... Mai 1970

… Juli 1978

… und Juni 1991

Bouchéstraße, Blick ins Grenzgebiet, Februar 1990

Th. Scholze: Wie ist das Grenzgebiet eigentlich zustande gekommen? Zwei Grenzoffiziere: 1961 ist sein Verlauf in Zusammenarbeit mit dem Ministerium des Innern festgelegt und im Laufe der Jahre mehrfach verändert worden. Anfangs war das Grenzgebiet wesentlich tiefer. Es ist dann stückweise immer etwas nach vorne gerutscht. Draußen, in den Gartenanlagen, ist es eigentlich noch identisch mit dem von 1961. Über Jahre hinweg hat man im Prinzip entschieden, das Grenzgebiet dort so zu belassen, wie es war, weil es ja keine besonderen Einschränkungen für die Anwohner gegeben hat. Man muß sogar sagen, daß die Schrebergärtner am Anfang ganz schön geschimpft haben, daß das Grenzgebiet wegfiel, weil die Ruhe weg war und ihre Sicherheit. Einbrecher gab es da früher so gut wie nicht. Na ja, die Volkspolizei lief Streife. Jeder Bürger, der dort reinkam, jeder ist übertrieben... Es wurden stichprobenartige Kontrollen gemacht. Wir waren teilweise auch präsent, so daß dort im Prinzip, was jetzt reine Besucher sind, die haben sich dort ferngehalten. Im Stadtgebiet hat man dann im Interesse der Bürger Stück für Stück an die Hinterland-mauer rangedrängt. Es gab doch eine Reihe von Einschränkungen für

128

Bouchéstraße 30-34, Februar 1990 ...   ... vom Postenweg aus, März 1990

die Bürger, die im Grenzgebiet wohnten, die nicht immer angenehm waren.

ABV: 1970 bin ich befehlsmäßig in Treptow in diesem Bereich eingesetzt worden und habe den Abschnitt eins – damals hieß er noch so – übernommen. Das ist der Bereich hier oben, so ein toter Sack: Lohmühlenstraße, Harzer Straße, Bouchéstraße. Ich habe immer gesagt, drei Seiten Grenze, eine zur Flucht ins Hinterland, wenn es mal dicke kommt. Der Abschnitt endete auf der freien Seite Karl-Kunger-Straße. Das war so mein Bereich mit gut 5 000 Einwohnern.

Th. Scholze: Wie tief war das Grenzgebiet damals gestaffelt.

ABV: Ein halbes, dreiviertel Jahr, bevor ich hier übernommen habe, war die Linie des Grenzgebietes wieder etwas zurückgezogen worden. Wenn man aufmerksam durch die Straßen geht, sieht man teilweise heute noch an den Straßenecken die umgebogenen Eisen und die Reste der Pfeiler stehen, was anfangs mal alles Grenzgebiet war: Lohmühlenstraße, bis auf den von der Grenze weg liegenden Gehsteig, Lexisstraße rum genauso und dann Onckenstraße, Mengerzeile, Schmoller-, Heidelberger und Bouchéstraße, jeweils die kompletten Straßen von der Einmündung bis zur Mauer.

129

Allerdings waren auch die freien Straßenseiten, wo man von den oberen Stockwerken der Häuser oder von den Dächern aus Einsicht in den Grenzstreifen hatte, sogenanntes zuzugsbeschränktes Gebiet. Auch wer dahin gezogen ist, mußte von der Abteilung Innere Angelegenheiten erst einmal eine Genehmigung haben. Nach der Rückverlegung ging das Grenzgebiet dann nur noch von der Mauer so bis zum zweiten oder dritten Hauseingang. In der Lohmühlenstraße wurden die Grenzschilder auf den anderen Fußweg versetzt. Alles andere wurde freigegeben, weil es sich einfach nicht mehr halten ließ. Die Zuzugsbeschränkung blieb davon jedoch unberührt.

Das Grenzgebiet und seine Bewohner galten den politisch Verantwortlichen als ein permanenter Unruheherd und Risikofaktor. 1963 beispielsweise kamen 5 von 10 Beschwerden, die beim Stadtbezirk eingingen, aus dieser Tabuzone. Die Versorgung mit Brennstoffen funktionierte unter den zahlreichen Auflagen mangelhaft, Firmen klagten über Zulieferschwierigkeiten, Hausgemeinschaften kritisierten, daß nach Räumung eines Vorderhauses die Hauptsicherungen unzugänglich wurden. Vor allem gingen Anträge auf Ausreise nach den Westsektoren oder in die Bundesrepublik ein. Viele Ostberliner versuchten auch, einen Kleingarten im Grenzgebiet in Pacht zu erhalten. „Die Eingaben lassen erkennen", stellte eine Jahresanalyse fest, „daß oftmals die gesetzlichen Bestimmungen nicht bekannt sind (Grenzordnung) bzw. bestimmte Maßnahmen (Zuzugsgenehmigung) oft als Härte oder als nicht notwendig angesehen werden." Noch 1981 führte der Stellvertreter des Oberbürgermeisters für Inneres, Hoffmann, bei einem „Erfahrungsaustausch" mit den Abgeordneten aus den „Grenzstadtbezirken" aus: „Es geht auch darum, die noch schwankenden, zurückgebliebenen Bürger für uns zu gewinnen und sie mit einzubeziehen. Denn es ist doch eine alte Weisheit, denjenigen, den wir nicht auf unsere Seite ziehen, geben wir dem Gegner preis. Wo Dachböden und Kellereingänge entsprechend den Forderungen und Festlegungen verschlossen und gesichert sind und keine Gegenstände und Materialien herumliegen, die verbrecherisch Handlungen begünstigen, haben feindliche Elemente keine Basis. Wer unbekannte, sich verdächtig bewegende Personen beobachtet und wachsam deren Handlungen beobachtet und Maßnahmen zur Ergreifung einleitet, der hat auch die Bedeutung der evolutionären Wachsamkeit erkannt und verstanden. Kurz gesagt, es geht darum, alles zu vermeiden und zu verhindern, was Spannungen, Unruhe, Unsicherheit und Unzufriedenheit aufkommen lassen könnte. Es gibt noch Elemente, die die äußerst schwierige Situation in der Volksrepublik Polen ausnutzen und auf uns übertragen wollen. Dieser feindlichen Wühltätigkeit muß energisch und mit aller Konsequenz entgegengewirkt werden."

■ „Unsichere Elemente"

Einen Tag nach Erlaß des Grenzgebietsgesetzes vom 21. Juni 1963 begannen in Treptow 96 VP-Angehörige, den Betroffenen ihren Wohnsitz an der Grenze im Ausweis zu vermerken. „Die häufigste Frage war im Verlauf des Tages die Frage nach Passierscheinen, und was versteht man unter dem 1. Verwandtschaftsgrad." Anfangs erhielten auch Westberliner, die noch im Ostteil der Stadt und in Betrieben arbeiteten, die jetzt im Grenzgebiet lagen, Genehmigungsvermerke in ihre alten Betriebsausweise gestempelt. Bald aber galt ausschließlich die Anweisung 21/63 des Ministers des Innern, welche die Ausgabe von speziellen Betriebsausweisen für Arbeiter und Angestellte im Grenzgebiet vorsah. Nunmehr erhielten folgende Personengruppen keine neuen Ausweise mehr ausgehändigt und mußten sich eine andere Arbeit suchen: „Rückkehrer; Personen, die aus Sperrgebieten ausgesiedelt wurden; Zuziehende aus Westberlin und Westdeutschland; Ausländer aus kapitalistischen Staaten und Staatenlose; Rowdys und asoziale Elemente; Vorbestrafte wegen Staatsschädigung und solche, die der ‚Verordnung über Aufenthaltsbeschränkung' unterliegen; Personen, die eine feindliche Einstellung zu unserer Arbeiter-und-Bauernmacht haben".

Besonderer „Behandlung" waren die ehemaligen Grenzgänger ausgesetzt, die vornehmlich der letzten Gruppe zugeordnet wurden. Nach und nach hatten sich zwar die meisten registrieren lassen. Verzeichnete der Rat des Stadtbezirks Treptow am 21.8.1961 erst 49 Meldungen, betrug die Zahl per 30. September immerhin schon 29 770 für ganz Berlin; 22 381 davon wurden in die „volkseigene Industrie" vermittelt. Doch trug die Art und Bezahlung der vergebenen Arbeiten nur allzuoft „Bewährungscharakter", d. h., sie war dem Wissen und Können der Betreffenden nicht adäquat. Die Benachteiligung dieses Personenkreises war aber noch wesentlich vielgestaltiger. Das Protokoll einer Arbeitsberatung beim Rat enthielt schon Ende August 1961 den Hinweis, daß ehemalige Grenzgänger sofort aus der staatlichen Vergabeliste – der einzigen Möglichkeit, Wohnraum zugeteilt zu bekommen – zu streichen seien. „Dieser Personenkreis soll erst einmal durch ehrliche Arbeit beweisen, daß er bereit ist, für unseren Arbeiter-und-Bauern-Staat zu arbeiten." Überhaupt galten Bitten von früheren Grenzgängern um angemessenen Wohnraum als „unberechtigt", ihnen wurde „selbstverständlich nicht stattgegeben". Grenzgänger und ihre Familienangehörigen, aber auch viele andere unliebsame Personen wurden noch jahrelang mit unnachsichtiger Härte verfolgt. In der Abteilung Wohnungswesen des Rates etwa entdeckte man durch „Hinweise aus der Bevölkerung" 1962 noch einen Hilfsarbeiter, dessen Frau Grenzgängerin gewesen war: „Wir halten diesen Kollegen nicht für geeignet, weiterhin im Staatsapparat tätig zu sein. Da dieser Mitarbeiter schwerbeschädigt ist, und wir bisher Schwierigkeiten

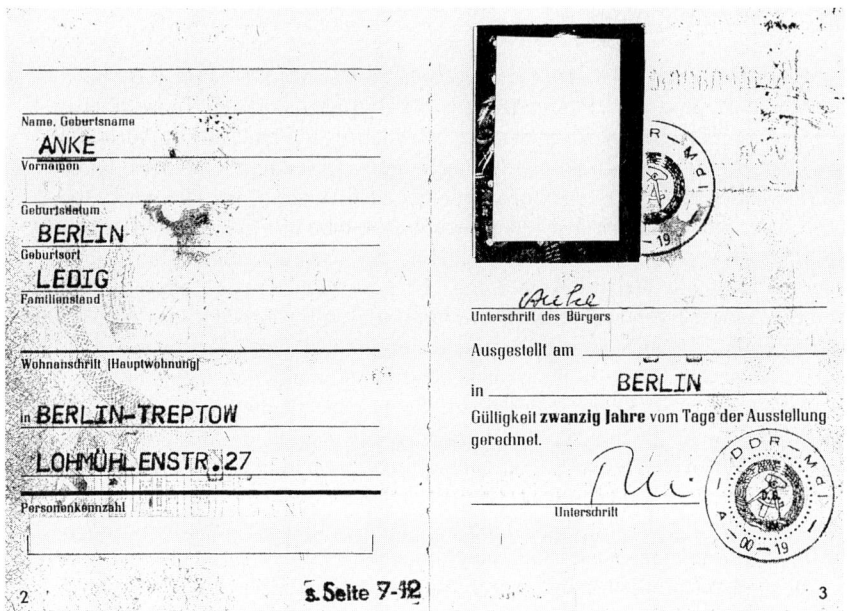

Name, Geburtsname
ANKE
Vornamen

Geburtsdatum
BERLIN
Geburtsort

LEDIG
Familienstand

Wohnanschrift (Hauptwohnung)

in **BERLIN-TREPTOW**

LOHMÜHLENSTR. 27

Personenkennzahl

Unterschrift des Bürgers

Ausgestellt am

in **BERLIN**

Gültigkeit **zwanzig Jahre** vom Tage der Ausstellung gerechnet.

Unterschrift

2   **s. Seite 7-12**   3

DDR-Personalausweis ...

hatten, ihn anderweitig unterzubringen, ist er z. Zt. noch in der Abteilung tätig." Bis Ende des Jahres würde dieser „Fall erledigt" sein.

Die Sippenhaftung wurde auch in Schulen praktiziert, wie ein Lehrer und Stadtverordneter 1961 deutlich machte: „Bisher saßen in vielen Klassen unserer Schule Kinder von Grenzgängern, die in der Schule und in der Pionierorganisation für die friedliche und demokratische Entwicklung in unserem Vaterlande erzogen wurden, zu Hause aber die Vorteile des Schwindelkurses und Erzählungen über die sogenannte westliche Freiheit vorgesetzt erhielten. War es ein Wunder, daß sie in ihrem Fühlen, Denken und Handeln hin und her gezerrt wurden?" Das sollte nun anders werden. Schon in einem Brief vom 19. Oktober 1961 an den Oberbürgermeister und die Räte derStadtbezirke forderte Bruno Leuschner, Mitglied des Politbüros, in seiner Funktion als Stellvertreter des Vorsitzenden des Ministerrates, eine Analyse der ideologischen Lage an den Oberschulen durchzuführen. Besonders gefährdet erschienen ihm die 9. und 10. Klassen, auf „gegnerische Erscheinungen" sollte „schlagkräftig" reagiert werden. Die Schulen meldeten bis zum 15. November Vollzug. Ausgesprochen worden war ein Verbot, „Westfernsehen" zu sehen und den Sender RIAS „abzuhören". Auch als

132

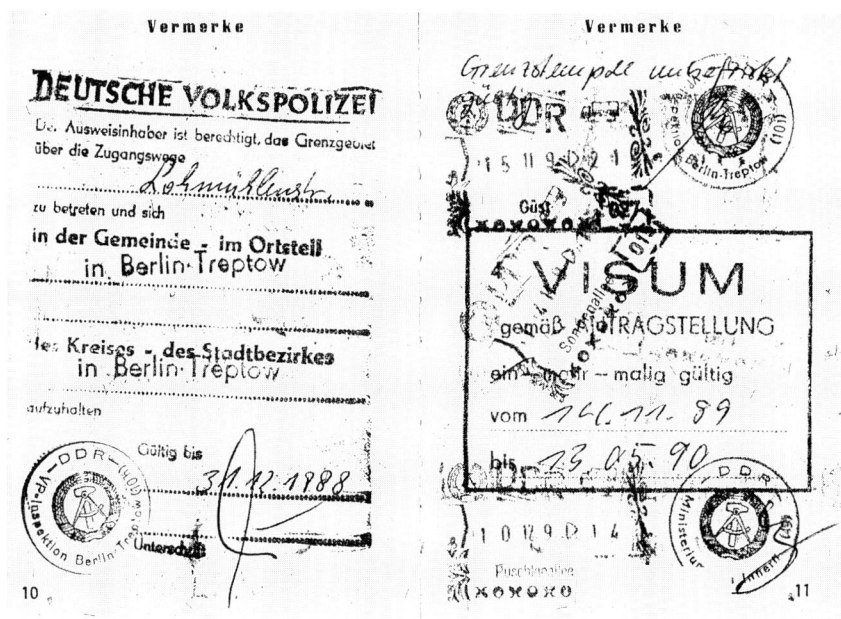

... mit Wohnvermerk für das Grenzgebiet

„staatsgefährdend" eingestufte „Äußerungen" etwa in bezug auf die Grenzschließung wurden streng verfolgt. Über die Relegation im Einzelfall hinaus spürte man dem familiären Milieu des betroffenen Elternhauses nach und verhängte im „Bedarfsfall" nicht selten längere Haftstrafen. Im Ortsteil Treptow standen die 1. und 2. Polytechnische Oberschule im Brennpunkt mancher „Analyse". Vor allem die 2. Oberschule grenzte an der Ecke Wildenbruch-/Heidelberger Straße direkt an der dort knapp 100 Meter breiten „Handlungs"streifen, blieb aber aus Gründen des Schulbetriebs und Katastrophenschutzes bis zuletzt allgemein zugänglich und unvergittert.

Allein die Tatsache einer anonymen Anzeige von Bewohnern des Grenzgebietes war oftmals Anlaß von Zwangsmaßnahmen. Das dafür extra geschaffene Gesetz war die „Verordnung über Aufenthaltsbeschränkung" vom 24.8.1961. „Sämtliche Stadtbezirke sind dahingehend anzuleiten, daß auf der Grundlage der Grenzgängerkartei alle Fälle, in denen arbeitsfähige Bürger bis heute noch keine Arbeit aufgenommen haben, gründlich untersucht werden", heißt es 1962. Gefordert wurden „Beispiele der politisch richtigen Anwendung" der Verordnung beim „Zusammenwirken von staatlicher Wohnungskommission, betrieblichen und lokalen Parteiorganisationen

Sperren auf dem von Westberlinern genutzten Gehweg der Heidelberger Straße
für Bauarbeiten an der Mauer, Mai 1969

2. Polytechnische Oberschule „Robert Koch" in der Wildenbruchstraße, Februar 1990

Treptow, den 12.2.1962

Werter Genosse H :

Für die zeit meines Urlaubes vom 12.2.1962 - 12.3.1962
teile ich Dir nachstehend folgende Namen und Adressen mit,
die die Genossen von der Grenze und von der NVA betreffen.

Diese Genossen sind von mir davon verständigt, daß ich
Urlaub habe und sie sich nur in den dringendsten Fällen
an Dich zu wenden haben.
Über alle den Bau betreffenden Grenzfragen ist Kdlege
E von mir verständigt worden.
Wenn die Parallelstraße zur Heidelberger Straße fertig
ist - etwa Ende Februar - , müssen Hausversammlungen
durch die zuständigen Abgeordneten in den Häusern Heidel=
berger Straße 72 - 81 durchgeführt und die notwendigen
Schließungsmaßnahmen begründet werden.

Für alle Fragen, die die Abt. Innere Angelegenheiten
betreffen, muß weitestgehend Gen. M die Verantwortung
übernehmen. Bei Gen. M empfiehlt sich des öfteren
eine Kontrolle über die gestellten Aufgaben durchzu =
führen.

Diese sind im wesentlichen folgende :

1) Vorbereitung von Ratsbeschlüssen über VO Aufenthalts -
   beschränkungen

2) Gemeinsam mit Gericht und Staatsanwalt (Auswertung
   von jugendlichem Rowdytum) - Versammlung organisieren -

3) Bearbeitung von Verzugsanträgen

4) Abschluß der Fragebogenaktion (Wehrpflicht).

Die von Dir verlangten Maßnahmen über das Frauen-Kommuniqué
habe ich mit Kollg. M abgesprochen und füge sie schrift=
lich bei.

Anbei die Aufstellung der Telefonverbindungen und An =
schriften zur Grenzabteilung V und VI .

(H   )

Anlagen

Rat des Stadtbezirks Treptow
Stellvertreter des Bezirksbürgermeisters
für Innere Angelegenheiten

Berlin-Treptow, den 11. Juni 1963

Beschlußvorlage Nr. 249-48/63

für die Sitzung des Rates des Stadtbezirks Berlin - Treptow
am 26.6.1963

- -

Gegenstand des Antrages: Die Abteilung Innere Angelegenheiten
stellt das Verlangen auf Anwendung der
VO vom 24.8.1961 § 3 Abs. 1 für

K   geb. K   , Doris
geb. am   1941 in Berlin,
wohnhaft Berlin-Treptow, Heidelbergerstr.
81 a

und Bestätigung durch den Rat zwecks Wei-
terleitung an den Staatsanwalt des Stadtbezirks Berlin-Treptow.

Berichterstatter: Stellvertreter des Bezirksbürgermeisters
für Innere Angelegenheiten,
Herr S

Beschlußentwurf: Der Rat des Stadtbezirks beschließt, dem
Verlangen der Abt. Innere Angelegenheiten
zuzustimmen, um für die o.g. Person die
Verordnung vom 24.8.1961 § 3, Abs. 1,
anzuordnen.

Der Stellvertreter des Bezirksbürgermeisters, Herr S   , wird beauftragt, den
Staatsanwalt des Stadtbezirks Berlin-Treptow zu ersuchen, das Verlangen des Rates
vor Gericht zu vertreten.

Der Vorschlag wurde
unterbreitet: Von der VP-Inspektion Treptow

Gesetzliche Grundlage: Verordnung über Aufenthaltsbeschränkung
vom 24.8.1961
Gesetzblatt Teil II Nr. 55 § 3 Abs. 1
Ordnung über die Aufgaben und die Arbeits-
weise der Stadtbezirksversammlung und ihrer Organe in den Stadtbezirken von Groß-
Berlin, Abschnitt VI, Abs. N Ziffer 1.

- 2 -

136

Begründung:

Die o. g. Bürgerin bewohnt in der Heidelbergerstr. 81 a (in unmittelbarer Nähe der Staatsgrenze) eine 2-Zimmer-Wohnung. Diese erhielt sie nach der Republikflucht ihrer Mutter. Sie verließ aufgrund einer erneuten Eheschließung am 6.6.61 unter Nichtbeachtung der polizeilichen Meldevorschriften die Hauptstadt der DDR.

Der Bruder Axel K   wurde am 2.6.60 republikflüchtig, da gegen ihn wegen antidemokratischer Delikte ein Gerichtsverfahren schwebte.

Die Bürgerin K   ist nach dem Wechsel mehrerer Arbeitsstellen seit dem 1.6.60 als Sekretärin im VEB WSSB, Berlin-Treptow, beschäftigt.

Bis zur Errichtung des antifaschistischen Schutzwalls hatte sie eine ständige Verbindung mit ihren westberliner und westdeutschen Verwandten (Mutter wohnhaft in Pirmasens).

Nach dem 13.8.61 erschien der Bruder sehr oft in der Heidelbergerstr. und die Geschwister verständigten sich durch Zeichensprache. Dieser Teil von der Elsenstr. bis zur Treptower Str. ist ein ständiger Provokationsherd von Westberlin aus. Hier wurde wiederholt versucht, durch Tunnelbauten von Westberlin aus in die Hauptstadt der DDR zu gelangen.

Die Bürgerin K   hat eine negative Einstellung zu unserem Staat. Das geht aus ihren Äußerungen im Betrieb sowie auch im Wohngebiet hervor. Sie gehört zu den Bürgern, die die Provokationen von Westberlin aus gutheißen und ständig Kontakt nach Westberlin aufnehmen. Frau K   trägt durch ihr Verhalten dazu bei, daß das Leben der dort wohnenden Bürger gefährdet wird und die Ordnung und Sicherheit an der Staatsgrenze nicht gewährleistet ist.

In mehreren Aussprachen wurde die Bürgerin K. auf das Gefahrvolle ihres Verhaltens hingewiesen; es trat aber keine Änderung ein.

Aus diesen Gründen wird vorgeschlagen, die Verordnung vom 24.8.61 § 3 Abs. 1 für die Bürgerin anzuwenden und sie in die Stadtbezirke Weißensee, Lichtenberg oder Köpenick umzuquartieren.

(gez.   .)

Stellvertreter des Bezirksbürgermeist.

137

der SED, Sicherheitskräften, Nationaler Front, gesellschaftlichen Organisationen" und Bevölkerung. Anfangs mußten den Abschnittsbevollmächtigten, die den Antrag öffentlich zu begründen hatten, die richtigen Formulierungen in den Mund gelegt werden: von „Hetze und Staatsverleumdung" bis „Asozialität und arbeitsscheu". Eine Aufenthaltsbeschränkung führte meist zum rigorosen Berlin-Verbot.

Th. Scholze: Gab es Fälle, in denen der ABV Beurteilungen über Einwohner anfertigte?

ABV: Zu jedem Antrag von einem Bürger, der nach drüben fahren wollte, mußte eine Einschätzung gefertigt werden. Anfangs war sie sehr konkret, später recht oberflächlich. Also, hat der eine positive, eine loyale oder eine negative Einstellung, hat er materielle Bindungen, hat er geordnete Familienverhältnisse, das war es im Prinzip. Weil immer gesagt wird, der ABV habe entschieden, ob einer nach drüben fahren durfte oder nicht, das kann ich mit hundertprozentiger Gewißheit sagen, das gab es nicht. Das konnte kein ABV entscheiden, das haben ganz andere Leute entschieden. Dem ABV war grundsätzlich untersagt, positive oder negative Äußerungen dazu zu machen. Der ABV hatte lediglich die Möglichkeit, zu sagen, ich habe Bedenken. Und wenn er Bedenken äußerte, mußte er die konkret begründen. Also, der ist ein Alkoholiker, der ist mit zigtausend Mark total verschuldet oder solche Sachen. Nur das war möglich.

Th. Scholze: Sind Ihnen Fälle bekannt, in denen Menschen aus dem Grenzgebiet ausziehen mußten?

ABV: Ich habe so einen Fall erlebt in der Lohmühlenstraße 48. Dort hat ein junger Mann im meinem Alter gewohnt. Der lernte eine Frau kennen und zog mit ihr zusammen. Dafür ist der Sohn dieser Frau eingezogen. Der Junge war mehrfach vorbestraft wegen Einbruchs und asozialer Verhaltensweise. Der mußte also kurzfristig dort raus. Ein anderer Fall in der Lohmühlenstraße 19 oder 20, eine Familie, die ein Übersiedlergesuch gestellt hatte, also einen Ausreiseantrag. Da hieß es mit einem Male, solche Leute sind im Grenzgebiet nicht mehr tragbar. Die wurden kurzfristig umgesiedelt, sie zogen dann nach Peitz. Das sind die beiden konkreten Fälle, die mir bekannt sind.

Th. Scholze: Kannten Sie dafür gesetzliche Grundlagen?

ABV: Die Polizei hatte nur eine Einschätzung zu dieser Person anzufertigen, zu den Wohnverhältnissen, damit sicher war, wieviel Fahrzeuge wurden zum Möbeltransport benötigt oder welcher Wohnraum mußte in welcher Größe wieder neu bereitgestellt werden. Entschieden hat dann die Abteilung Innere Angelegenheiten beim Stadtbezirk, ich nehme an, in Zusammenarbeit mit der Kreisdienststelle für Staatssicherheit. Die gesetzlichen Grundlagen waren mir dazu überhaupt nicht bekannt.

Sie waren ja auch in der Grenzordnung nirgendwo verfaßt, wir hatten gar keine Entscheidungsbefugnis dazu.

Von der tatsächlich notwendigen Verbrechensbekämpfung abgesehen, gab es also eine generelle, anfangs auch wirtschaftlich, später nur noch politisch und ideologisch begründete Kriminalisierung verschiedener Bevölkerungsgruppen. Ihre Ausweisung unterstützte nebenher manche persönliche Privilegienwünsche hinsichtlich besseren Wohnraums oder diente der Einrichtung verstärkter Grenzüberwachung. Für viele Betroffene aber war eine solche pauschale Maßregelung ohne Verurteilung unfaßbar. Denn wie beispielsweise die Treptower Baumschule dem stellvertretenden Stadtbezirksbürgermeister 1963 mitteilte, waren die acht ehemaligen Grenzgänger, die im Betrieb untergebracht woren waren, längst „geachtete und vollwertige Mitglieder einer Brigade" geworden. Daß sich besonders Grenzgänger unter diesen Erfahrungen ihrer vormaligen Besserstellung in den Arbeits- und Lebensbedingungen erinnerten und die Möglichkeit zur Flucht suchten, kann nicht verwundern.

■ Flucht unter allen Umständen

„Die Staatsgrenze der DDR darf grundsätzlich nur über die Grenzübergangsstellen oder an anderen in völkerrechtlichen Verträgen festgelegten Stellen und mit den erforderlichen Dokumenten passiert werden", so lautete der eher „harmlos" klingende Passus im Grenzgesetz der DDR. „Republikflucht" galt als gefährliches Verbrechen, wofür man trotz Nichtbeteiligung gerade als Bewohner des Grenzgebietes nicht selten verantwortlich gemacht wurde. Frau K. berichtet aus Niederneuendorf: „Passiert ist in dieser Zeit vieles: Mal war jemand über die Havel geschwommen, mal gerudert. Dann wurde beobachtet, daß ein Schwan mehrere Male von uns nach drüben zog. Das fiel erst nicht auf, bis plötzlich mal ein Grenzer denkt, der nimmt doch denselben Kurs wie neulich... Der Schwan war ausgestopft, drin steckte ein Schnorchel. Die Not machte erfinderisch. Dann kam mal ein Dampfer angebraust, wie ‚Weiße Flotte', außen mit lauter Panzerplatten umkleidet, und haute ab nach Spandau. Die rannten mit ihren Gewehren bei uns unten im Garten im Dauerlauf lang, neben dem Dampfer her und schossen. Aber es kam nichts durch. Der hatte zwei Familien eingeladen, mit Möbeln und mit allem. Sie sind durchgekommen. Einmal kam die Staatssicherheit zu mir und sagte: ‚Gerade gegenüber von Ihnen tauchen Morsezeichen auf, gilt das Ihnen?' Ich sagte: ‚Nein. Das ist mir auch schon aufgefallen.' Er: ‚Warum haben Sie das nicht gemeldet?' Ich: ‚Ich dachte, da spielt jemand mit der Taschenlampe. Das Morsealphabet kenne ich nicht.'

Gelungener Grenzdurchbruch dreier Ostberliner mit einem LKW der Deutschen Post, Bouchéstraße 1961. Westberliner (links) werfen Ostberliner Polizisten (rechts) den Zündschlüssel zu.

Dann später hier in der Lohmühlenstraße das Übliche: ab und zu mal ein Durchbruch. Mal hat jemand die Leiter angestellt, ist am hellerlichten Tag rübergeklettert. Das wurde von drüben gefilmt und ist sogar gesendet worden. Dann hörte ich, daß zwei über den letzten Balkon am Hausende gegangen sein sollten: die erste Mauer hoch, auf den Balkon, dann mit einem Satz über die vorderen Anlagen und rübergerobbt. Da ist zwar gleich ein Turm, ganz hell die Grenze, jedenfalls haben die es geschafft."

Th. Scholze: Erfuhren Sie von Fluchtversuchen?

Frau B.: Wir hatten parterre erst einen Kindergarten im Haus, später wurde das Schulhort. Der war 1961 geschlossen worden, und es kam ein sogenannter „Stützpunkt" rein. Der hatte folgende Funktion: Wenn sie welche erwischten, die sich etwa in den Kellern der Neubaublocks an der

140

Durchbruch mit einem Panzerschützenwagen in der Elsenstraße. Offizier schließen
die Mauerlücke, im Hintergrund Wasserwerfer zum Einsatz gegen
Westberliner Beobachter, April 1963

Grenze versteckten, um bei Einbruch der Dunkelheit über den Kanal zu
schwimmen – ist ja ab und an passiert –, brachten sie die in den Stützpunkt.
Es war furchtbar. Ich wohnte zwei Treppen, aber ich hörte alles. Da wurden die Leute dann aufgeschlagen, ehe sie wahrscheinlich weiter weg-
transportiert wurden. Da waren die ersten Verhöre und Vernehmungen.

Th. Scholze: Auch mit Schlägen?

Frau B.: Ja und nicht fein, nicht fein. War sehr schlimm und aufre-
gend. Manchmal, wenn man gerade am Fenster oder auf dem Balkon war,
hat man fast unbewußt mitgekriegt, daß sie wieder jemanden reingeführt
haben. Dann wußte man schon, was passierte. In den siebziger Jahren
wurde aus dem Stützpunkt ein Rechenzentrum von irgendeiner Bank,
die Fenster waren ja schon immer vergittert. Heute ist mir klar, daß dort
die Stasi saß.

Grenzdurchbrüche:

942 20.30 Uhr KP - 59 - Bouchestr. -

26.8x   Eine männliche Person kroch durch den Stacheldraht.
Posten konnte dieses nicht verhindern, da er zu weit
entfernt stand.

944 21.30 Uhr KP Heidelberger Str.

Gegen 20.00 Uhr gelang es einer Familie, bestehend
aus 5 Personen der Klemkestr. nach Westberlin durchzu=
brechen.

Ob es sich in diesem Fall um den selben Grenzdurchbruch
handelt, wie unter der Nr. 919 angeführt, ist noch
nicht bekannt.

944 21.10 Uhr KP 47 - Legiendamm -

26.8.   Dort gelang es 2 Personen aus der Waldemarstr. 13
(eine weibl. und eine männl.) mit Hilfe einer
Leiter und einer Wäscheleine, die 4 Meter hohe Wand
zu übersteigen. Posten führte gerade eine Kontrolle
durch und hatte diesen Durchbruch nicht restzeitig
erkannt.
Beide Personen flüchteten und es konnte hierbei ein
Paket sichergestellt werden.

949 22.30 Uhr KP 17 u. 18

Von der Streife wurde der Westberliner Herbert
S   geb.   1936 beim Übersteigen der
Mauer (von WB kommend) angetroffen und Festgenommen.
Er war nicht im Besitz eines PA und wurde durch Toni 2
24 der VPI zugeführt.

954 03.35 Uhr KP 52 - Oberbaumbrücke -

Gegen 20.20 Uhr (26.8.1961) wurden 2 Bürger festge=
nommen.
Günter E   geb.   1928 war seit 1956 RF
Dieter S   geb.   1940 ist am
15.8.61 durch den Kanal geschwommen und hatte 223,—
Westmark, einen Laufzettel und eine Gesundheitsbe=
scheinigung bei sich.
Beide wurden der VPI Frie. zugeführt.

955 03.25 Uhr es wurde ein Zug KG zur Sperrung der Heidelber=
ger Str. zwecks Verhinderung der Grenzdurchbrüche
eingesetzt.

957 05.45 Uhr KP Schmollerplatz

Dort wurden zwei Jugendliche festgenommen, da der
dringende Verdacht des Grenzdurchbruchversuches
gegeben war.

960 07.45 Uhr KP 36 - Leipziger Str. -

Ein westdeutscher Bürger ca. 20 Jahre alt, überklet=
terte die Mauer von Westberlin kommend. Er besaß
keinen PA und wollte hier seine Verlobte besuchen.
Nach eigenen Angaben handelt es sich um den Dieter
P   . Zuführung zum VPR 1

18.15 Uhr (26.8.1961) Grenzdurchbruch in der Heidelberger

Grenzposten im "Schutz"streifen, Elsenstraße, Juli 1978

… Ansicht zur gleichen Zeit von Westberlin aus

Volkspolizisten graben einen Tunnel an der Ecke Elsen-/ Heidelberger Straße auf, durch den zwei Ostberliner fliehen konnten, ein Fluchthelfer wurde erschossen. Der Tunnel wurde mit Beton ausgegossen, Oktober 1962

Nach Einwurf von Tränengasgranaten inspizieren Grenzpolizisten einen entdeckten Tunnel, vermutlich 1962

Die Zahl der Toten an der innerdeutschen Grenze wird womöglich nie ganz eindeutig festzustellen sein. Von den über 40 000 Menschen, die vom Kind bis zum Greis seit 1961 unter Gefahr für Leib und Leben die Absperrungen überwanden, fanden rund 200 den Tod. An der Berliner Mauer starben etwa 80, davon 29 allein in den Monaten von August 1961 bis Juni 1962: erschossen, verblutet, zu Tode gestürzt, ertrunken. „Grenzposten erschoß zwölfjährigen Ost-Berliner Schüler. Opfer blieb eine Stunde lang liegen. Auf dem Weg ins Krankenhaus gestorben", meldete im Juni 1962 „Der Tagesspiegel". Solche Schlagzeilen bestimmen die Bilanz von 28 Jahren Mauer. 25 Soldaten kamen ebenfalls um. Und wer weiß schon, wie viele alte Menschen nach der Ablehnung ihres Gesuchs auf Umzug in die Westsektoren, zu ihren Kindern und Verwandten, Selbstmord begingen.

An den ersten beiden Wochentagen nach dem Mauerbau erreichten im Bereich des Stadtbezirks Treptow immerhin noch 123 Menschen durch den Teltowkanal, den Britzer Zweigkanal oder den Heidekampgraben

Der Eingang des in des Tunnels in der Gaststätte „ Elsentreff", Ecke Heidelberger/ Elsenstraße, durch den über 25 Menschen die Flucht glückte. Der Fluchthelfer Heinz Jercha kam dabei um, März 1962

schwimmend das Ufer im amerikanischen Sektor. Der jüngste Flüchtling war gerade zweieinhalb Jahre alt. Danach, in der Nacht zum Mittwoch und bis Donnerstag registrierte man jeweils nur noch eine Person. In den folgenden Monaten wurden beispielsweise im Bereich der Heidelberger Straße mehrere Tunnel gegraben, denn die Abstände von Haus zu Haus betrugen oft nur wenige Meter. Vom Keller des Fotogeschäfts Boss an der Ecke Elsenstraße hinüber zur Gaststätte „Elsentreff" führte ein solcher Gang, durch den der Fluchthelfer Heinz Jercha Ende März 1962 nur noch mit lebensgefährlichen Verletzungen Westberliner Territorium erreichte, ehe er verstarb. Bis 1990 erinnerte an dieser Stelle der Mauer ein Holzkreuz an das tragische Geschehen. Die Informanten meldeten damals an den Stadtbezirk: „Die Bürger in der Heidelberger Straße verhalten sich nach wie vor sehr

Holzkreuz zur Erinnerung an seinen Tod, Februar 1990

passiv. Die Tunneldurchbrüche können einzelne Mieter nur insofern erregen, als sie um ihre Wohnung bangen und sie den Vorschlag gemacht haben, die Keller der Heidelberger Straße täglich zweimal zu kontrollieren."

Aber immer wieder wählten Menschen als letztes Mittel eine riskante Flucht durch den verbotenen Geländestreifen, über listig-brutal angelegte Hindernisse und im Visier schußbereiter Grenzsoldaten. Und immer wieder glückten auch solche Unternehmen. Heißluftballons und Drachensegler stiegen auf, mit speziellem Werkzeug oder schwerer Technik wurde versucht, die Mauer direkt zu überwinden.

Th. Scholze: Was hatte ein Posten, der hier als Dreijähriger Soldat war, für einen Dienstalltag?

Offiziere: Wer in der Vergangenheit als Grenzer gedient hat, der kann von sich behaupten, er hat gedient. Unsere Soldaten haben wirklich rund um die Uhr ohne Pause ihren Dienst versehen. Essen wurde in Form von Stullen mitgeführt, und selbst wenn man mal pullern mußte, das wurde im Gelände durchgeführt. Nur auf den Führungsstellen waren Toiletten.

Blick vom Wachtturm am Lohmühlenplatz nach Westberlin, Februar 1990

Die nervlichen, physischen und psychischen Belastungen waren sehr stark. Nehmen wir nur ein Beispiel: Nachtdienst. Da wurde der Soldat früh um 7 Uhr geweckt, und dann ging das bis 15 Uhr durch mit Ausbildung, Polit-schulung und was weiß ich. Dann gab es 4 Stunden Pflichtschlaf, und dann ging er zu seinem eigentlichen Dienst. Der war dann nächsten Früh um 8 Uhr beendet, dann die Fahrt zurück und Nachbereitung, Waffen reinigen und Sachen in Ordnung bringen. Dieser Zeitraum belief sich auf 12 bis 14 Stunden, bis ein Soldat wieder am Ende angekommen war.

Th. Scholze: Konnten sich die Soldaten irgendwie unterhalten? Wir sahen, daß mit sauren Drops auf den Hockern der Wachttürme Mühle gespielt wurde.

Offiziere: Nein, es war verboten, Radio zu hören, verboten zu lesen. Das ist eigentlich das, was gesagt wurde. Hinzu kam dann eben die hohe psychi-sche Belastung, daß man während des Grenzdienstes nichts tun konnte als gucken. Und warten, daß etwas passiert. Die 120 Mann einer Grenzkompa-nie, die nachts ständig aufgezogen waren – am Tage genügten etwa 70 –, verbürgten eine hohe Postendichte. Etwa alle 150 bis 200 Meter standen

Posten. Je nach den Bedingungen des Abschnitts auch dichter, wenn Ecken und Winkel drin waren. Im ländlichen Bereich waren die Entfernungen zwischen den Posten dann größer. Bei den Doppelposten hat man mit einem Mann innerhalb eines Jahres allerdings so oft zusammengestanden, daß man im Endeffekt kein Gesprächsthema mehr hatte. Zudem wurden die Posten im letzten Jahr dann noch einzeln auseinandergezogen.

Im Mai vorigen Jahres gab es in unserem Regiment auch einen Fall von Desertion. Ein ganz normaler Grenzposten, der während seines Dienstes fahnenflüchtig wurde. Er hat mit Hilfsmitteln, Fleischerhaken und so, im Bereich des Grenzzaunes 1 das Ganze überwunden und ist durch den Kanal geschwommen, mit Waffe. Das war das Risiko, das wir eingegangen sind, als wir ein neues Dienstsystem ausprobierten. Wir haben gesagt, ohne Anwendung der Schußwaffe alles so gut wie möglich verhindern. Und da wurden die Posten als Einzelposten auseinandergezogen, um das Weg-Zeit-Verhältnis beim Angriff zu verkürzen.

Th. Scholze: Was geschah nach einer gelungenen Flucht?

ABV: Wir hatten 1983 einen spektakulären Grenzdurchbruch im Bereich der Bouchéstraße 33 gehabt. Vielleicht ist das noch ein Begriff. Es betraf mich auch, ich wurde nicht befördert. Weil ich der zuständige ABV war, bin ich hart an einer Bestrafung vorbeigegangen, obwohl ich mir keiner Schuld bewußt war. So was kann man nicht verhindern – warum eigentlich auch, sage ich mir heute... Es waren zwei Elektriker, die dort auf dem Dachboden Sanierungsarbeiten durchführten. Sie hatten in den Müggelbergen trainiert mit laufender Rolle am Seil. Nachts haben sie dann mit Pfeil und Bogen eine dicke Perlonsehne rübergeschossen. Auf der anderen Seite wartete jemand, der hat das Seil rübergezogen – daran war ein Drahtkabel befestigt –, irgendwie an seinem parkenden PKW befestigt und straffgezogen. Dann sind die Leute raus, haben die Rolle eingehakt und sind rüber. Das waren übrigens die gleichen, die dann anschließend mit einem Leichtflugzeug ihren Bruder im Treptower Park eingeladen haben. Sie kamen über den Bahnhof Plänterwald, einer ist gekreist, der andere ist auf der Liegewiese gelandet, hat den Bruder eingeladen, ist gestartet und nach drüben geflogen. Das hat bei den Alliierten einen Haufen Ärger gegeben wegen der Luftraumkontrolle.

Th. Scholze: Was passierte im Ergebnis dieser Flucht?

ABV: Es kam zu einer unwahrscheinlichen Verschärfung sämtlicher Maßnahmen. Es war ja schon so, daß immer halbjährlich die Grenzgenehmigungen verlängert werden mußten. Jeder, der im Grenzgebiet wohnte, hatte in seinem Ausweis einen Stempel drin. Und wenn der nicht gültig war, wurde er eben hochgezogen. Ob er da wohnte oder nicht, er war eben ohne Genehmigung. Besonders dann, wenn bei den Grenztruppen Entlassungen waren, im Frühjahr und im Herbst, wurden zur Verstärkung im Hinterland

Ausbildungseinheiten eingesetzt. Die liefen Streife und waren befehlsmäßig so scharf gemacht, daß sie jeden festgenommen haben, der keine gültige Genehmigung hatte. Da konnte es auch passieren, daß ein Polizist in Uniform vor einer durchgeladenen Maschinenpistole stand und erst einmal vom Dienststellenleiter oder vom Diensthabenden ausgelöst werden mußte, weil er eben das gültige Kennwort nicht kannte oder gerade seinen Dienstauftrag nicht bei hatte. Ist mir auch schon so gegangen.

Th. Scholze: Wie ging denn ein Grenzalarm vor sich?

ABV: In der letzten Zeit ist das von Monat zu Monat schlimmer geworden. Es war dann schon so, wenn irgendeiner von den Grenztruppen bloß einen draußen laufen gesehen hat, der verdächtig aussah oder ein bißchen negativ gekleidet war oder eine komische Frisur hatte, ein Punker etwa, hat er vorsichtshalber Grenzalarm ausgelöst. Egal, ob sich derjenige bloß mal verirrt hatte – Kneipen haben wir ja genug in der Nähe – und irrtümlicherweise Richtung Grenze rannte. Dann wurde grundsätzlich eine Grenzvariante gefahren. Das hieß, alle verfügbaren Funkwagen wurden losgejagt, die die Straßen abriegelten. Der oder die zuständigen ABVs flogen raus, egal zu welcher Tages- oder Nachtzeit, ob sie frei hatten oder nicht, das interessierte keinen. Der Leitungsdienst des Revieres und der Inspektion, mitunter dann auch noch Führungsoffiziere des Präsidiums, die rasten alle hier an. Und dann wurden im abgeriegelten Gebiet manchmal stundenlang Leute gesucht, die gar nicht da waren. Es gab dann hundertfach Kontrollen. Die da wohnten und in eine solche Variante reinkamen, das war schlimm. Die mußten erst einmal beweisen, daß sie da wohnten. Das war mitunter gar nicht so einfach. Das kam ganz darauf an, wer da zum Einsatz kam, auch von den Grenztruppen, die nicht selten mit Kompaniestärke anrückten in diesem kleinen Gebiet und alles abriegelten. Und dann wurde jeder kontrolliert. Und wenn eben einer bloß mal schnell raus war, Zigaretten holen oder was weiß ich, seinen Hund spazieren führte und den Ausweis nicht bei hatte, kam es ganz auf das Wohlwollen der Leute an, die kontrollierten. Daß man etwa gesagt hat: „Wo wohnen Sie, im Grenzgebiet? Da gehen wir mal gucken, und dann zeigen Sie mir den Ausweis!" Dann hatte sich das erledigt. War die humanste Art und Weise, wurde in der Regel auch praktiziert, aber es gab Ausnahmen: „Was, Sie haben keine Papiere mit? Einsteigen!" Dann wurden die zum Regiment oder zum Revier gefahren, und dann ließ man bei der Überprüfung erst mal alle Dinger durchlaufen, bis sich das herausstellte. Das hat die Leute natürlich sehr verärgert.

Kampfauftrag

der Delegiertenkonferenz der Parteiorganisation der 1. Grenzbrigade (B)
an die FDJ-Organisation der 1. Grenzbrigade (B)

Tiefer Haß erfüllt alle Angehörigen der 1. Grenzbrigade (B) über den feigen Mord an dem jungen FDJ-Mitglied, Unteroffizier Peter G ö r i n g.

Sie erklären, erfüllt von der hohen Verantwortung gegenüber unserem Arbeiter-und-Bauern-Staat für die Sicherung und Erhaltung des Friedens, das Vermächtnis unseres jungen Helden zu verwirklichen, sich noch enger um die Partei der Arbeiterklasse zu scharen und die Anstrengungen zur Gewährleistung der Unantastbarkeit der Staatsgrenze der DDR zu vervielfachen.

Entsprechend der Initiative der FDJ-Mitglieder der III. Grenzabteilung und aller Soldaten, Unteroffiziere und Offiziere, die feige Bluttat der Frontstadtschergen durch weitere vorbildliche Taten zur Festigung des antifaschistischen Schutzwalls zu beantworten, erteilt die Delegiertenkonferenz der Parteiorganisation der 1. Grenzbrigade (B) der FDJ-Organisation den Kampfauftrag, zu Ehren des ermordeten Peter Göring, zum Ruhme unserer Republik und zur Stärkung der Staatsgrenze zu Westberlin ein

Peter-Göring- Aufgebot

durchzuführen. Zur Führung des Peter-Göring-Aufgebotes werden folgende Kampfaufgaben gestellt:

1. Die Staatsgrenze nach Westberlin wird noch besser militärisch gesichert.

Jedes FDJ-Mitglied erwirbt hohe militärische und grenztaktische Kenntnisse und Fähigkeiten, hohe physische Eigenschaften und beherrscht ausgezeichnet seine Waffe.

Die FDJ-Gruppen organisieren Patenschaften und helfen mit, durch Aussprachen und Zirkel alle jungen Grenzposten List, Findigkeit und taktisch richtiges Verhalten anzuerziehen und verallgemeinern die besten Erfahrungen und Ergebnisse der Postenführer und Grenzposten.

Die FDJ-Gruppen schätzen regelmäßig die Ergebnisse ihrer Mitglieder in der politischen und militärischen Ausbildung und bei der Grenzsicherung ein.

Die Vorgesetzten sollten dazu eine regelmäßige gefechtsnahe Ausbildung, die den Bedingungen des Grenzdienstes in Berlin entspricht, zu organisieren und eine gründliche Einweisung in die politische und militärische Lage an der Staatsgrenze vor jedem Wachaufzug vorzunehmen.

2. Unser Kurs ist klar — „Bester" noch in diesem Jahr.

Die FDJ-Gruppen, Grundeinheiten und Organisationen sorgen dafür, daß jedes FDJ-Mitglied, jede Gruppe, Zug, Kompanie und Grenzabteilung an der Bestenbewegung teilnimmt und den Kampf um den Bestentitel führt.

Die FDJ-Organisationen richten ihre Kompasse auf die Aufgabenstellung der Bestenprogramme aus und legen die Maßnahmen der FDJ zur Erringung des Bestentitels fest.

3. Junge Sozialisten werden im täglichen Kampf erzogen.

Die FDJ-Gruppen bereiten ihre besten und aktivsten FDJ-Mitglieder als Kandidat der Partei vor und empfehlen diese den Parteileitungen zur Aufnahme.

Das Ziel jeder FDJ-Gruppe muß es sein, sich zu einem selbständigen arbeitenden Kampfkollektiv zu entwickeln und bis zum 1. Juli 1962, dem Tag der bewaffneten Kräfte des MdI, alle jungen Grenzsoldaten für den sozialistischen Jugendverband zu gewinnen.

Den FDJ-Gruppen wird die Aufgabe gestellt, durch eine ständige individuelle Arbeit zu erreichen, daß sich mindestens 50 Prozent der im Herbst zur Entlassung stehenden Genossen für den weiteren Dienst an der Staatsgrenze zu Westberlin verpflichten.

Das Peter-Göring-Aufgebot findet am 7. Oktober 1962 seinen Abschluß.

Am 1. Juli 1962 findet die erste und am 13. August 1962 die zweite Zwischenauswertung statt.

Durch die Politabteilung der 1. Grenzbrigade (B) wird die beste FDJ-Organisation mit einem Peter-Göring-Banner ausgezeichnet.

Nach der Endauswertung am 7. Oktober 1962 verbleibt das Banner bei der FDJ-Organisation, die während des gesamten Aufgebotes die größten Erfolge zu verzeichnen hatte.

Die Delegierten sind davon überzeugt, daß die Mitglieder des sozialistischen Jugendverbandes in der 1. Grenzbrigade (B) die im Peter-Göring-Aufgebot gestellten Aufgaben zuverlässig erfüllen werden.

Vaterland–Frieden–Sozialismus!

Wir siegen!

Berlin, den 8. Juni 1962

Die Delegierten der 1. Delegiertenkonferenz der Parteiorganisation der SED
der 1. Grenzbrigade (B)

Von den hölzernen Beobachtungsplattformen aus, auf denen Westberliner und ihre Besucher stehen konnten, um fasziniert über die Mauer hinwegzusehen, blieb der Eindruck ein äußerlicher. Schließlich konnte man wieder hinabsteigen, nachdem man das Frösteln erlebt hatte, das die kalte Stille von Mauern, Zäunen und bewaffneten Posten erzeugte. Die bunt bemalte Mauer blieb Berlin-Touristen als Attraktion im Gedächtnis haften. Im Osten war die Mauer tabu. In ihrer unmittelbaren Nähe sprach man besser hinter vorgehaltener Hand und nicht zu laut über diese Staatsgrenze. Auch hinter den Schildern „Grenzgebiet!" sah man Menschen in ihre Häuser gehen. Und schon bald erfuhr man: Wer hier zu interessiert zur Grenze schaute, hinzeigte oder etwa herantrat, der hatte mit Personalausweiskontrolle oder gar „Zuführung" zu rechnen.

Erst nach dem 9. November 1989, als das Grenzgebiet als gegenstandslos aufgehoben wurde, fielen die Schikanen weg, in deren Folge mancher den Versuch, per Klimmzug einmal in den Grenzstreifen zu blicken, mit einer Nacht auf dem zuständigen Polizeirevier oder später mit Behinderungen in Studium und Beruf bezahlte. Ging man nun weiter, um das Monstrum Mauer von nahem zu betrachten, erreichte man als erstes mehrere verschachtelte Betonkästen.

Th. Scholze: Was hatten die Betonkästen im Grenzgebiet für eine Bewandtnis?

Offiziere: Nach den Angriffen auf die Staatsgrenze mit schwerer Technik wurden Blumenkästen hingestellt. Die letzten drei, vier Jahre, wo man gewaltsam auf die Mauer zugerast ist, wurden dann im gesamten Stadtgebiet, an den Zufahrtsstraßen, die im rechten Winkel auf die Grenze zugingen, diese Blumenkästen aufgebaut. Die hatten aber auf die Bürger, auf die Einschränkung der Bewegungsfreiheit der Bürger vom Wesen her keinen Einfluß. Die Präsenz, die sichtbare Zunahme der Sicherungsmaßnahmen war deutlich, das ist klar.

Th. Scholze: Es gab also dazu keine Beschwerden durch die Anwohner?

Offiziere: Eigentlich nicht. Im Gegenteil, Bürger, die dort wohnten, haben darin Blumen und Sträucher eingepflanzt. Bei den Kleingärten beispielsweise haben sich die Bürger selbst beteiligt. Das war in ihrem eigenen Interesse, um das Ganze etwas zu verschönen. Das sind ja nicht irgendwelche Betonelemente schlechthin gewesen, sondern es waren Blumenkästen. Den Beschluß dazu gab es 1984, als die Kraftfahrzeugsperrgräben im Abschnitt weggenommen wurden. Die Blumenkästen hat der Rat des Stadtbezirks aufstellen lassen, natürlich auf Betreiben der Grenztruppen. Die gesamte Hinterlandmauer z. B. ist nicht Eigentum der Grenztruppen. Die ist

Blick vom Besucherturm Elsenstraße nach Treptow, Mai 1977

Der Turm, Februar 1990

... und an gleicher Stelle, Juni 1991

gebaut und bezahlt worden durch den Rat des Stadtbezirks, und der ist auch der Rechtsträger des hinteren Sperrelements. Gebaut worden ist immer durch Zivilfirmen. Da hatten die Grenztruppen keinen Anteil dran.

ABV: Ursache der Betonteile, die hier rumstehen und teilweise bepflanzt und gepflegt wurden, war der etwa 1986 versuchte Grenzdurchbruch im Bereich der Karpfenteichstraße. Da wollten zwei junge Männer, einer aus der Onckenstraße, mit einem Lastwagen W 50 durchbrechen und haben unterm Kugelhagel ihr Leben gelassen. Und das Ergebnis war dann, daß eben sämtliche Zufahrten zur Grenze, egal, wo sie herkamen, mit diesen sogenannten Sperrelementen gesichert wurden. Um auch ein bißchen Anreiz zu geben, konnten die Anwohner sie pachten, die Pflege übernehmen und noch Geld zuverdienen, was viele hier gerne gemacht haben.

Was auch die gepflegtesten Blumenrabatten nicht verdecken konnten, waren die bedrohlichen „Sicherungsanlagen" mitten im Grenzstreifen. Mit der Breite dieses Streifens schwankte auch die Staffelung der Grenzsysteme, die jedoch im wesentlichen einheitlich angeordnet waren: Unmittelbar hinter der sogenannten Hinterlandmauer oder in einiger Entfernung sah man lange Zeit Eisenroste mit spitzen, senkrecht nach oben stehenden Nägeln liegen, die gegen jene gerichtet waren, die zu unbedacht einen Sprung wagen sollten. Daneben liefen am Boden entlang verschiedene metallene

155

Signalanlagen, die auf Berührung reagierten. Es folgte der Signalzaun, übermannshoch, mit Stachel- und Signaldraht bespannt; dann die Postenstraße aus Asphalt, auf der Verstärkung in Minutenschnelle herbeigeholt werden konnte. Sie lief praktisch lückenlos um Westberlin herum. Dahinter lag ein stets frisch umgepflügter Geländestreifen, um jede Wild- oder Menschenspur nachweisen zu können. Er wurde besonders intensiv mit Herbiziden besprüht, um jeglichen Pflanzenwuchs zu verhindern. Dazwischen standen in größeren Abständen die Postentürme, von denen aus sich bei normalem Wetter meist Blickkontakt halten ließ. Den Postenweg säumten die Peitschenlampen, die in der Nacht die Grenze ausleuchteten. Auf den Dächern der Postentürme befanden sich Scheinwerfer, mit der Hand zu bedienen, um einen Flüchtenden gegebenenfalls genau zu fixieren. Oftmals schloß sich an den geharkten Kontrollstreifen, den eigentlichen Todesstreifen, der auch von Grenzsoldaten nicht ohne „Grund" betreten werden durfte, noch ein besonderer Metallgitterzaun an. Ebenfalls übermannshoch, gestattete er eine Durchsicht nur schräg. Dahinter lagen wieder ein paar Meter Brachland, Minen wurden im Stadtgebiet nicht ausgelegt. Dann folgte die Mauer, die „Grenzmauer 75", wie sie seit ihrer Mitte der achtziger Jahre beendeten „Modernisierung" in der militärischen Bezeichnung hieß. Sie war etwa drei Meter hoch und trug obenauf eine Rolle aus Asbestbeton, die beim Überklettern keinen Halt bieten sollte. Von westlicher Seite schon frei zugänglich folgte immer noch etwas DDR-Land, manchmal sogar einige Meter. Selbst von da aus wurde ein Flüchtling nach Möglichkeit noch zurückgeholt, wenn er erschöpft oder gar angeschossen die letzte Strecke – etwa den Landwehrkanal – nicht zu bewältigen vermochte. Die bis 1984/85 existierenden Panzersperren („Spanische Reiter"), die Kraftfahrzeuggräben oder Hundelaufanlagen rings um Westberlin – letztere besonders im Vorfeld der Hinterlandmauer, unter Brücken oder an bewaldeten Stellen, teils auch im Kontrollstreifen – seien ebenfalls erwähnt.

Th. Scholze: Wie oft wurden im Kontrollstreifen Herbizide gesprüht?
Offiziere: Das war das Agrochemische Zentrum. Wir hatten überhaupt nichts damit zu tun. Wir haben entsprechend bestellt, und das wurde dann abgearbeitet.
Th. Scholze: Eine Art „genehmigtes Umweltbewußtsein" gab es ja erst seit jüngster Zeit. Wie wirkte sich das im Bereich der Mauer aus?
ABV: Es gab einige Bäume im Hinterland der Grenze, die bis unmittelbar an die Mauer ran standen. Die wurden dann ausgeästet, gefällt werden durften sie nicht. Es gab auch keinen Einsatz von Herbiziden in diesem Bereich, obwohl das Unkraut manchmal so hoch stand, daß uns schon graue Haare gewachsen sind. Dann wurde gemäht. Das hat im Auftrag der Grenztruppen das Gartenamt gemacht, manchmal die Grenztruppen selber. Gestunken hat

„Blumen"kästen aus Beton im Grenzgebiet Lohmühlenstraße/Wiener Brücke, Februar 1990

es allerdings oft ganz schön. Denn im Handlungsstreifen wurden grundsätzlich Herbizide gesprüht, das hat man gemerkt. Die sind dann mit einem Trecker und einem Tank vorne drauf durch den Streifen, kann sein, daß die bestellt wurden. Auf jeden Fall war es mitunter sehr massiv.

Th. Scholze: Wovon war abhängig, wo zusätzliche Streckmetallzäune gebaut wurden?

Offiziere: Normalerweise im Wasserbereich, so lautete die Festlegung, ist Zaun zu bauen, da, wo unmittelbar Wasser vorgelagert ist, an den Landstücken Mauer. Ich weiß die Beweggründe nicht, so lauteten die Befehle.

Th. Scholze: An der Ecke Bouché-/ Heidelberger Straße ist eine Durchstiegsklappe in der Mauer. Wozu wurde die benutzt?

Offiziere: Wir haben in regelmäßigen Abständen die Mauer von beiden Seiten auf ihren baulichen Zustand kontrolliert und gestrichen. Dann dieses Problem, daß an der Mauer rumgehackt wurde, das hatten wir ja schon länger. Beispielsweise die Fugen, die dazwischen sind, da wurde immer versucht... Im Prinzip eine Möglichkeit, auf die andere Seite der Mauer zu kommen, ohne darüber hinwegsteigen zu müssen.

157

Bau der „Grenzmauer 75" in der Heidelberger/Ecke Elsenstraße, Juni 1978

… und Aufsetzen der Rollen aus Asbestbeton, Juni 1978

... die Sperranlagen an gleicher Stelle, Juni 1978

Th. Scholze: Wurden durch die Klappe irgendwelche Leute in die DDR gebracht?

Offiziere: Das sind übelste Gerüchte. Solche Sachen, also die Durchführung der Kontrollen mit Benutzung der Tür, hat nur ein sehr begrenzter Personenkreis gemacht, ganz normal in Uniform. Das war ja Gebiet der DDR, zwischen einem und zehn Metern, das war unterschiedlich.

Th. Scholze: Es gab dann noch ein Wachsystem mit Hunden. Wir haben auf dem Gelände des Werkes für Signal- und Sicherungsbau zur Heidelberger Straße hin eine alte Laufanlage gesehen.

Offiziere: Hinter der Hinterlandmauer ist dies meist durch die eigene Hundestaffel der Volkspolizei organisiert worden, im Betrieb wahrscheinlich durch den polizeilichen Betriebsschutz. Der kontrollierte neben dem Personal am Eingang auch täglich Sperrmaßnahmen und Alarmanlagen auf dem Werksgelände, genauso wie das ehrenamtliche Grenzsicherheitsaktiv. Wir hatten vor Jahren sehr viele Hunde. Ein drastischer Rückgang und vor allem eine Beseitigung der Hundelaufanlagen ist seit etwa 1982/83 erfolgt. Das war ja eine Sache, wo in den westlichen Medien immer dagegen agiert wurde, teilweise auch durch eigene Bürger, Tierschützer und ähnliche. Daraufhin wurden die Hunde aus den Laufanlagen rausgenommen und nicht mehr an ein Seil gehängt.

Th. Scholze: Aber der Hundesportplatz im Schlesischen Busch existierte weiter?

Offiziere: Das war so eine Sache, das war ein begonnener Bau. Der wurde nie genutzt. So weit sind wir nie gekommen. Wir waren mitten im Bau der Zwingeranlage, als dann die Frage der Öffnung der Grenzübergangsstelle Puschkinallee kam. Da mußten die Arbeiten über Nacht eingestellt werden.

Th. Scholze: Wozu war die Anlage noch nötig?

Offiziere: Die Hunde, es waren noch über 100, wurden als Schutz- und Wachhunde mit Hundeführern eingesetzt. Bei jedem Dienst waren es im Grenzabschnitt bis zu 10 Hunde.

Th. Scholze: Vom Schlesischen Busch ist durch die früheren Rodungen für den Grenzstreifen und den Hundesportplatz nur wenig erhalten geblieben.

Offiziere: Heute gibt es gewisse Vorstellungen, im Rahmen des Umweltschutzes auch die Wiederherstellung des Schlesischen Busches als einen Schwerpunkt zu betrachten, der ja eine der ältesten Parkanlagen in Treptow ist.

Eine Anwohnerin erinnert sich ..., August 1991

Vorbereitungen zum Gebietsaustausch am Lohmühlenplatz. Von rechts in den Hintergrund verlaufend: die neue Grenzmauer, Mai 1988

Im Todesstreifen. Blick vom Schlesischen Busch Richtung Lohmühlenplatz, März 1990

1. Grenzbrigade (B)
V. Grenzabteilung

O.U., den 6.02.1962

Protokoll

über die Grenzbegehung am 6.02.1962

Teilnehmer: Hptm.   J   - 1. Stellv. d. Kdrs. d.
                                      V. Grenzabteilung
            Ltn.   K   - Pionieroffizier
            O.Fldw. W
            O.Ltn.   S   - Stabschef der VPI Treptow
            Gen.   S   - K. VPI Treptow
            Gen.   H   - Stellv. Bürgermeister

Zur Herstellung einer vorbildlichen Ordnung im Grenzgebiet
und zur weiteren Erhöhung der Wirksamkeit der bereit estehenden
Anlagen wurden folgende Maßnahmen festgeleg t:

1. Am 26.01.62 fand eine Begehung lt. anliegenden Protkoll des
   VEB OLW statt, in dem die notwendigen Maßnahmen festglegt
   wurden. (siehe Anlage 1)

2. Die bestehende Gren zsicherungsanlnge entlgang des Schlesichen
   Buches ist unzureichend und wird durch eine Drahtsperre auf
   einem Pfahl verstärkt.
   Termin: 28.02.1962
   Verantwortlich: V. Grenzabteilung

3. Die Markierung der Staatsgrenze auf der Puschkinallee ist
   durch einen Schlagbaum rot-weiß zu verändern.
   Das gesamte Unterholz im Schlesichen Busch auf eine Entfernung
   von 60 Meter Tiefe ist zu entfernen. Die vorhandenen Löcher
   in der Mauer des Sportplatzes sind zu vermauern.
   Termin: 28.02.1962
   Verantwortlich: V. Grenzabteilung

4. Der gesamte Grabenabschnitt zwischen Treptower Brücke und
   Bahndamm ist auszubessern.
   Termin: 28.02.1962
   Verantwortlich: Kompaniechef

5. Der auf dem Gelände des Fuhrbetriebs Sassenhagen vorhandene
   Fahrzeugschuppen, der bis unmittelbar an den Graben heranreicht,
   ist zu entfernen.
   Termin: 28.02.1962
   Verantwortlich: Rat des Stadtbezirks/ Stadtbezirksbauamt

Büroabschluß hat andere Festleg. getroffen!   - 2 -

2

6. Um die weitere Nutzung des Sportplatzes zu garantieren, wird vorgeschlagen, die Mauer so zu errichten, daß der Sportbetrieb nicht behindert wird.
Zu bemerken ist, daß der Bau der Mauer bereits in Auftrag gegeben wurde.
Termin: 30.03.1962
Verantwortlich: Rat des Stadtbezirks, Ref. Körperkultur und Sport.
7.21. in Arbeit 11.4.

7. Der Ausgang der Schmiede an der Lohmühlenstraße ist zu schließen und zur Straße zu verlegen, sodaß sämtlicher Verkehr unmittelbar in Grenznähe vermieden wird.
Termin: 28.02.1962
Verantwortlich: Rat des Stadtbezirks/Stadtbezirksbauamt
mill erlen.

8. Zwischen Lohmühlenplatz und Onkenstraße ist der ausgehobene Graben zu planieren und zu faschinieren. Desweiteren ist eine Drahtsperre auf einem Pfahl vom hinteren Ausgang der Onkenstraße bis Mauer Lohmühlenplatz, Ecke Grabowstraße (Hinterhaus Harzer Str. 119).
Termin: 28.02.1962
Verantwortlich: V. Grenzabteilung

9. Sämtliche Fenster der Harzer Str., die zum westlichen Gebiet führen und die 1. Etage auf unserer Seite sind zu vermauern. Alle Wohnungstüren sind durch Sicherheitsschlösser zu sichern.
Termin:15.03.1962
Verantwortlich: VEB Kommun. Wohnungsverwaltung für Sicherheitsschlösser und für die Vermauerung Stadtbezirksbauamt.
Magirschformen.

10. Um den gesamten Verkehr entlang der Bouchestr., welche unmittelbar an der Grenze verläuft, zu sperren, macht es sich erforderlich den Bürgersteig durch Erstellen eines Maschendrahtzaunes abzugrenzen. Es handelt sich hier um eine Entfernung von 250 Meter.
Verantwortlich: V. Grenzabteilung

11. Nach Fertigstellung der Zugangsstraße für die Bewohner der Heidelberger Str. ist der gesamte Verkehr zu sperren und die Hauseingänge zu versiegeln.
Verantwortlich: Rat des Stadtbezirks
Termin: 28.02.1962 *Konnte aus Witterungsgründ. nicht fertig werd.*

12. Die Mauer der PGH Spezialgeräte, Ecke Puderstraße ist vom Transformatorenhaus bis Puderstraße zu erweitern und die gesamte Mauer mit Abweisern zu versehen.
Termin: 28.02.1962
Verantwortlich: PGH Spezialgerätebau

13. Der Hundedressurplatz der GST zwischen Puder- und Karpfenteichstraße ist längs der Kiefholzstr. durch eine Bretterwand abzuschirmen.
Termin: 28.02.1962
Verantwortlich: Vorsitzender der GST

Auf dem Platz finden keine Dressuren mehr statt.
Bretterwand deshalb nicht erforderlich.
- 3 -

14. Im Abschl.ß an den Kindergarten Karpfenteichstraße ist das gesamte Gelände der PGH (Horhitz) und des Gemüsegroßhandels durch eine Mauer abzugrenzen.
Verantwortlich: PGH und Gemüsegroßhandel
Termin: Für PGH 28.02.1962
          Für Gemüsegroßhandel nach Vereinbarung
          Schreiben v. 5.3.62.

15. Die Sperre auf dem Dammweg muß neu verlegt werden. Dazu ist es erforderlich, einen Kranwagen einzusetzen.
Termin: 28.02.1962
Verantwortlich: V. Grenzabteilung

Beleuchtungsanlagen:

1. In Schlesischen Busch, zwischen Wildenbruchstraße und Elsenstraße, ferner entlang der gesamten Kiefholtstraße bis linke Naht ist die Beleuchtungsanlage unzweckmäßig angebracht. Es macht sich erforderlich, in den angeführten Abschnitten die Beleuchtung entsprechend der Anlage 2 zu ergänzen.
Verantwortlich: Rat des Stadtbezirks/ Stadtbezirksbauamt
Terminierung erfolgt nach Absprache mit der BEWAG.
Das Schalthaus am Dammweg ist 50 Meter ins rückwärtige Gebiet zu verlegen. *in Arbeit*

Räumungsarbeiten:

1. Der Rat des Stadtbezirks hat zu garantieren, daß die Straßen und Plätze, die unmittelbar an der Grenze liegen und verlaufen gereinigt werden.
Termin: 30.03.1962

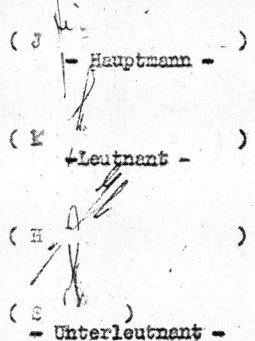

1. Stellvertreter des Kommandeurs der V. Grenzabteilung

(J   )
- Hauptmann -

Pionieroffizier der V. Grenzabteilung

(K   )
- Leutnant -

Stellv. Bürgermeister des Stadtbezirks Treptow

(H   )

Abt. -K.- VPI Treptow

(S   )
- Unterleutnant -

Reste von Stacheldraht in der Bouchéstraße , August 1991

Auf der Ostberliner Seite der Heidelberger Straße, April 1963

Mauerdurchstieg für Grenzsoldaten, Bouché-/Ecke Heidelberger Straße, März 1990

Hundesportplatz, Grenzgebiet Schlesischer Busch, März 1990

Grenzstreifen entlang des Teltowkanals, Straße 194 in Johannisthal, Juni 1991

Es gab wohl keine zweite Grenze in Europa, die auf mitunter nur 10 Metern Breite eine solche Vielzahl von ausgeklügelten Fallen für Menschen bereithielt. Das Bestreben der Verantwortlichen bestand während der ganzen Zeit im Perfektionieren des Kontrollstreifens. Dafür wurden vor allem in den sechziger Jahren am Lohmühlenplatz und in der Harzer Straße reihenweise Schuppen, Garagen und Lagerhallen beseitigt. Als erstes großes Mietshaus sprengte man am 15. Januar 1963 die Lohmühlenstraße 25/26. 1966/67 folgten Häuser am Lohmühlenplatz, in der Harzer Straße, und noch Mitte der achtziger Jahre fielen an der Kreuzung Elsen-/ Heidelberger Straße mehrere Wohnhäuser. 1985 sprengte man im Grenzgebiet an der Bernauer Straße im Stadtbezirk Prenzlauer Berg sogar die Versöhnungskirche, die Ende der fünfziger Jahre noch erneuert worden war. Eigentümer, Pächter oder Mieter von Garagen wurden vor vollendete Tatsachen gestellt. Am 25.8.1962 schrieb die Staatliche Bauaufsicht an einen Steinsetzermeister in der Kiefholzstraße: „Wie festgestellt wurde, sind die Räume vom Pächter ohne Einweisung der Abteilung Wohnungswesen – Gewerberaumlenkung – als Garagen an verschiedene Nutznießer vermietet. Der Zustand ist gesetzwidrig." Mit gleichem Datum teilte die Feuerwehr dem Betroffenen mit: „Die zur Zeit genutzten Garagen entsprechen in keiner Weise den brandschutztechnischen Bedingungen und der Deutschen Bauordnung. Die Räumung der Kraftfahrzeuge und Motorräder hat bis zum 27.8.1962 zu erfolgen." Jedoch war die PGH Bau Treptow für den 24.8.1962, 8 Uhr, bereits beauftragt worden, mit dem Abriß zu beginnen: „Vollkommene Einsturzgefahr sämtlicher Gebäude. Akute Feuergefahr durch die Nutzung als Garagen. Akute Seuchengefahr durch Ratten und Gerümpel. Sämtliche Gebäude und Schuppen sind unverzüglich abzureißen." In vielen Fällen trugen dann noch die betroffenen Betriebe oder Privatpersonen die Kosten für den Abriß von Gebäuden und den Neubau von Sperrmauern; erstere direkt, letztere eher indirekt: Am 26. Januar 1962 erhielt der Treptower Bezirksbürgermeister Bescheid, „daß die Kosten für das Ziehen der Mauer am Sportplatz Lohmühlenstraße (25 000 DM) nicht aus dem Grenzkonto gezahlt" würden. Der Betrag sollte aus Toto- (Lotterie) oder NAW-Mitteln genommen werden. Auch freiwillige Helfer aus der Bevölkerung, sogenannte Abräumer, die – wie Frau Sch. mit der unmittelbar am Teltowkanal in Johannisthal gelegenen Straße 194 – ganze Straßenzüge „betreuten", unterstützten die staatlichen Aktionen.

Th. Scholze: Wäre auch das Eckhaus Elsenstraße 41 noch irgendwann abgerissen worden?
ABV: Das ist leicht möglich. Es existierten Pläne, die Elsenstraße 40/41 ebenfalls abzureißen. Die Bausubstanz dort ist unter aller Kanone, trotz

Sanierung. Da hängt Feuchtigkeit mit drin. Die Wohnqualität selbst ist schlecht; wenn man rausguckt, nach vorne raus zum Handlungsstreifen ist sowieso nichts drin gewesen, und auf den Hof hinaus, der ist ein schmales, dunkles Handtuch... Harzer Straße war es schon anders. Das waren ja zum Teil Altneubauten aus den dreißiger Jahren, die waren nicht so schlecht. Und ich weiß, daß man sich kräftig gegrämt hat, daß man in die Harzer Straße 118 bei der Sanierung soviel Geld reingesteckt hat, sonst würde das letzte Stück auch nicht mehr stehen. Vom Vorderhaus und von den Seitenflügeln sind nur die Kelleranlagen geblieben, in einem für die damaligen Verhältnisse saumäßigen Zustand. Wie haben immer gesagt, von der Sicherheit her überhaupt nicht vertretbar. Was oben gesprengt worden war, wurde in die alten Keller des Vorderhauses reingeschmissen. Da war auch Holz dabei, und das ist im Laufe der Zeit dann verrottet und eingesunken. Das bildete für die Grenztruppen eine ganz schöne Gefahrenquelle, die haben ständig im Keller unten drin gehangen. Jedenfalls Anfang der achtziger Jahre begann man hinter dem Werk für Signal- und Sicherungsbau wieder mit Sprengungen. Alles andere war im Prinzip schon weg. Auch Onckenstraße, Mengerzeile, die restlichen Häuser, die bis vor zur Harzer Straße gingen. Es blieben nur noch stehen 14 und 12, alles andere war weg.

■ „Und wenn Sie einer in Unterhosen im Grenzgebiet kontrolliert, Sie haben den Ausweis zu zeigen!"

Frau K. 1990

Th. Scholze: Wie ging 1969 Ihr Umzug ins Berliner Grenzgebiet vor sich, und was war das für ein Haus?
Frau K.: Ich hatte den Zuzug sofort, aber ich mußte auf die fertige Wohnung über ein Vierteljahr warten, bis die Genehmigung vom Ministerium des Innern kam, bis meine Akten durchleuchtet waren. Sonst, hier wohnten damals die Hälfte Rentner, und die andere Hälfte waren unterschiedliche Leute. So ganz junge, wie wir sie jetzt haben, hatten wir damals selten. 1970 bin ich mal zur KWV gegangen und habe gesagt, das Haus ist eigentlich ideal für ein Rentnerheim. Da sagten die, unmöglich, das geht nicht. Wir sehen im Gegenteil zu, daß wir das Haus langsam von Rentnern freikriegen, das Haus wird umstrukturiert. Nun kriegten wir Offiziere aller Art hier rein.
Th. Scholze: Wie ging eine Wohnungsvergabe in der Regel vor sich?
Frau K.: Nun, es gab ja vom Ministerium für Staatssicherheit oder vom Ministerium des Innern genug Anwärter. Die Vergabe ging immer über die Wohnraumlenkung beim Rat des Stadtbezirks, man konnte nie selber jemanden bringen, wenn, dauerte es Wochen, bis der durchleuchtet war. MdI und Polizei, MfS auch, die hatten immer Sonderrechte. Die hatten im Haus immer eine bestimmte Anzahl Wohnungen. Ich bin erst später

Abriß am Lohmühlenplatz, März 1966   … ein Vierteljahr später, Juni 1966

dahintergestiegen, nachdem ich die Hausbücher und die Zuweisungen hatte. Wenn eine Wohnung frei wurde und die Schlüssel blieben im Haus, da wußte ich schon. Da brauchte man sich nicht drum zu bewerben, da kamen sowieso Nachzugspartner rein. Manchmal tauschte das MdI eine total abgewohnte Wohnung, die keiner nahm, dann auch mit der KWV, die meinetwegen dafür eine mit einem halben Zimmer mehr bekam. Aber für die Renovierung kam immer die KWV auf.

Th. Scholze: War für „Waffenträger" aller Art und deren Familien vielleicht ein spezielles Wohnungskontingent im Grenzgebiet reserviert?

Offiziere: Nein, es gab generell das Kontingent, aber sonst keine Vergünstigungen. Wir haben vom Stadtbezirk in dem Sinne kein Kontingent bekommen, sondern unser Wohnungskontingent lief ganz normal über die Stadtkommandantur. Dies war für alle bewaffneten Kräfte und über die ganze Stadt verteilt.

Th. Scholze: Aber es muß doch eine gewisse Bevorzugung gerade für das Grenzgebiet gegeben haben, das zeigen die Hausbücher. Zudem wurden viele Offiziere aus der Republik nach Berlin versetzt.

Offiziere: Natürlich, es gab für die bewaffneten Organe ein Kontingent,

170

... und Mai 1977

wie für jeden Betrieb, jede Institution. Aber das war jetzt nicht Grenzgebiet.

Th. Scholze: Sicher aber war es einfacher, so jemanden da einzuweisen, weil ja nach politisch-ideologischen Prinzipien ausgewählt wurde.

Ein Offizier: Auch die bewaffneten Organe haben den gleichen Instanzenweg durchlaufen wie jeder zivile Bürger. Wenn ich als Offizier, der ich am Tage vorn im Abschnitt Dienst getan habe, nach Feierabend einen Kollegen besuchen wollte, der im Grenzgebiet wohnte, dann brauchte ich die gleichen Dokumente dazu wie auch jeder Zivilbürger. Ich durfte dort auch nicht einfach hin.

Th. Scholze: Das heißt, Sie haben sich nicht darum gerissen, im Grenzgebiet zu wohnen?

Ein Offizier: Absolut nicht. Ich als Stabschef dieses Regiments wohne in Hellersdorf. Als ich hierher gekommen bin, habe ich mich zwar darum gerissen, eine Wohnung hier in der Nähe, im Grenzgebiet zu erhalten. Gefechtsbereitschaft, da mußte man in einer gewissen Zeit hier sein. Das war nicht möglich. Eine Wohnung in Treptow zu kriegen, war einfach nicht möglich. Wir haben Offiziere, die wohnen in Buch oder Grünau. Unmittelbar im Grenzgebiet, das waren eben alles bewohnte Wohnungen. Es war nicht so, daß wir da nicht eingezogen wären. Aber in der Regel hast du deine Wohnung in den Neubaugebieten gekriegt.

Harzer Straße, September 1967

... zur gleichen Zeit Ecke Onckenstraße

... und Oktober 1968

... an gleicher Stelle, Februar 1990

22. März   62

EINSCHREIBEN!

Frau
W. W

Berlin-Treptow
Lehmühlenstr. 34

Werte Frau W   !

Mein Bemühen um eine persönliche Rücksprache war bisher leider
ohne Erfolg, da ich Sie nicht in Ihrer Wohnung antraf. Deshalb
teile ich Ihnen auf diesem Wege folgendes mit:

Die Sicherung der Staatsgrenze macht es erforderlich, daß die
im Hause befindliche Schmiede keinerlei Arbeiten an Fahrzeugen
unmittelbar an den Grenzsicherungsanlagen durchführen darf.

Durch die Schaffung eines neuen Zuganges von der Hofseite aus,
bei dem die vorhandene Tür benutzt wird, macht sich der Abriß
der dort befindlichen Motorradschuppen und der Schuppen, etwa
bis zur Mitte (Mauer), erforderlich.

Ich fordere Sie deshalb auf, den jetzigen Benutzern dieser
Schuppen davon Mitteilung zu machen und die Zustimmung zum
Abriß, der in kürzester Frist erfolgt, zu geben.

Für eine noch notwendige Rücksprache bin ich jederzeit bereit
und bitte Sie, mir telefonisch unter der

            Rufnummer 27 88 71 / App. 103

einen Termin zu benennen.

                        Hochachtungsvoll!

                Stellv. d. Bezirksbürgermeisters

W. W   Bln.-Treptow, den 27.3.1962
                                        Lohmühlenstr. 34

An den
Rat des Stadtbezirks Treptow
         Bezirksrat
Stellv. des Bezirksbürgermeisters
Herrn H

Berlin - Treptow
Neue Krugallee 4

Betrifft: Abriß der Garagen, Lohmühlenstr. 34.

Werter Herr H   !

Auf Grund Ihres Einschreibens vom 22.3.62 erfolgte meinerseits
eine Aussprache mit dem Schmiedemeister Herrn G.   und den
Mietern der Garagen.

Es wurde der Vorschlag erörtert, den Zugang zur Werkstatt nicht
wie vorgesehen von der Hofseite sondern von der Längstgiebelsei-
te des Gebäudes anzuordnen. Herr G   ist im Prinzip einverstanden. Eine Erweiterung der geplanten Umbaumaßnahmen tritt m. E.
hierdurch nicht ein und die bestehenden Garagengebäude könnten
erhalten bleiben. Die Garagen werden z.Zt. von

        Frau Dr. V , Lohmühlenstr. 47
        Herrn G   , Lehrer, Lohmühlenstr. 47
        Herrn T   , Lehrer, Grätzstr. 1
        Herrn S   , Bau-Ingenieur, Lohmühlenstr. 58-59
genutzt.
Ich bitte Sie diesen Vorschlag zu überprüfen und mir im Falle
einer Ortsbesichtigung rechtzeitig den Termin mitzuteilen.

                        Hochachtungsvoll !

                        Gerhard H

Herrn Stadtbezirksbaudirektor
N zur Kenntnisnahme !

(E)
Stellv.des Bezirksbürgermeisters
17.7. 62

Per Einschreiben

Frau
Gertrud W.

Berlin - Treptow
Lohmühlenstr. 34

Werte Frau W ,

mit Einschreibbrief vom 23.3.1962 wies ich Sie
bereits auf die Notwendigkeit der Beseitigung
der bestehenden Garagen auf Ihrem Gelände hin.

Ihr Antwortschreiben vom 27.3.d.J. hatte zum
Inhalt, daß eine Anfahrt für die Schmiede des
Herrn G von der Längsgiebelseite des Ge=
bäudes möglich wäre.
Eine genaue Überprüfung ergab, daß diese Maß=
nahme nur mit einer Reihe baulicher Veränd =
rungen innerhalb der Schmiede verbunden und
deshalb nicht durchführbar ist.
Es bleibt somit bei der ersten Variante (Auf=
fahrt in die Schmiede vom Hof).

Ich fordere Sie deshalb auf, sofort die Gara=
gen von

Frau V ,
Herrn G ,
Herrn T

zu kündigen, damit den Abrißmaßnahmen zum Mon=
tag, dem 23.7.1962 nichts im Wege steht.

(H)
Stellv.des Bezirksbürgermeisters

Entwurf.

N u t z u n g s - V e r t r a g

zwischen dem Rat des Stadtbezirks Treptow - Gartenamt -
Puschkinallee 52
und

dem Ministerium des Innern, Bereitschaftspolizei
Berlin - Köpenick, I
Abteilung Versorgung
wird folgender Nutzungsvertrag abgeschlossen :

1.) Das Ministerium des Innern übernimmt ab 1.2.1962 das
Sportheim Lohmühlenstr. 67 zur kostenlosen Nutzung.

bestehend aus
a.) 1 Baracke mit 3 Räumen und insgesamt 280 qm
b.) 1 Massiv - Gebäude mit : 2 Garderobenräumen
                              1 Wasch.- und Duschraum
                              2 Toiletten
                              1 Heizraum
                              1 Abstellraum
                              1 Warmwasseranlage

2.) Die Bezahlung der Kosten für Licht und Wasser geht ab 1.2.1962
zu Lasten des Nutzers.

3.) Dem Nutzer wird es nicht gestattet, zu anderen Zwecken als zu
Maßnahmen der unmittelbaren Grenzsicherung, ohne Genehmigung
des Gartenamtes das übrige Sportplatzgelände zu betreten.

4.) Aus Gründen der Objekt- und Grenzsicherung wird dem Nutzer ge -
stattet, an der Mauer und dem Eingangstor zum Grundstück Abriß -
und Bereinigungsarbeiten durchzuführen.
Dem Nutzer wird auch gestattet, ein Schleppdach für Kohlen zu
bauen und für diese Arbeiten das vorhandene Material zu verwen-
den (Steine, alte Schuppen u.a.) unter Beachtung der D B O .

5.) Für die Bereitstellung von Heiz - und Brennmaterial ist der
Nutzer verantwortlich.

6.) Sämtliche baulichen Veränderungen dürfen vom Nutzer nur mit
schriftlicher Genehmigung des Übergebenden vorgenommen werden.

7.) Alle Aufwendungen, die zur Erhaltung der Gebäude und seiner
Anlagen notwendig werden, gehen zu Kosten des Nutzers.

8.) Für eine ordentliche Nutzung macht sich das Aufstellen von
zwei transportablen Kachelöfen und einem elektrischen Hocker -
kocher notwendig. Diese werden durch den Nutzer gestellt und
bleiben Eigentum des Nutzers. Dieses trifft gleichfalls zu für
ein Abwaschbecken.

9.)

- 2 -

9.)   Vom Nutzer werden folgende Gegenstände übernommen :

12 Deckenleuchten	6 Fenster - Übergardinen
1 Pendelleuchte	7 mass. stationäre Öfen
3 Kronen, 6-fl.(1 Schale fehlt)	1 eisener Ofen, transp.
1 Leuchte, 2 fl.	4 qm Fahnenstoff, rot
10 Wandleuchten, 2 fl.	4 Sitzbänke
1 Bild (W. Pieck)	1 Schubkarre, eisen

Diese o. a. Gegenstände unterliegen der normalen Abschreibungs - quote bzw. Abnutzung.

10.)   Änderungen zu diesem Protokoll bedürfen der Schriftform und können nur mit Einverständnis der beiden Vertragspartner vor - genommen werden.

11.)   Dieser Vertrag unterliegt keiner Kündigungsfrist. Er kann nur vom Nutzer gekündigt werden.

Für den Nutzer :   Für den Übergebenden :

Der Sportplatz Lohmühlenstraße etwa 1963. Eines der seltenen von der Ostseite aufgenommenen Fotos

Man muß im Grenzgebiet auch beachten, daß die Wohnungen vom Komfort her absolut nicht die besten sind. Das ist Altbausubstanz. Wenn man hier mal eine Wohnung gekriegt hat, eventuell mal außer der Reihe, dann war das eine, wo man persönlich viel Initiative zeigen mußte, um überhaupt einziehen zu können. Der Stadtbezirksbürgermeister hat in dem einen Fall im letzten Jahr gesagt: „Na gut, ein paar Wohnungen können wir Euch noch geben." Das waren vier oder so, aber es waren Ausbauwohnungen, Wohnungen, wo keiner einziehen wollte...

Th. Scholze: Man hat den Eindruck, daß kaum einer noch im Grenzgebiet wohnt, der den August 1961 dort miterlebt hat.

ABV: Es gibt noch einige, die in der näheren Umgebung wohnen, die erzählen, daß unmittelbar nach ’61 viele den „Mauerkoller" gekriegt haben, sich vom Balkon stürzten und was weiß ich alles. Ausgetauscht wurde vielfach in der Lohmühlenstraße auf Grund dessen, daß die Wohnungen auch recht klein sind. Da ist die Fluktuation recht groß gewesen, sehr zu unserem Leidwesen auch. Denn wir hatten wenig Einfluß auf die Wohnungsvergabe, obwohl wir es versucht haben. Es zogen dann Personen ein, von denen wir nicht wußten, wer sie sind. Da hat meinetwegen der Stadtbezirk Pankow entschieden, du kriegst eine Wohnung in der Lohmühlenstraße, in dem Block der AWG, von der Post. Und da entschied eben Pankow, wer da einzog.

Th. Scholze: Nehmen wir z. B. die Harzer Straße 118. Kann man sagen, daß die Leute förmlich „raussaniert" wurden?

ABV: In der 118 haben viele alleinstehende Personen gewohnt, eine ganze Menge Polizisten, Angehörige der Grenztruppen. Dort hat man wegen der Sicht eigentlich wenig andere Leute einziehen lassen. Bewußt „raussaniert" würde ich eigentlich nicht sagen, aber die Gunst der Stunde war schon da. Viele Häuser mußten halt saniert werden. Und bei der Zwischenversorgung mit anderem Wohnraum sind einige Leute gar nicht erst gefragt worden, ob sie wieder zurück möchten. Unliebsame Personen, die haben sie dann endversorgt.

Th. Scholze: Wer bekam in der Praxis nun einen Passierschein, wer nicht, und wo mußte man den Antrag einreichen?

Frau K.: Also Kinder unter vierzehn durften so rein, die sammelten auch immer Altstoffe, die hatten sowieso keinen eigenen Ausweis. Sonst nur ersten Grades, Geschwister, Eltern und Kinder, Enkelkinder nicht mehr. Jeder, der hier wohnte, mußte seinen Bekannten- und Freundeskreis, auch seinen ferneren Verwandtenkreis aufgeben. Man kannte doch hier viele, die ein paar Straßen weiter und nicht im Grenzgebiet wohnten. Die haben dann gedacht, man will sie nicht einladen. Die haben das nicht geglaubt mit den Passierscheinen. Wir mußten selbst die Passierscheine für sie einreichen, die durften das ja nicht. Und wenn man dann etwa mal für einen runden Geburtstag einreichte und kriegte keinen, dachten die doch, man will nicht.

Es war durchaus auch so, daß manche für ihre Verwandten auch weitläufigerer Art einen Passierschein bekamen. Doch als meine Enkeltochter vierzehn wurde und einen Ausweis kriegte, durfte sie mich nicht mehr besuchen. Passierschein abgelehnt, weil sie die Enkeltochter war, nicht ersten Grades. Bei einem anderen aus dem Haus kam die Enkeltochter immer. Da bin ich in die Luft gegangen. Ich habe geschrieben, die kriegen und ich kriege nicht! Dann dachte ich, jetzt läufst du auf Parteimasche. Ich habe dann auch die Bezirkssekretärin im Haus gebeten, einen Bericht zu geben, wie stark ich in der Volkssolidarität engagiert war usw. Das habe ich dann gebündelt eingereicht. Und als ich das nächste Mal kam, sagten sie, „ach, Sie sind Frau K.". Hier gäbe es ja so viele K. Ich kriegte daraufhin laufend einen Passierschein für meine Enkeltochter. Aber wenn man mal vergessen hatte, die halbjährliche Gültigkeit rechtzeitig verlängern zu lassen – es gab immer so zwei, drei Stempel drauf, daß man eineinhalb Jahre Gültigkeit hatte –, die Kinder im Streß, im Beruf, im Studium, dann mußte man frisch einreichen. Dann mußte man vier Wochen warten. Etwas lockerer war es

Rat des Stadtbezirk Treptow

Abt. Innere Angelegenheiten

Berlin, den

Antrag auf Zuzug in das Grenzgebiet

Name Vorname geb.	Fam.-Stand	Tätigkeit	Betrieb und Anschrift	Partei- und Massenorg.	Verwandschaftsgrad zum Antragsteller

Jetzige Wohnanschrift:

Anschrift für Zuzug:

Rat des Stadtbezirk Treptow

Abt. Innere Angelegenheiten

Berlin, den

Zuzugsgenehmigung für das Grenzgebiet

Name: Vorname: geb.:

Zuzugsadresse:

wird der Zuzug in das Grenzgebiet erteilt.

Angehörige siehe umseitig:

Lfd. Nr.	Name	Vorname	Geburts- datum	Geburtsort	Zur Zeit ausgeübte Tätigkeit	Serienzeichen und Nummer des DPA (gedruckte Nr.)	Ausweis- veränderungen	Staats- angehörigkeit	Angemeldet am
94			51	Dresden			15	DDR	21.7
95			48	Berlin				DDR	25.2
96			73	Berlin			5	DDR	14.5
97			58				936	DDR	6.7
98			51				847	DDR	6.7
99		Thomas	73	Berlin				DDR	10.7
100			44	Berlin			73	DDR	28.3
101		Mathias	53	Dresden			123	DDR	28.5
102			52				157	DDR	30.9.74
103		Regina	51	Linz				DDR	4.2.7
104			51				7	DDR	25.2.7
105			31	Berlin			24	DDR	21.7
106		Marion	55				35	DDR	26.3.7
107		Andreas	74					DDR	
108			18				8	DDR	27.3
109		Michael	55					DDR	20.8
110			56				28	DDR	20.8
111				Berlin			5	DDR	6.9.7
112				Braunso.			0	DDR	3.2.7

Auszug aus einem Hausbuch

erst in den letzten zwei, drei Jahren. Im vorigen Jahr, im Juli, da hatte unten eine Geburtstag gehabt. Sie wurde 20. Da durfte sie sich zehn Freunde einladen. Da war das ganze Haus natürlich aufgeregt. „Die haben gefeiert! Und die haben den Grenzern ganze Arme voll Blumen zugeworfen, als sie abends Kontrolle machten!" Schwierig war es vor allem bei Verwandten aus Westberlin oder Westdeutschland. Da ging gar nichts. Aber in den letzten Jahren konnte das nicht mehr durchgehalten werden. Dann ging das schon mal, aber nur bei runden Geburtstagen und nur bei Rentnern. Da durften sie dann einen Passierschein für die Westdeutschen haben.

ABV: Geschwister, die einen eigenen Haushalt hatten, bekamen die Genehmigung tatsächlich nur für den Zeitraum, wo sie einreisen wollten. Bei anderen Bekannten bedurfte es immer einer Sondergenehmigung. Der Bearbeitungsweg eines neu gestellten Antrags war recht kompliziert, ehe er wieder bei der Polizei angelangt war. Ausnahmen gab es, wenn irgendeine der Personen, die rein wollten, irgendwo einen K-Vermerk hatte. Das hieß also, schon mal kriminalpolizeilich oder anderweitig registriert, ist dann abgelehnt worden, ohne Begründung. Dann kam dieser ganze Vorgang zur Meldestelle zurück mit dem Vermerk obendrauf: nicht befürwortet oder abgelehnt. Und dann hatten die zuständigen Sachbearbeiter der Meldestelle zu sagen: „Abgelehnt!" Ohne Begründung.

Th. Scholze: Wo gingen die Anträge hin?

ABV: Die Grenzpassierscheinanträge sind über die Abteilung Inneres gegangen, sind von dort aus weitergegangen – aus meiner heutigen Kenntnis – zur Kreisdienststelle der Staatssicherheit, Grünauer Straße, sind dort geprüft worden, dort wurden Akten gezogen, computermäßig, dann gab es die Vermerke da drauf: keine Bedenken oder abgelehnt ohne Begründung. Dann sind die Anträge wieder an Inneres zurück und von dort aus wieder zu Paß- und Meldewesen der Polizei. Dann haben die Leute den Bescheid gekriegt.

Th. Scholze: Was geschah, wenn man einen Notarzt brauchte oder der Wasserhahn tropfte plötzlich?

Frau K.: Der Notarzt durfte sofort kommen, nur war es jedes Mal ein anderer. Und wenn der dann keine Ahnung hatte, meine Dauerkrankheit nicht kannte, hatte es eigentlich keinen Sinn. Mit den Handwerkern aber, das war hier die größte Pleite. Wenn unten die Haustür eingetreten war – passierte auch schon mal – dann mußten wir das kaputte Schloß ja gleich der Polizei melden, und die schickten einen Tischler. Bei einer kaputten Scheibe beispielsweise konnte ich für die KWV einen Auftragsschein ausfüllen, das mache ich bis heute. Aber die Handwerker kriegen! Die KWV hatte nur Maurer, Maler nicht. Seit sechs Jahren warten wir darauf, daß unsere Außenfenster gestrichen werden. Ja, sie mußten erst einmal einen Handwerker finden, der einen Passierschein für das Grenzgebiet beantragen durfte und den auch bekam. Das dauerte Wochen, und andere Arbeit war ja genug da für die Handwerker.

Th. Scholze: Sie als ABV haben auch einige Zeit im Grenzgebiet gewohnt. Wie empfanden Sie Ihre Situation?

ABV: Ich habe 10 Jahre hinten in den Kiefholzstraße gewohnt und selbst hier, wo ich heute wohne, galt noch eine Zuzugsbeschränkung. Auf der einen Seite war das Wohnen dort sehr gut. Es war ruhig, trotz aller Probleme, es konnte also keiner unangemeldet kommen...

Insgesamt betrachtet aber war es doch sehr mies. Ja, Telefon kriegte man vielleicht schneller. Aber es war im Grenzgebiet genauso wie überall. Beziehungen schaden nur dem, der keine hat. Wenn immer gesagt wurde, die Menschen im Grenzgebiet müssen bevorzugt versorgt werden, weil sie große Entbehrungen haben, dann war das nur relativ. Es wurden von den Abgeordneten und Politikern immer große Reden über die Versorgung im Grenzgebiet geschwungen, und der krasse Gegensatz war unsere Kaufhalle. Wenn ich weiter daran denke, wie die Leute gekämpft haben, um endlich ihren Balkon saniert zu bekommen, das ganze Überprüfungssystem, die Genehmigungen und Auflagen, das ging teilweise bis zu den Ministerien. Es

Grenztruppenoffizier im Dienstzimmer seiner Kaserne, März 1990

gab Oberste, die sind regelmäßig durch die Gegend gezogen und haben Gott und die Welt verrückt gemacht mit solchen Sachen, und wenn sie bloß einen Lagerplatz fanden, den irgendwer einsehen konnte. Bin ich zum Alex gefahren, habe mir einen Kühlschrank gekauft oder neue Möbel, mußte ich immer darauf verweisen: Grenzgebiet. Und dann durfte ich warten, bis wieder eine Tour in diesen Bereich ging, daß welche die Grenzgenehmigung hatten. Lief das falsch, ist mir in der Kiefholzstraße so gegangen, haben sie mir den Kühlschrank vor dem Grenzschild auf die Straße gestellt, und ich durfte ihn dann alleine reinbuckeln. Wir hier im Wohngebiet haben besonders die Widersprüche gemerkt. Ständig wurden großartige Erfolgsbilanzen veröffentlicht, um wieviel Prozent der Plan wieder übererfüllt wurde, und es gab immer weniger. Da soll ich mich dann hinstellen und mich mit den Leuten auseinandersetzen, wenn ich selber einsehen muß, die haben ja recht?

Th. Scholze: Was war, wenn im Grenzgebiet ein Pflegefall auftrat?

ABV: Problematisch war das eigentlich nicht. Die Volkssolidarität hat in diesem Bereich sehr gut gearbeitet. Es gab in jedem Wohngebiet mehrere

Wohngebietsausschüsse. Die alten Leute bekamen einen Betreuer, und der erhielt eigentlich recht unkompliziert einen Passierschein für seine Tätigkeit.

Th. Scholze: War der bei der Staatssicherheit?

ABV: Kann ich nicht einschätzen. Jedenfalls haben wir uns als ABVs auch immer ein bißchen mit reingehangen, uns um sogenannte kältegefährdete Personen gekümmert. Das waren Leute, die aus Alters- oder Krankheitsgründen nicht in der Lage waren, sich im Winter zu versorgen. Es gab dann Fälle, die wir ins Pflegeheim gebracht haben. Wenn es wärmer wurde, kamen sie wieder raus. Die Einweisung hat der entsprechende Amtsarzt gemacht. Recht positiv war immer auch der Pflegedienst der Bekenntniskirche in der Plesser Straße. Man hat bis 1989 schiefen Auges auf die Kirche geguckt, man kannte das auch nicht anders, doch der Pfarrer hat sich trotzdem sehr kooperativ gezeigt in der Folge. Unsere Dienststelle hat zusammen mit dem Kirchenstab gemeinsam bestimmte Probleme klären können.

Th. Scholze: Und wenn man aus dem Grenzgebiet wegziehen wollte?

Frau K.: An sich konnte man nicht raus aus dem Grenzgebiet. Ich weiß noch, wir hatten hier eine Tochter von dem Kunstpreisträger Sch. Zweimal hatte sie ihren Freund drin. Einmal mußte der Freund weiß ich wieviel hundert Mark Strafe zahlen, den hatte jemand gemeldet. Die hatte beantragt, raus aus dem Grenzgebiet. Wissen Sie, was man ihr schwarz auf weiß gegeben hat? Wem sie zumuten will, freiwillig ins Grenzgebiet zu ziehen, wenn er nicht von außerhalb kommt, vom Militär oder so. Später durfte sie dann irgendwann nach Buch ziehen. Sie ist mir um den Hals gefallen vor Freude.

Th. Scholze: Haben Sie als Hausbuchführerin hin und wieder jemanden gemeldet, der sich unberechtigt im Haus aufhielt?

Frau K.: Im Gegenteil. Ich habe gewußt, wer reinkam oder wer Besuch kriegte. Das geschah auch mal ohne Passierschein. Ich habe mir dann gesagt, hier wohnen so viele Polizisten drin. Was soll ich mich darum kümmern? Nur wenn ich unten im Haus einen antraf, habe ich mal gesagt: „Haben Sie einen Passierschein? Nein! Dann seien Sie vorsichtig beim Rausgehen. Gucken Sie erst rechts und links, ob da ein Polizist oder ein Grenzer steht." Aber es gab auch andere. 1969, ich verreiste das erste Mal aus Berlin und kam abends mit dem Koffer aus der Haustür. Da hält mich einer an, Hosenträger, aufgekrempelte Ärmel, Arbeitshose: „Ihren Ausweis!" Ich habe dämlich geguckt, weil ich bisher nur von Polizei oder von den Grenztruppen, aber nie von Zivilisten angehalten worden bin. Ich regte mich in dem Moment sehr auf. „Regen Sie sich nicht so auf, das ist nicht schlimm!" Ich kam auch nicht auf den Gedanken, seinen Ausweis zu verlangen, er verlangte ja meinen. Da habe ich den Ausweis gezeigt, und er wollte weiter wissen, was in dem Koffer war. Ich habe gesagt, Wäsche, ich verreise, hier ist meine Fahrkarte. Er stutzte, bedankte sich, und wir konnten ins Auto steigen. Meine Tochter holte mich ab. Darüber habe ich mich dann beim Grenzkommandeur beschwert, weil ich dachte, der maßt sich was an. Und was kriegte ich zu hören? „Und wenn Sie einer in Unterhosen im Grenzgebiet kontrolliert, Sie haben den Ausweis zu zeigen!"

Th. Scholze: Haben Sie sich von Beginn an in der Hausgemeinschaft engagiert?

Frau K.: Nein. Ich war ja gesundheitlich so mies dran. Die Hausbücher hatte ich erst in den letzten Jahren von einem jungen Mann übernommen. Der hatte geheiratet – es nennt sich ja hier „Junggesellenbau" – und war weggezogen. Er hat die Hausbücher abgegeben. Davor hatte eine die Bücher gehabt, die, glaube ich, auch bei der Staatssicherheit war. Noch davor war eine, die war Parteisekretärin vom Bezirk. Es waren meistens solche.

Th. Scholze: Sie waren ja zwar Rentnerin, aber eben noch gesellschaftlich aktiv, wie man das nannte: in der HGL, Verbindungsfrau zur KWV für die Reparaturen im Haus und lange Zeit Hauptkassiererin bei der Volkssolidarität. Gab es auf dieser Basis eine Zusammenarbeit mit dem Grenzregiment?

Frau K.: Ich hatte mit dem Grenzregiment überhaupt keine Verbindung. Mal haben sie irgendwo in einem Klub einen bunten Abend gemacht, nicht nur für die Hausgemeinschaft, für alle. Aber ich war nicht da.

Th. Scholze: Das Haus macht einen gepflegten und sauberen Eindruck.

Frau K.: Wir haben hier viele Prämien für das Haus gekriegt, für ausgezeichnete Ordnung und Sicherheit, weil wir immer alles sauber hatten. Vor dem Haus hat ein Rentner eine Rosenrabatte angelegt. Wir machten „Mach-mit-Einsätze" und erarbeiteten dabei Geld für die Hauskasse. Für den Vorgarten gab es einen Pflegevertrag.

Th. Scholze: Haben Sie auch um die „Goldene Hausnummer"gekämpft?

Frau K.: Ja, das haben wir. Und als die Rosenrabatte fertig war, Kellertür und -geländer waren gestrichen, der Wäschetrockenplatz angelegt und Pfähle gestrichen, da kamen sie und sagten: „Nein, die Goldene Hausnummer können Sie nicht kriegen, die Fenster sind ja nicht gestrichen." Das hat uns ganz schön geärgert, da hing ja auch Geld dran. Drüben, der Block der AWG, die haben einfach ihre Malerkolonne kommen lassen. Aber wir waren eben KWV.

Th. Scholze: Aber sonst war die Verbindung zur KWV nicht schlecht?

Frau K.: Nein, eigentlich hatten wir eine gute Zusammenarbeit. Früher, wenn man auszog, kamen sie sogar die Wohnung abnehmen. Da wurde verlangt, daß der nächste gleich eine einzugsfertige bekommt. Heute sind die Wohnungen total verwohnt, Türen rausgerissen, die KWV kümmert sich nicht mehr drum. Früher war die Grenze ein besonderer Schwerpunkt.

Th. Scholze: Wenn man allein in seiner Wohnung war, unter sich den

Grenztruppenoffizier im Dienstzimmer seiner Kaserne, März 1990

Kontrollstreifen, gegenüber die Liegewiesen am Landwehrkanal, da hatte
man doch ein interessantes Beobachtungsfeld?

Frau K.: Na ja, mit den Grenzern war es eigentlich weniger spektakulär.
Sie hatten vor unserem Haus immer Wachablösung, das war manchmal laut
und lästig. Wenn besondere Feiertage waren, kamen oft fremde Grenzer,
von Thüringen oder sonstwie ausgetauscht. Die saßen dann auf unserer Gar-
tenbank und unterhielten sich. Es soll vorgekommen sein, daß hier eine
Leiche angeschwemmt wurde – jedenfalls das erzählte man sich so –, die
Handtasche angeklemmt. Da sahen sie den Westausweis. „Ach, gib der Leiche einen Stoß, damit sie wieder rüberkommt." (lacht) Wenn wir hier oben
rüberguckten, konnten wir das Kreuzberger Liebesleben der Türken beobachten, drüben auf der Wiese. Das ging bis in die Nacht.

Th. Scholze: Gab es unausgesprochene Gebote oder Regeln, an die man
sich auch unbewußt hielt?

Frau K.: Ja, man hatte so seine Erfahrungen. Damals war zum Beispiel
Westfernsehen verboten. Und dadurch bin ich hier so, wenn ich Schritte
höre, und es klingelt jemand, und ich habe Westprogramm, wird sofort um-

188

oder ausgeschaltet. Ich denke heute, du bist ja irre, das darfst du doch. Man wußte eben nicht, wie, was, wo, wem darfst du trauen. Man hatte dann so seine Automatik. Ich hatte auch immer das Empfinden, daß ich Lauscher an der Tür hatte oder am Telefon, wenn Besuch da war.

Th. Scholze: Gab es im Grenzgebiet in den siebziger, achtziger Jahren Verbote für bestimmte Radio- oder Fernsehsender?

ABV: Das hatte mit dem Grenzgebiet weniger zu tun, das war eine allgemeine Erscheinung bei den bewaffneten Organen, daß man mal schnell umstellte. Dort wurde ja in jedem Quartal unterschrieben, Geheimhaltungsordnung, das Hören und Sehen westlicher Sender ist grundsätzlich verboten. Die Konsequenzen reichten mitunter bis zur Entlassung. Allerdings ist das wahrscheinlich verstärkt in Grenzhäusern aufgetreten, weil man da bevorzugt sogenannte positive Leute reingesetzt hat, also Angehörige der bewaffneten Organe, positive Genossen in leitenden Funktionen in den Betrieben, und was weiß ich alles. Dort in erster Linie konnte es natürlich passieren, daß der Fernseher blitzartig umgeschaltet wurde.

Th. Scholze: Haben Sie darauf geachtet?

ABV: Ich wäre mir albern vorgekommen, hätte ich jemanden darauf hinweisen müssen, nun schalten Sie mal die Tagesschau um, weil ich sie selbst sehe. Da wäre ich mir wirklich wie ein Schwein vorgekommen. Das gab es nicht.

Th. Scholze: War es gestattet, vom Balkon mit dem Fernrohr zu gucken?

ABV: Das war schon ein Risiko. Wer mit dem Fotoapparat oder einem Fernrohr dastand, das war immer bereits ein Problem. Dann klingelten die Telefone: Da oben sitzen welche und klären den Handlungsstreifen auf oder illegale Verbindungsaufnahme oder so was. Aber ansonsten war es eigentlich gestattet, jederzeit auf dem Balkon zu sitzen, dort seinen Kaffee zu trinken. Sonntags haben das viele gemacht.

Th. Scholze: Fühlten Sie sich privilegiert, daß Sie hier wohnen durften? Die Öffentlichkeit, der man wenig Einblick gestattete, hatte ja oft den Eindruck.

Frau K.: Ich habe immer gesagt, wir sind Menschen zweiter Klasse, zu jeder Behörde. Für meinen Schwager drüben, früher aktiver Offizier,war ich die Erzkommunistin.

URKUNDE

Für hervorragende Leistungen
in der Bürgerinitiative
„Schöner unsere Städte und Gemeinden –
Mach mit!"
wird

der Hausgemeinschaft
Lohmühlenstrasse 27/31

Dank und Anerkennung
ausgesprochen

Nationalrat der Nationalen Front
der Deutschen Demokratischen Republik

Prof. Dr. Kolditz

Präsident

Berlin, den 11.5.1986

Bewohnerin des Grenzgebietes, 1991

■ Freiwillig oder gezwungen? Stasi und Bevölkerung

Th. Scholze: Immer wieder hört man von Erfahrungen, die gerade die Bewohner des Grenzgebiets mit der Staatssicherheit machten. Können Sie das bestätigen? Sie zogen 1969 ja von einer Tabuzone in die andere.

Frau K.: 1969 waren unsere Kinder schon nach Berlin gegangen, ich hatte mich scheiden lassen, und das Haus an der Havel war bereits verkauft. Wir zahlten Miete an den Staat. Aber mit dem Verkauf des Hauses war es folgendermaßen: Wir wollten eine Annonce aufgeben, die ist nicht angenommen worden. Grenzgebiet durfte man nicht einsetzen. Keine Annonce wurde angenommen vom Grenzgebiet. Da bin ich praktisch zur Staatssicherheit gegangen. Auf die Idee kam ich, als ich einen ehemaligen Schüler fragte, wo er gelandet sei. Er war bei der Staatssicherheit. Ich ging einfach in die Normannenstraße und ließ mich melden. Die stutzten erst, denn ich nannte den Namen von dem Schüler, und die sind ja alle namenlos. Dann kam ich zu einem höheren Offizier. Ich sagte dem, daß ich annehme, daß dieser Schüler hier in der Normannenstraße arbeitet, wo die Staatssicherheit ist – ich wußte ja nicht, daß es die überall gab –, und ich will unser Grundstück verkaufen, weil ich die Faxen dicke habe da unten mit der Grenze. Da hat er gesagt, ist gut, wir schicken einen Schätzer. Der kam, hat sogar höher geschätzt als der Privatschätzer, den wir vorher hatten, und wir verkauften.

Th. Scholze: Wie bekamen Sie die Wohnung in der Lohmühlenstraße? Hat die Stasi sie besorgt?

Frau K.: Nein, das ging anders. Ich hatte 1969 eine Zuweisung für eine Wohnung in Hennigsdorf, war aber noch nicht eingezogen. In dieser Zeit war auch der Direktor vom Stahl- und Walzwerk „Wilhelm Florin" bei der Leiterin der Wohnraumlenkung vorstellig geworden und sagte: „Ich brauche sofort eine Einraumwohnung für meinen Schwiegersohn, die Ehe steht auf Hauen und Stechen." Da haben die gesagt, wir hätten was für sie, aber da müßten sie der Frau, einer Rentnerin, eine Wohnung in Berlin besorgen. Rentner kommen doch von außerhalb nicht rein. Und da ist der über das Staatssekretariat gegangen. Als ich dann mit meiner Tochter zur Besichtigung kam, habe ich gesagt: „Grenzgebiet? Da will ich nicht wieder rein!" Darauf hat der, der den Schlüssel hatte, gesagt, hier sei es nicht so schlimm. Und der Direktor hat gesagt, wir renovieren Ihre Wohnung. Und die renovierten die Wohnung und haben munter nach draußen telefoniert dabei. Ich denke, na, die Rechnung wird hoch sein. Als ich eingezogen war, kriegte ich dann die Telefonrechnung, da war ein Guthaben drauf. Da wurde ich stutzig und dachte, aha, war doch jemand von dieser Behörde hier Vormieter. Ich habe die nächste Rechnung abgewartet, und als das Guthaben sich noch erhöhte, bin ich hin und habe gesagt: „Hören Sie mal, da stimmt was nicht, das Telefon möchte ich aber behalten." Ich mußte dann vom Arzt ein Attest vorlegen, daß ein Telefon für mich lebensnotwendig ist, dann durfte ich es behalten. Wenn ich die Wohnung nicht genommen hätte – meine Tochter riet mir auch zu –, wer weiß, was ich dann hätte nehmen müssen: Toilette eine halbe Treppe tiefer, im Winter kalt…

Th. Scholze: Hat die Staatssicherheit später versucht, Sie anzuwerben? Waren Sie auch mal dabei?

Frau K.: Ich war hier im Haus durch meine Krankheit gehandikapt. Sie wollten mal einen „toten Briefkasten" bei mir anlegen, das habe ich abgelehnt. Dann haben sie gesagt, ob ich ihnen nicht was einkaufen könnte, weil ich seit meinem sechzigsten Lebensjahr Invalide war und ja nach drüben fahren durfte. Ich habe dann kurze Zeit Einkäufe gemacht, mir eingeredet, du machst das für die Partei...

Th. Scholze: Wie lief ein solcher Einkauf ab, und was sollten Sie kaufen?

Frau K.: Warten Sie, einen Zettel habe ich noch aufbewahrt. Den dürfen Sie sich durchlesen.

Th. Scholze: Tintenkiller, Feuerzeuggas und -steine, Pritt-Klebstoff,

Tipp-Ex flüssig mit Verdünner, Buchstabenblock, Buchstaben. Das wurde Ihnen diktiert?

Frau K.: Ja. Mal wollten sie eine Autouhr mit Batterie, mal habe ich bei Quelle eine Goldkette kaufen müssen. Und da habe ich gedacht, die kauft ihr doch für euch. Dann mußte ich mal eine lederne Kellnertasche kaufen, da habe ich gedacht, aha, eine Kellnerin, die sie anwerben wollen. Und dann wurde mir die Sache doch zu bunt...

Th. Scholze: Wie lief solch ein Einkauf ab?

Frau K.: Sie haben mich mit dem Auto abgeholt, zur Friedrichstraße gefahren und dann wieder hergebracht. Das ging alles nur einige Zeit, dann kriegte ich den üblichen Präsentkorb, Dankeschön und Schluß, weil ich sagte, ich kann nicht mehr. Da war nämlich auch was passiert: Ich habe mal lange nach einer Zahnpastatube für sie gesucht, die sollte eine bestimmte Grammzahl haben. Ich fand sie dann zufällig bei Bilka, kaufte sie und in meiner Aufregung, weil ich dann und dann zurück sein sollte, habe ich sie liegenlassen. Ich war schon am Zoo, da merkte ich es. Zum Glück lag die Tube noch da, denn ich hatte gar kein Geld mehr, um noch eine zu kaufen. Ich kam dann mit Verspätung an, das Auto stand immer in einer Querstraße, mit dem Fahrer und einem, den ich nur mit dem Vornamen kannte. Und der sagte: „Sie sollten aber früher zurück sein mit den Sachen. Jetzt kriege ich noch eins auf den Hut, weil ich so spät komme." Der hat mich dann nach Hause gebracht und abgerechnet. Ich habe nie Geld oder etwas dafür bekommen. Ich glaube, mal ein Pfund Kaffee durfte ich mir kaufen.

Th. Scholze: Wie war das Verhältnis zwischen dem ABV und den Stasi-Mitarbeitern?

ABV: Wenn die Stasi ins Wohngebiet kam, das waren – sage ich mal so – recht feige Hunde. Die haben uns nämlich vorgeschickt. Wenn sie was wissen wollten in den Häusern oder Angaben zur Person brauchten, haben sie die Hausbücher einsammeln lassen. Manchmal haben sie sich selbst ausgewiesen als Angehörige der Polizei bzw. gesagt, sie kämen im Auftrag des ABV. Auch uns gegenüber, Klappkarte auf, Klappkarte zu. Da mußtest du dreimal fragen... Zum Schluß haben wir uns schon stur gestellt: „Also paßt auf, wenn ihr uns nicht sagt, worum es geht, tut uns leid, wissen wir auch nichts." Merkwürdigerweise waren sie immer recht schnell da, wenn irgendwo was Negatives war bei uns auf der Dienststelle, also wenn irgendwie der Verdacht bestand, daß mal irgendeiner negativen Umgang hatte oder im Suff irgendwelchen Käse gemacht hatte – alles bloß Menschen.

Th. Scholze: Gab es häufig eine offizielle Zusammenarbeit?

ABV: Wir hatten manchmal Schulungen und Unterweisungen mit ihnen, das bezog sich meist auf unsere Ermittlungsberichte. Sie würden im Prinzip nichts aussagen, da könnten sie den Mist alleine machen. Und den einen oder anderen, den sie auf der Pike hatten, haben sie dann in aller Öffentlichkeit im Kollektiv der ABVs angezählt. Das war so im wesentlichen die Zusammenarbeit mit den Leuten. In den letzten drei Jahren hat sie sich allerdings ganz schön gesteigert, als sich nämlich die Kirche Plesser Straße entwickelte, die Bekenntniskirche. Das war nun ein Zentrum, wir sagten der oppositionellen Gruppen, die sich hier trafen: vom Schwulenverein bis zu Arche Noah, weiß ich, wer hier alles drin war. Und wenn Lothar de Maizière seine Rechtsauffassungen zu Übersiedlungsgesuchen darlegte, was da alles zu beobachten war, wollten die von uns wissen. Wir haben dann auch Dienst in Zivil im Umfeld versehen müssen. Die verlangten beispielsweise, guckt euch mal den an, notiert euch mal die Personalien von dem. Selber sind sie nie eingeschritten. Das haben wir damals alles gar nicht so verbissen gesehen, das ist erst im nachhinein, in der letzten Zeit gewachsen. Das habe ich auch persönlich damals nicht so gesehen. Aber langsam ist mir doch die Erkenntnis gekommen, wie sie uns ausgenutzt haben.

In der Elsenstraße gab es einen sogenannten Führungspunkt fürs MfS und für Verbindungsoffiziere der Polizei. Die Verbindungsoffiziere der Polizei hatten nur die einzige Aufgabe, das umzusetzen, was sie als Befehl vom MfS gekriegt haben. Da kamen dann Informationen durch, und du hattest über Funk deinem Wachtmeister, der draußen stand, mitzuteilen: Überprüfe das mal und die Personalien bitte zurück zu uns. Ich sage „zu uns", weil ich auch ein paar Mal da drin sitzen durfte als einzelne Person.

Th. Scholze: Was befand sich normalerweise in dem „Führungspunkt"?

ABV: Früher war dort ein Klub der Nationalen Front drin und das Sportbüro des Werkes für Signal- und Sicherungsbau. Das ist die Elsenstraße 97/98. Dieses Sportbüro hatte meines Erachtens tatsächlich nur eine Aufgabe, Zentrale von der Stasi zu sein. Nicht umsonst sind von dort sämtliche Einsätze geführt worden. Mich persönlich hat das immer gestört, wenn ich dorthin mußte, weil ich mir da äußerst diskriminiert vorkam. In diesem Sportbüro saßen die Leute drin, haben gegessen, haben getrunken, weil solche Einsätze manchmal stundenlang gingen, da gab es eben Kaffee und Tee. Manchmal haben sie auch ihr Bierchen dabei getrunken, dort haben sie sich beköstigt. Wir haben im Nachbarraum sitzen dürfen, hatten nichts zu essen und nichts zu trinken, hatten kein Radio und keine Verbindung, bloß einen Tisch und zwei Stühle, kahle Wände. In dem anderen Raum hatten wir nichts zu suchen. Diese Verbindung zwischen den sogenannten Klassenbrüdern hat mich persönlich sehr geärgert.

Th. Scholze: Kennen Sie Wohnungen, in denen Offiziere wohnten mit dem Auftrag, die Grenze zu beobachten?

ABV: Es gab einen Offizier vom Wachregiment „Felix Dzierzynski" in der Bouchéstraße 33. Der blieb da wohnen, selbst als das Haus saniert wurde und alle anderen auszogen. Es blieben zwei drin, der HGL-Vorsitzende und dieser Mensch. Das konnte eigentlich keiner von uns begreifen, aber wir haben nicht weiter nachgeforscht, weil uns das nicht interessiert hat, mich persönlich schon gar nicht.

Sonst kenne ich nur diesen Boden in der Onckenstraße 13. Mieter hatten keinen Zugang, wir durften uns dort auch nicht sehen lassen. Der Boden war ausgebaut und ständig durch die Grenztruppen besetzt. Heute sage ich das mit Anführungsstrichen, weil die mit entsprechender Technik da oben saßen und alle Aktivitäten, die im Streifen oder auf der anderen Seite eben waren, aufgezeichnet haben. Und das wurde bei Gelegenheit auch im Bereich der Harzer Straße 118 gemacht, vom obersten Podest aus. Dort war der Grenzverlauf nicht so wie heute, sondern es gab da ein Stück DDR-Territorium, die gesamte Lohmühlenbrücke war dabei, von dort starteten Ballons oder waren Kundgebungen. Da saßen wohl nicht nur Grenzer im Haus und haben fotografiert und mit Richtmikrofonen aufgenommen, was sich da abspielte.

Th. Scholze: Im August 1989 verfolgten die Grenztruppen eine vermutete „Provokation" auf der Eisenbahnbrücke am Landwehrkanal?

Offiziere: Ja, eine Truppe Engländer, Schrottkünstler, die in der ganzen Welt rumreisten und aus Schrotteilen – vorrangig alte Autos, Motorräder, Fahrräder – irgendwelche Figuren bastelten, hatten sich dort für fast drei Wochen etabliert. Sie schweißten eine „Taube" zusammen, die an einem Galgen hing. Aus Gesprächen bekamen wir mit, daß sie als Friedenssymbol gedacht war. Die andere Figur ist der „Käfermann", sein Hauptteil bestand aus einem VW-Käfer. Dazu gab es einen Antrag an die Regierung der DDR, den Friedensvogel einstweilen zu uns rüberschieben zu dürfen. Im Falle einer Wiedervereinigung der Stadt sollten beide Symbole dann wieder zusammengeschoben werden. Der Antrag wurde abgelehnt, beide Fiuren blieben dadurch drüben, aber wir haben den Vorgang tiefgründig verfolgt.

Frau B.: Meine Schwiegertochter war Österreicherin. Die durfte mich von Westberlin aus immer schon besuchen, während mein Sohn sich nach dem Mauerbau erst im Herbst 1965 wieder getraut hat, einen Passierschein zu beantragen. Da war im Juli gerade meine Enkelin geboren worden. Mein Sohn kam erst, nachdem ich einen Bekannten, der viel Einblick in Dinge hatte, die nicht jeder Sterbliche sehen durfte, gebeten hatte, mal zu erkunden, ob Uwe in der Fahndungsliste stand. Nachdem der dann sagte, daß er nichts gefunden habe, wagten wir es. Sie hätten nur immer die Weichselstraße geradeaus laufen brauchen bis zu mir. Aber sie mußten natürlich über den Grenzübergang Friedrichstraße, S-Bahn Treptow. Sie waren eineinhalb Stunden unterwegs.

Jedenfalls unser Glück währte nicht lange. In der Karl-Kunger-Straße 1 wohnte ein hoher Offizier. Der machte öfters an der Grenze Dienst. Nach meiner Vermutung beobachtete er meine Schwiegertochter schon länger, eine auffallend gutaussehende Frau, die regelmäßig einreiste. Sie war

Ministerium des Innern
Bereitschaftspolizei

1. Grenzbrigade (B)
VI. Grenzabteilung

- Kommandeur -

A b s c h r i f t

An den

Stellvertreter des Bezirksbürgermeisters

des Rates des Stadtbezirkes T r e p t o w

Genossen H

Betr.: Einrichtung einer Beobachtungsstelle, Neubaublock - Sonnen-
       allee

Für das Führen der militärischen Beobachtung an der Staatsgrenze ist
am KPP Sonnenallee eine zweckmäßige Möglichkeit in dem Neubaublock
IX, 2. Aufgang, Wohnung - 4. Treppe, rechts als geeignet aufgeklärt
worden.

Ich beantrage:

1. Diese Wohnung der VI. Grenzabteilung zur Einrichtung einer Beobachtungsstelle zur Verfügung zu stellen.

2. Als Mieter den Angehörigen der VI. Grenzabteilung, Genossen Obltn.
   M   einzuweisen, der den nicht in die Beobachtungsstelle einbezogenen und der Beobachtungsstelle abgekehrten Raum
   bewohnen und die Einrichtung der Beobachtungsstelle verwalten wird.

3. In diese Beobachtungsstelle einen öffentlichen Fernsprechanschluß
   zu legen.

Kommandeur der VI. Grenzabteilung
            - Major -   (R   )

F.d.R.d.A.z.
   - Gefr. -   (G Gefr. G   )

196

Der „Käfermann" auf der Brücke der Görlitzer Eisenbahn über den Landwehrkanal, April 1990

Ausländerin und durfte kommen, die erste Zeit nur über den Checkpoint Charlie. Ich wohnte ja nicht direkt im Grenzgebiet.

Es war eine üble Geschichte. Ich kam eines Abends nach Hause – wir sind relativ gastfreundliche Menschen –, da hatte meine Tochter einen jungen Mann im Wohnzimmer und sagte: „Mutti, es ist Besuch da. Der junge Mann wartet schon eine Weile. Ich habe mal Kaffee gekocht, ist doch richtig?" Na ja, Kaffee war bei uns nicht so knapp, weil man die Kinder drüben hatte, ich brauchte mir nie welchen kaufen. Ich sagte also: „Ich kenne Sie nicht. Guten Tag. Mein Name ist B." Ich weiß leider nicht mehr seinen Namen. Er zeigte mir seinen Ausweis und fing an: „Ja, wissen Sie, Frau B., ich möchte gerne mal mit Ihrer Schwiegertochter zusammentreffen." Ich hatte mir das erst gar nicht so dramatisch vorgestellt: „Ach so, die gefällt Ihnen, das kann ich mir vorstellen, die hat schon manchem gefallen. Da wird wohl nichts draus werden." „Nein, nein, das hat andere Gründe, Frau B. Wir wissen, daß Ihre Schwiegertochter jede Woche einmal einreist, wenigstens. Und deshalb wäre sie für uns wahrscheinlich die Person." Ich sagte: „Gehören Sie dem Ministerium für Staatssicherheit an?" „Ja natürlich, ich habe Ihnen doch meinen Ausweis gezeigt." Aber wer soll das so schnell erfassen, wenn ein Mensch nur so kurz einen Ausweis hinhält? „Also, ich werde es meiner Schwiegertochter ausrichten. Aber ich sage Ihnen gleich, daraus wird nichts. Ich glaube nicht, daß meine Schwiegertochter irgendwie Interesse zeigt, auf gar keinen Fall." Ich habe es ihr nun erzählt, und sie hat gleich gesagt, kommt gar nicht in Frage. Das sind ja familiäre Bindungen, was bilden die sich denn ein, mit was man alles rechnen muß usw. Jedenfalls haben sie mir nun am S-Bahnhof Treptow laufend aufgelauert, mehrere. Ich ging deshalb schon manchmal hinten zum Park raus, habe einen Schlenker gemacht, an der Bahn lang und dann rechts nach Hause. Es hat alles nichts genützt. Die standen da, die standen da. War ich zehn Minuten zu Hause, klingelte es, da waren sie wieder ran. Ich habe immer gesagt, wir lassen nicht mit uns reden. Bis mein Sohn mir dann hat sagen lassen, es hat keinen Sinn. Wenn er das nächste Mal kommt, das war kurz vor meinem Geburtstag im Januar, würde er sich einem Gespräch stellen. Er ist der Meinung, die sind wie Ratten, die wird man nicht los. Man muß sich denen stellen und ihnen die Zähne ziehen. Sich hier verstecken, sich morgens nicht raus und abends nicht rein trauen, das hat keinen Sinn. Ich fühlte mich ja auch schon sehr unwohl. Ich sagte denen dann Bescheid. „Ja, ist in Ordnung." Aber mir war nicht geheuer, und ich dachte, hoffentlich geht das gut aus, hoffentlich zieht das keine Kreise.

Die kamen auch vormittags sehr pünktlich, und ich sagte: „Sie können sich ja hier unterhalten, wir gehen dann in ein anderes Zimmer." Da hat der eine gesagt: „Nein, wir fahren mal mit Ihnen nach Hohenschönhausen, Herr H. Wir haben ja einiges zu besprechen." Mein Sohn sagte: „Ich wüßte eigentlich nicht, warum wir uns so lange unterhalten wollen, aber wenn Sie meinen, können wir machen. Fahren wir nach Hohenschönhausen." Uns beiden war das natürlich gar nicht recht. Wir haben uns sehr geängstigt. Es dauerte einige Stunden, dann kam er wieder. Sie haben ihn sogar zurück nach Hause gefahren: „So, und ich habe ihnen die Zähne gezogen." Sie wollten, daß er Werkspionage machte und über seine Frau, die ja nun problemlos einreiste, hätten sie alles ohne Schriftverkehr erfahren wollen. Es wäre phantastisch gewesen, Ausländer waren ja bißchen geschützter, die hätten einiges hin und her bringen können. Als er nun klipp und klar gesagt hatte, daß so etwas nicht in Frage kommt, hat sich die Sache hingezogen. Sie waren ziemlich penetrant. War der eine fertig, kam der andere wieder und so. Alle möglichen Vorteile haben sie ihm versprochen. Sie kämen ihm entgegen, er könne natürlich jeden Monat zur Mutter kommen. Er bräuchte keinen Eintritt zu zahlen usw. Es war sagenhaft und wäre sehr schön gewesen. Jedenfalls hat er es abgelehnt, auch wenn sie ihm Geld versprechen würden. „Aber", hat er gesagt, „ich bin Ihnen ja nun so phantastisch entgegengekommen, daß ich mich diesem Gespräch überhaupt gestellt habe, und ich erwarte jetzt auch von Ihnen ein Entgegenkommen. Meine Mutter, die ich sehr liebe, hat übermorgen Geburtstag. Ich möchte Sie bitten, meine Papiere so zu verlängern, daß ich mit meiner Familie erst am 20. abends ausreisen brauche." Haben sie gemacht, das haben sie dann gemacht. Denn sonst führte kein Weg rein, daß die Westler mal länger bleiben durften, nicht einmal zur Goldenen Hochzeit seiner Großeltern. Jedenfalls damit waren wir diese Stasi-Genossen los.

■ „Den Menschen im Grenzgebiet muß unsere ganz besondere Fürsorge gehören."
Stellvertreter des Oberbürgermeisters für Inneres 1981

Th. Scholze: Wohnen im Grenzgebiet bedeutete tägliche Überwachung?

Frau K.: Allerdings. Jede Nacht kamen die Soldaten und guckten in den Keller und auf den Boden. Nachts um zwei hielt das Motorrad mit den Grenzern. Die schlossen auf, in den Keller runter. Wir mußten jeder sogar die Decke, die wir innen vor der Kellertür hatten, wegnehmen oder ein Loch reinschneiden, ein Viereck, daß sie alles genau ausleuchten konnten. Und jede Nacht stiegen sie auf den Boden. Das Schönste war, wir hatten da eine Antenne, dafür mußte aber das Bodenlicht brennen, damit die funktionierte. Die also rauf, haben das Licht gesehen und ausgeschaltet. Dann hatten die auf der rechten Hausseite plötzlich kein Bild mehr. Und wir hatten keinen Bodenschlüssel, so ein Theater. Und erst, wenn mal was vom Balkon fiel...

Th. Scholze: Was konnten die Bewohner tun, wenn der Geranientopf auf den Signalzaun fiel?

Offiziere: In der Regel haben sie dann die Posten direkt angesprochen. Beispielsweise wenn den Kindern ein Ball rübergefallen ist, hat der Posten am Führungspunkt Bescheid gesagt, ist durchgestiegen, und dann haben sie ihn zurückbekommen. Damit war die Sache erledigt, das lief schnell und unbürokratisch. Es gab nur das Verbot der Annahme von Geschenken, das haben wir auch durchgesetzt.

Frau K.: Ich habe nur einmal gehört, daß ein Staubtuch oder was runtergefallen war. Und der junge Mann, parterre, hinten raus, springt hinterher. – Die Kellertüren in den Kontrollstreifen rein sind ja Ende der siebziger Jahre alle rausgenommen und zugemauert worden, dann wurde Erde aufgefüllt. – In dem Moment war allerhand los. Sirenen gingen an, Kriminalpolizei, Polizei. Er war vorher Kriminalist gewesen, später hat er bei „Farben und Lacke" gearbeitet. Ob er deswegen ein paar Jahre danach ausziehen mußte...

Th. Scholze: Was waren die Vorschriften für die Kontrollen der Grenzhäuser?

Vermauerter Vordereingang Bouchéstraße 37
mit Resten einer elekrotechnischen Anlage, Februar 1990

Offiziere: Da gab es einen festgelegten Rhythmus, wann in den Häusern, die unmittelbar an der Grenze standen, die Dachböden auf Verschluß kontrolliert wurden. Wir hatten ja teilweise auf den Dachböden Sicherungsanlagen, so daß man nicht auf die Dächer hochkam, ohne vorher angemeldet zu sein. Die Sachen wurden regelmäßig kontrolliert.

ABV: Auf dem Dach der Bouchéstraße 37 gab es einen Scheinwerfer. Zu unterschiedlichen Zeiten sind die Grenzer hoch und haben den bedient. Mehrere Häuser waren mit ETSA, mit elektrotechnischen Sicherheitsanlagen, ausgerüstet, mit Kontakten an Türen und Dachluken, auch die Lohmühlenstraße hatte Kontakte an den Dachluken. Es gab einige Häuser, Lohmühlenstraße 35/36, die Harzer 118, die Bouché 33, die hatten auf dem Dach Sicherungsanlagen. Manchmal waren dort Drähte gespannt, wenn eine Taube dagegenrammelte, gab es Alarm. Aber in der Regel waren die meisten mit Lichtschranken ausgestattet. Die Harzer 118 war eines unserer beliebtesten Häuser, weil die grundsätzlich schon Alarm auslöste, wenn es windig, stürmisch war. Und da mußte dann alles im

Laufschritt bis zum Dach hoch, 5 Stockwerke, unsere Funkwagenbesatzungen können ein Lied davon singen – reines Flugwild, wurde dann immer eingeschätzt. Die Signale sind auf den Revieren aufgelaufen, auch im Regiment, auf den Führungspunkten und Wachttürmen. Grundsätzlich alles parallel.

Th. Scholze: Fühlten sich die Bewohner davon gestört nach dem Motto: Uns fragt ja sowieso keiner?

Offiziere: Eigentlich kann man sagen, daß wir mit der Grenzgebietsbevölkerung, einschließlich der in den Gartenanlagen, wenig Probleme hatten. Ein herzliches Verhältnis kann man nicht gerade sagen, aber es gab auch kein gespanntes Verhältnis. Wir haben von unserer Seite aus immer wieder auf die Soldaten eingewirkt, daß sie höflich gegenüber den Bürgern auftreten. Und bei den Bürgern, die längere Zeit im Grenzgebiet gewohnt haben, bei denen hatte sich das eingepegelt. Die hatten ihren Ausweis in der Tasche stecken und wußten eben: Wenn da ein Posten stand, war er zu zeigen. Und auch da war es nicht so, daß jeder Bürger, wenn er ins Grenzgebiet hineingegangen ist, prinzipiell kontrolliert worden wäre. Das war auf stichprobenartiger Basis. Da wurde eben mal eine halbe Stunde kontrolliert, und dann ist drei Tage wieder nicht kontrolliert worden.

Th. Scholze: Die Kontrollen erfolgten durch Grenzsoldaten?

Offiziere: Teils, teils. Den Hauptteil der Kontrollen hat die Deutsche Volkspolizei durchgeführt. Wir waren nur von Zeit zu Zeit da, vor allen Dingen zu solchen Höhepunkten in der Vergangenheit wie Parteitage, Jugendfestivals usw., wo man davon ausgehen mußte, daß sich sehr viele Nicht-Berliner in Berlin aufhalten. Da war natürlich die Möglichkeit des Betretens des Grenzgebietes größer. Ansonsten hatten wir ja in Treptow auch über 100 „Freiwillige Helfer der Grenztruppen", die uns in den verschiedenen Gruppen unterstützt haben. Die waren im Wohngebiet angesiedelt. Sie haben im gesamten Hinterland, auch in den Kleingartenanlagen und Betrieben, unterschiedlich Dienst gemacht. Sie wurden von uns eingekleidet, ausgebildet und auch eingesetzt. Sie trugen Felddienstuniform, hatten eine grüne Armbinde und ihren Ausweis. Viele haben ihre Streife auch in Zivil gemacht, etwa acht Stunden im Monat, in ihrer Freizeit. Das ist nicht bezahlt worden. Es stand aber für die Kräfte eine Art Prämienfonds zur Verfügung, so zwischen 50 und 100 Mark im Jahr. Zum Geburtstag gab es einen Blumenstrauß. Wir haben im Jahr für die Helfer auch einen FHG-Ball durchgeführt, mit Tanz. Da ist das Geld draufgegangen. Und es gab wie für Armeeangehörige Treuemedaillen, wenn man zwanzig, fünfundzwanzig Jahre dabei war. Die Freiwilligen Helfer waren im Verhältnis zur Grenzgebietsbevölkerung ein hoher Prozentsatz. Außerdem sind im Grenzgebiet auch eine ganze Reihe von ehemaligen Berufskadern wohnhaft, das ist noch einmal ein ganz schöner Prozentsatz. Dasselbe trifft für

Bodentür im Haus Elsenstraße 41, August 1991

...die Bodendurchgänge wurden geschlossen

die Kleingartenanlagen zu. Es gibt eigentlich keine Kleingartenanlage, wo nicht ein bis zwei Berufskader von uns...

ABV: Die Freiwilligen ABV-Helfer, vom ABV geschult, eingesetzt und auch verabschiedet – anders als die Freiwilligen Helfer der Grenztruppen kriegten sie nichts bezahlt –, wurden meist bei bestimmten gesellschaftlichen oder politischen Höhepunkten eingesetzt. Sie trugen eine rote Armbinde und zuletzt das Abzeichen. (Im September 1968 waren in ganz Berlin 4 623 Freiwillige Helfer im Bereich der Schutzpolizei tätig - d. Verf.) Wir haben sie auch eingesetzt zu Streifen in Zivil, um zu gucken, wie sieht es auf den Straßen aus, wo liegt Dreck rum, sind die Häuser zu. Sie haben unsere Arbeit mit unterstützt, damit uns nicht irgendwer die Beine weghaute. Wenn Stämme, Rohre, Baumaterialien oder etwas rumlagen, war das immer ein gewisser Aufhänger für übergeordnete Dienststellen und Behörden, uns zu beweisen, wie blöd wir eigentlich wären. Da ließ sich vieles abwimmeln. ABV-Helfer wurden auch eingesetzt, wenn wir Kontrollpersonen nach Paragraph 48 des Strafgesetzbuches hatten, also x-mal Vorbestrafte, Rückfalltäter, Asoziale, wo zusätzlich Kontrollmaßnahmen ausgesprochen waren. Deren Entwicklung wurde dann durch uns kontrolliert und eingeschätzt.

Th. Scholze: Sie haben die Forderung nach „Ordnung und Sicherheit" also eher vorbeugend zum Schutze der Anwohner ausgelegt?

ABV: Ja, für mich war entscheidend, daß die Häuser verschlossen waren, keine Wäsche draußen blieb usw. Natürlich mit dem Hintergrund, daß man im Grenzgebiet noch genauer geguckt hat als draußen. Wir hatten hier ja fast zwei Jahre lang nur eine Baustelle, Erdgasumstellung und Energienetzarbeiten. Da gab es immer wieder Hudelei. In den Häusern war uns natürlich viel daran gelegen, daß die Leute neben allen anderen Problemen, die sie schon hatten, nicht noch neue gekriegt haben. Denn wenn es irgendwo einen Angriff gegen die Grenze gegeben hat, aus dem Haus raus oder welche sind im Treppenhaus rumgerannt und haben von da den Handlungsstreifen aufgeklärt, gab es immer Ärger und Unruhe im Haus. Leute mußten befragt werden, ab und zu wurde auch mal einer verdächtigt, daß er mit Unterstützung gegeben hat... Ich habe immer dafür plädiert, wenn Ordnung ist, dann kann so etwas gar nicht passieren, dann bleibt Ruhe im Haus.

Th. Scholze: Was hatte ein ABV für Vorschriften und Pflichten?

ABV: Das Grundprinzip war eigentlich, daß der ABV das Bindeglied sein sollte zwischen staatlicher Behörde, sprich Volkspolizei, und Bevölkerung. Ob nun Grenz-ABV oder normaler ABV, diese Zielstellung war in erster Linie die gleiche. Es galt auch die gleiche Dienstvorschrift, die Dienstvorschrift 1180, allerdings für Grenz-ABVs gab es eine Ergänzung, welche Aufgaben zum Schutze der Staatsgrenze sich ergeben haben:

mit wem zusammenzuarbeiten war, sprich mit den Grenztruppen und auf Anforderung auch mit der Stasi. Das hat sich dann im Laufe der Zeit immer mehr erweitert auf alle anderen ABVs. Ich habe meine Aufgabe eigentlich immer so empfunden, wirklich mit der Bevölkerung zusammenzuarbeiten; mit dem WBA, der Vorsitzende war bis zum Schluß vom Demokratischen Bauernbund, der Stellvertreter aus der CDU. Da war der Sekretär der Wohnparteiorganisation der SED mit drin, die Leiterin der DFD-Gruppe, die Vorsitzende der Volkssolidarität, der Leiter des Grenzsicherheitsaktivs in diesem Bereich – zeitweise ein Angehöriger der Grenztruppen – und natürlich war der ABV kooptiert. Dann habe ich freiwillig die Zusammenarbeit mit den Hausgemeinschaftsleuten organisiert, war ja sowieso meine Aufgabe. Unser Wohngebiet ist dann auch einige Male ausgezeichnet worden als „Bereich der vorbildlichen Ordnung und Sicherheit". Das war damals ein großes Schlagwort, weil wir eben Ruhe und Ordnung im grenznahen Hinterland gewährleisteten. Das alles gehörte einfach untrennbar zusammen und lief eigentlich recht positiv. Man hatte über viele Jahre die Zusammenarbeit mit der Grenzbevölkerung den Grenztruppen überlassen, aber das lief nicht so, die waren ein bißchen engstirnig von ihrer

Aufgabenstellung her rangegangen. Sie konnten den Kontakt zu den Leuten nicht finden.

Zu meiner Arbeit zählten weiter: Fragen der allgemeinen Sicherheit, im Grenzbereich wichtig war vor allem der Verschluß der Häuser; Probleme in den Familien etwa mit den Heranwachsenden; die Verhinderung und Bearbeitung der kleinen Kriminalität, Einbrüche usw.; die Bekämpfung und Zurückdrängung von Ordnungswidrigkeiten; Durchsetzung der Stadtordnung.

Th. Scholze: Waren die Kontrollen der Häuser und Bewohner immer gleichbleibend intensiv?

Frau K.: Nein. Am Beginn der achtziger Jahre gab es eine Verschärfung. Da wurden plötzlich Gitter vor den Bodenfenstern angebracht, nur der Schornsteinfeger hatte den Schlüssel und die Polizei noch für den Mittelgang. Rechts und links vom Boden kriegten wir einen einzigen Schlüssel, den habe ich jetzt in Verwahrung. Und wir mußten Buch führen, wenn einer Wäsche aufhängte. Auf der rechten Seite, dort war eine Art Waschküche, da haben wir den Wäschetrockenraum.

Th. Scholze: Hing das vielleicht mit der Flucht der beiden Elektriker in der Bouchéstraße zusammen?

Frau K.: Ja, das kann sein. Da stand unsere Grenzpolizei auf Krücken, Tag und Nacht war was los. Dann wurden eben alle Böden dicht gemacht, das verdanken wir den beiden. So lange konnten wir wenigstens unsere Wäsche trocknen. Allerdings habe ich bei der letzten Hausversammlung ohnehin vorgeschlagen, die Böden verschlossen zu halten, damit niemand sein Grümpel abstellt auf dem Boden. Nun stellen sie es eben vor die Bodentür...

ABV: Im Ergebnis dieser Flucht vom Dach gab es eine konkrete Anweisung: Es mußten sämtliche Dachluken verschlossen, vergittert werden. Bei einer Neudeckung wurden ohnehin gleich nur noch Glasbausteine eingesetzt. Offenbleiben durften nur die Luken, die der Schornsteinfeger brauchte, um normal die Esse zu kehren. Alles andere wurde verschraubt. Dort, wo das nicht möglich war, beispielsweise in der Lohmühlenstraße, bei den Neubauten, wurden Klammern um die Betonträger gelegt und daran die Gitter geschweißt. Für die Durchlüftung ließen sich die Dachfenster noch öffnen. Auch alle angrenzenden Häuser, von wo aus man die Grenzhäuser eventuell über das Dach hätte erreichen können, wurden genauso vergittert und gesichert. Ich weiß, daß vorgesehen war, sämtliche Böden generell zu sperren. Doch das ließ sich nicht machen.

Th. Scholze: Warum nicht?

ABV: Die Bürger im Haus wußten von diesem Prinzip nichts, denen war nur klar, es wird jetzt hier alles verriegelt und verrammelt. Aber wir, die ABVs und Dienststellenleiter, wo sich die Bürger aufgeregt haben – zu Recht, würde ich heute sagen –, wir waren damit auch nicht einverstanden.

Wir mußten uns damit rumärgern. Wir haben gesagt, so geht das nicht, wir müssen die Interessen der Leute trotz allem wahren. Dann blieb es bei den Gittern, und der Zutritt zum Boden wurde weiter gewährleistet. Eine Einsatzkommission aus Offizieren des Präsidiums der Volkspolizei, dem Grenzoffizier der Inspektion, dem Grenzregiment, Mitarbeitern der KWV und des Rates wurde gebildet, die das überwachte. Es sollte dann in jedem Haus immer nur einen Bodenschlüssel geben, einer hatte das Schlüsselbuch, wo sich jeder für die Zeit, wo er Wäsche hängen wollte, ein- oder austragen mußte, daß also keine anderen Leute Zugang zum Treppenhaus hatten. So sollten ähnliche Fluchten verhindert werden.

Th. Scholze: Und wenn Handwerker kamen?

ABV: Wenn Handwerker kamen, sprich Fernsehmonteure, die die Fernsehantenne gesetzt, gerichtet oder repariert haben, war das vorher anzumelden auf dem Polizeirevier. Der Dienststellenleiter hat dann den Stab der Inspektion verständigt und das Grenzregiment – die Zusammenarbeit war ja eigentlich recht gut zwischen den einzelnen Institutionen – und dann haben die zu dem Termin, wenn der Handwerker kommen sollte, eben ein Postenpärchen der Grenztruppen gestellt. Die standen daneben und haben aufgepaßt, bis die Arbeiten beendet waren.

Wenn beispielsweise der Schornsteinfeger kam, der kommt immer sehr zeitig, der klingelte dann grundsätzlich bei mir, weil ich der erste hier unten war, und hat sich den Schlüssel für den Boden und die Dachluke geholt, obwohl er selber einen hatte. Er klingelte einen auch aus Verärgerung aus dem Bett, nehme ich dem heute gar nicht mehr übel. Einmal hat er dann provokatorisch die Dachluke offengelassen, das Schloß daneben zugeklinkt. Die Grenztruppen machten einmal in der Woche Kontrolle, fanden die offene Luke und lösten Grenzalarm aus …

Th. Scholze: Wirkte die Vergitterung mancher Häuser der Fluchtbewegung entgegen?

Offiziere: 1978/79 wurden die ersten Böden vergittert, die Sicherungsanlagen sind später eingebaut worden. Das resultierte aus den Versuchen mit dem Abseilen, dann kam die Frage mit den Drachengleitern auf, so daß die Objekte, die sich unmittelbar anboten, mit Beschränkungen belegt wurden. Wobei die Wäscheböden für die Bürger weiter nutzbar blieben. Wenn ich zurückdenke, ich bin seit 1972 unmittelbar an der Grenze, hatten wir zwischendrin ein Abflauen der Grenzverletzungen. Mit Beginn der achtziger Jahre stieg das wieder kontinuierlich an und schnellte seit 1987 rigoros in die Höhe, so daß die Zahlen in die Hunderte gingen.

ABV: 1983/84 hatten vor allem vom Berliner Werk für Signal- und Sicherungsbau, den Elektro-Apparate-Werken oder dem Omnibus- und Lastwagenreparaturwerk, also von Betrieben her, die direkt im Grenzgebiet lagen, einige Grenzdurchbrüche. Eigentlich recht billige Dinger, aber eben

Präsidium der Volkspolizei
B e r l i n
Stab - Abteilung Operativ

Berlin, den 10. 06. 1975 2 3 8

E 17.06.75/I

Speicherexemplar		
PdVP Bln.	H - 455	Sperr-Vermerk:
Stab	Eing-Nr.: 343/75 Datum: 18. 06. 75	LV
Abt. Inf.		
Zentralspeicher für operative Informationen		

	Sach-ge-biets-Bereich	Lfd.-Nr.	Jahr	Ausf.-Nr.	Blatt
Stab /Op		91	75	3.	1-3

XI 587/75

E i n s c h ä t z u n g

der Wirksamkeit der freiwilligen Helfer der Deutschen Volkspolizei
in der Tiefe der Staatsgrenze

Der Einsatz der freiwilligen Helfer der VP in der Tiefe der Staatsgrenze erfolgt auf der Grundlage der Aufgabenstellung der Leiter
der VPI mit Staatsgrenze und des Leiters des TPA Berlin.

In den VP-Inspektionen und dem TPA Berlin stehen insgesamt

654 freiwillige Helfer

für die Unterstützung der Sicherungsmaßnahmen in der Tiefe der
Staatsgrenze zur Verfügung.

VPI Friedrichshain	113
VPI Mitte	130
VPI Pankow	74
VPI Prenzlauer Berg	21
VPI Treptow	276
TPA Berlin	40

Die in der VPI Friedrichshain vorhandenen freiwilligen Helfer
unterteilen sich in

61 FH, die im Wohngebiet,

34 FH, die in Betrieben   und

1:3:14 FH (Zug), die geschlossen

zum Einsatz kommen.

In der VPI Treptow werden von den 276 FH   121   ausschließlich
für Aufgaben im Grenzgebiet eingesetzt.

Durch die FH werden monatlich 5 - 10 Stunden Dienst geleistet..

Zu folgenden Aufgaben werden die Helfer u. a. eingesetzt:

- Operative Streifentätigkeit in den Räumen der Tiefe zur Verdich-
tung des Systems der Sicherung;

- Gruppeneinsätze in Verbindung mit ABV und S-Streifen;
- Komplexeinsätze in Betrieben;
- Kontrolle der Ordnung und Sicherheit in Kleingartenanlagen in Zusammenarbeit mit den Grenzsicherheitsaktiven der Kleingartenanlagen;
- Hausbuchkontrollen in Zusammenarbeit mit den Hausbuchbeauftragten und Hausgemeinschaftsleitungen;
- Kontrolle von untertägigen Anlagen.

Der Einsatz erfolgt überwiegend in den Abendstunden.
Die Einweisungen vor Dienstbeginn erfolgen durch die Diensthabenden der VP-Reviere anhand der konkreten Lage im Bereich.

Die wesentlichsten Arbeitsergebnisse sind u. a. folgende:

- Feststellung von begünstigenden Bedingungen für das ungesetzliche Verlassen der DDR (unangeschlossene Leitern, offene Lauben und Schuppen sowie andere Unterschlupfmöglichkeiten);
- Feststellung von abgelaufenen Passierscheinen;
- Verhinderung des unberechtigten Betretens des Grenzgebietes;
- Einflußnahme auf die Ordnung und Sauberkeit im Grenzgebiet.

Besonders positiv wirkt sich der Einsatz der FH in Schwerpunkträumen und zu Schwerpunktzeiten aus.
Die Komplexeinsätze im Zusammenwirken mit Kräften der S, ABV, und FSTW haben sich gegenüber dem Vorjahr weiter stabilisiert.

In der VPI Friedrichshain hat sich durch die Wirksamkeit der FH in den Grenzbetrieben die Ordnung und Sicherheit wesentlich erhöht.
So wird z. B. in der BBS "Ernst Zinna" durch den Zugführer des Helferzuges zweimal im Monat eine Helfersprechstunde durchgeführt. Es kann festgestellt werden, daß hier ein Rückgang von Verstößen gegen die Grenzordnung zu verzeichnen ist und die Anzahl der "vergessenen Betriebsausweise" zurückgegangen ist.

Durch die vielfältigsten Formen des Einsatzes der FH konnte insgesamt eine höhere Wirksamkeit erreicht werden.
Die Schulungen der FH konzentrieren sich überwiegend auf die Lösung gesamtpolizeilicher Aufgaben, das richtige taktische Verhalten sowie die Vermittlung von Gesetzeskenntnissen.

Der Einsatz der FH des TPA Berlin erfolgt ausschließlich im Bereich der Deutschen Reichsbahn.

Den koordinierten Einsatz der freiwilligen Helfer der VP und der freiwilligen Grenzhelfer gilt es noch weiter zu aktivieren. Gute Fortschritte zeichnen sich hier im Bereich des Grenzregimentes 33 ab. Neben den in der VPI Mitte erprobten koordinierten Kräfteeinsatz erfolgt monatlich eine Abstimmung des Helfereinsatzes im Bereich der VPI Pankow für den operativen Bereich.

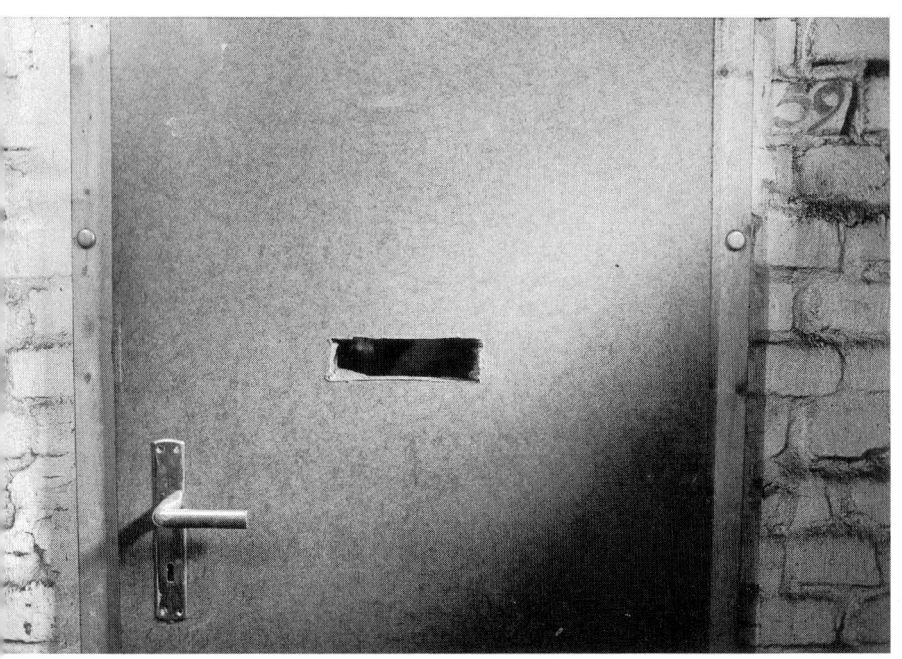

Jeder Keller mußte von außen einsehbar sein, August 1991

mehrere. Da haben sie dann alles dichtgemacht. Im Keller von Berlin-Plast ist ein Furnierlager, da lagern Möbelfurniere im Wert von über 5 Millionen Mark drin. Das hat die Grenztruppen nicht interessiert. Die sind von außen an die Kellerfenster ran, haben Gitter aufgesetzt und angeschweißt. Die drinnen haben sich bald überschlagen, ein Funke hätte gereicht, um alles in Flammen aufgehen zu lassen. Es wurde schon alles von oben her angewiesen, nichts war mehr koordiniert oder abgesprochen. Es wurde langsam hektisch, alle hatten Angst, nur keinen an die Grenze lassen. Erst sehr spät, nach der Mitte der achtziger Jahre, sind in der Führungsspitze beim Grenzregiment einige neue Leute gekommen, die ein bißchen für Humanität und normale Zusammenarbeit gesorgt haben, da begann ein gewisses Umdenken. Bis dahin wurde nur angewiesen und gemacht, die Leute waren eben da, das war egal. Da wurden die Befehle höchstens erläutert, was die Leute wollten und betraf, war unwichtig. Auch die Vertreter des Rates haben auf Einwohnerversammlungen nur die Schultern gezuckt. Kontakt zwischen den einzelnen Grenzern und der Bevölkerung gab es im Prinzip gar keinen. Es gab nur eine Menge Beschwerden über den Krach, den sie nachts im Handlungsstreifen gemacht haben.

Dachluken der Häuser im Grenzgebiet, August 1991

URKUNDE

In Würdigung
hervorragender Ergebnisse bei der Erhöhung
von
Ordnung und Sicherheit
im Rahmen des sozialistischen Wettbewerbs
wird

der Hausgemeinschaft
Lohmühlenstrasse 27/31

als

Bereich
der vorbildlichen Ordnung und Sicherheit

anerkannt

Berlin, 16.2.1984

Kreisausschuß der
Nationalen Front

WBA 01

Blick vom Balkon auf die ehemalige Grenze in der Bouchéstraße, August 1991

Frau K.: Als ich jetzt zu Weihnachten hörte, hier wird aufgemacht, das wird betoniert und ein Parkplatz, habe ich gesagt: „Um Himmels willen! Jetzt müssen wir im Haus alles doppelt und dreifach verschließen!" Wir lassen immer die Tür auf, wenn wir zum Briefkasten gehen, weil alles immer ehrlich war. Einmal hatten wir einen Spitzbuben, aber den kannten wir. Wir Älteren haben wirklich Angst vor den Schattenseiten, die es drüben gibt: Rauschgift und Kriminalität. Wir haben ja als Rentner genug gesehen, welche Angst in der Bevölkerung drüben ist, viel größer als bei uns, daß sie bestohlen werden. Ich habe z. B. neulich von einer Rentnerin gehört: „Ich bin gar nicht damit einverstanden, daß sie die Mauer ganz und gar wegnehmen. Die müßten sie lieber noch einen Meter höher machen."

Th. Scholze: Wie sieht es im März 1990 an der Treptower Grenze aus?

Offiziere: Der größte Teil der Grundwehrpflichtigen ist weggegangen, und die Soldaten, die noch da sind, haben natürlich soziale Ängste um ihren alten Arbeitsplatz und fragen sich, wozu sie noch hier stehen. Wir machen Grenzüberwachung mit 10 Mann, damit die Bürger an den Stellen die Grenze überschreiten, die der Gesetzgeber festgelegt hat, an den Grenzübergangsstellen und nicht irgendwo, mit den entsprechenden Dokumenten dazu. Und natürlich steht nach wie vor die Frage, daß das Reisegesetz ja auch bestimmte Bürger von der Reise ausschließt. Das Reisegesetz durchzusetzen, da haben wir unsere Aufgabe.

Th. Scholze: Und wie läuft der Dienst in der Kaserne ab?

Offiziere: Es gibt keine Parteiorganisation im Kasernenobjekt mehr, wer das Bedürfnis zum „Lieben Gott" entdeckt hat, der kann auch in die Kirche gehen, sein Problem. Die politische Schulung der Soldaten war früher auf vierzehn Stunden ausgerichtet, wir machen derzeit zwei Stunden im Monat „staatsbürgerliche Ausbildung". Dort geht es im wesentlichen darum, den Grundwehrpflichtigen neue Gesetze oder den Wahlmodus zu erläutern, weil ja nicht alle so bewandert sind im Gesetze-Lesen. In der Zwischenzeit gibt es auch für Grundwehrpflichtige eine Arbeitszeitbegrenzung. 43 3/4 Stunden, das ist die Zeit, die sie eingesetzt werden können. Überstunden werden bezahlt oder es wird dienstfreie Zeit gewährt. Jeder kann in seiner Freizeit, wenn er nicht Dienst oder Bereitschaft hat, aus dem Objekt gehen, auch in Zivil. Sechs-Uhr-Ausgang ist jetzt konkret befohlen, und wer da nicht zu Hause schläft, wenn er in Berlin wohnt, das ist sein Problem. Der Soldat bleibt auch im Besitz seines Personalausweises. So sieht es aus.

Th. Scholze: Welche Zukunftchancen sehen Sie für sich selbst?

Offiziere: Für uns gibt es bis zum gegenwärtigen Zeitpunkt keine Alternativen, eine gewisse Existenzangst läßt sich nicht von der Hand weisen. Wir werden uns was suchen müssen oder wir sind arbeitslos. Denn was wir

Grenzübergang Puschkinallee nach der Eröffnung, 11.11.1989

mal gelernt haben, unsere Hochschulabschlüsse, bei den Fähnrichen die Fachschulabschlüsse, die sind unter den heutigen Bedingungen nichts mehr wert.

Th. Scholze: Können Sie sich in Uniform der Bundeswehr vorstellen?

Ein Offizier: Ich bin Berufsoffizier, und wenn man mir die Möglichkeit gibt, in meiner Funktion als Grenzer eine äquivalente Tätigkeit zu erfüllen, dann sehe ich das eigentlich nicht als Widerspruch an. Ob die Uniform blau, grün oder rot ist, das ist unbedeutend.

Th. Scholze: Sie haben heute bestimmte Ansprüche, denn Ihre Gehälter lagen bis zu 100 Prozent über dem Durchschnittsverdienst.

Ein Offizier: Wissen Sie, es hängt insgesamt die soziale Absicherung der Familie daran. Wäre ich Offizier geworden und die ganzen Jahre gewesen wegen des Geldes, wenn es das gewesen wäre, da hätte keiner mit mir getauscht, und da hätte ich es auch nicht gemacht. Ja, ich verdiene, wenn ich das Kindergeld und alles mit dazu nehme, dann habe ich 2 000 Mark auf die Hand. Als Stabschef eines Regiments ist das ungefähr die Preisklasse. In der Bundesrepublik hätte ich das Drei- bis Vierfache in dieser Dienststellung.

Im Grenzstreifen herrscht Ordnung. Die letzten Wehrpflichtigen beim Dienst, März 1990

Aber unsere Dienstzeit sah so aus, daß wir mit acht Stunden täglich nicht hingekommen sind. Wir hatten im Durchschnitt eine Dienstzeit von 12 bis 13 Stunden. Das haben wir gemacht, weil wir davon überzeugt waren, daß es notwendig gewesen ist.

Th. Scholze: Was hat sich für den ABV verändert, seit die Mauer weg ist?

ABV: Vieles zum Positiven, vieles zum Negativen. Es ist viel freier geworden, man fühlt sich auch seelisch nicht mehr so beengt. Es macht Spaß, nach drüben einkaufen zu gehen. Ich kenne alle Ecken noch von vor 1961, und meine Familie bekommt jetzt auch einen Begriff, was der Zoo ist oder der Grunewald. Negativ: die Zunahme des Verkehrs und der Kriminalität, da habe ich aus meiner beruflichen Sicht einfach den besseren Überblick, wie sich das entwickelt. Direkt im Wohngebiet ist das nicht so augenfällig. Wir hatten anfangs Bandenkämpfe, die Wrangel-Gang kam an und hat sich tagelang mit unseren Jugendlichen gedroschen. Aber das wurde auch von unseren Jugendlichen provoziert, die sind in Kreuzberg drüben gewesen und haben die Türken angemacht. Nebeneinander, miteinander, das wird sich hier wahrscheinlich recht gut einpegeln.

216

Westberliner Zollbeamte und Ostberliner Grenzpolizei im Januar 1967

...und Schutzpolizei aus beiden Teilen der Stadt im August 1990

Rumpelplatz, Lager für abgebaute Grenzanlagen im Schlesischen Busch, März 1990

An gleicher Stelle

Die Grenze als Kunstmarkt, August 1991

Kleingartensiedler beschaffen sich Teile des zerlegten Metallgitterzauns

Die Mauer ist abgerissen oder Museumsstück. Den Schießbefehl soll es nicht gegeben haben, sagen die Verantwortlichen. Vor den Gerichten streiten die Berliner um ihre Grundstücke. Der Innenminister von Brandenburg will den Besitz alter Hausbücher strafrechtlich verfolgen lassen. Zum Glück haben wir unsere euphorisch begonnene Dokumentation beendet und stehen wieder einmal mit Frau Z. auf ihrem Balkon im „Junggesellenblock". Frau Z. wohnt hier seit Jahrzehnten. Sie ist parteilos, katholisch und noch in vielen caritativen Organisationen tätig. Nunmehr ist sie 80 Jahre alt und erinnert sich: „Voriges Frühjahr, die Sternlinie kam wieder von Kreuzberg den Landwehrkanal entlang, und erstmals wurde nicht gewendet, sondern sie fuhren unten am Haus vorbei in Richtung Spree. Der ganze Dampfer stand und winkte, und ich winkte auch zurück. Ich muß Ihnen sagen, ich habe geheult."

Checkpoint Charlie am Tage der Währungsumstellung, 1.7.1990

NACHWORT
Dietrich Scholze

„Die Mauer – was war das eigentlich?"

Zum Zeitpunkt, da dieses Buch in Druck gegeben wird, liegt die Öffnung der Berliner Mauer gerade zwei Jahre zurück. Beinahe vollständig sind, jedenfalls im Stadtgebiet, die Betonsegmente und Zäune abgetragen, die Wachttürme eingerissen, die getrennten Straßen wieder zusammengefügt worden. Heftiger Streit ist darum entbrannt, an welcher Stelle die Mauer original bewahrt bleiben, wo ein Mauermuseum eingerichtet werden soll. Denn schon suchen zwischen Kochstraße und Leipziger Straße bildungsbeflissene Besucher verzweifelt nach dem legendären Checkpoint Charlie, schon recken die Touristen auf Stadtrundfahrten ihre Hälse, um von den Spuren des menschenverachtenden Bauwerks wenigstens einen Blick zu erhaschen. Der Berliner Alltag der Jahre 1961 bis 1989 wird im öffentlichen Bewußtsein schnell verblassen, wenn wir nichts dagegen tun, wenn wir, die Generation hinter der Mauer, nicht gegen das Vergessen ankämpfen, angehen, anschreiben. Denn dann werden wir einst womöglich als die doppelt Gefoppten dastehen: als drei Jahrzehnte Eingesperrte und als Hasenfüße dazu, die zu feige waren, um in der größten Stadt Mitteleuropas von einem Viertel ins andere zu gehen.

Geschichte schreiben ist nicht nur „ eine Art, sich das Vergangene vom Halse zu schaffen" (Goethe), es ist zugleich die beste Art, es zu behalten, es festzuhalten. Mit seiner persönlichen Erinnerung kann jedermann am Bild seiner Epoche zeichnen. Deshalb sind Bücher wie dieses so nötig. Das Gedächtnis derjenigen, die Zeugen der Ereignisse waren, ist durch nichts zu ersetzen.

Auf unsere Generation hat in allen Lebensbereichen die Tatsache gewirkt, daß Ausbildung und Berufstätigkeit sich in einer abgeschotteten, zugleich einengenden und schützenden, künstlichen Realität vollzogen. Ganz und gar – in meinem Fall. Denn als die Mauer gebaut wurde, war ich elf; als sie fiel, war ich fast vierzig.

Daß der 13. August 1961 sich meinem Gedächtnis überhaupt eingegraben hat, war Zufall: Es war der 67. Geburtstag des Großvaters. Die ganze Familie war versammelt, es war ja ein Sonntag. Ab Mittag aber kam die feierliche Stimmung abhanden. Eltern, Großeltern, Onkel und Tanten verließen immer wieder die gute Stube und trafen sich vor dem Radio, um die Nachrichten und Kommentare des RIAS zu hören. Berlin lag über 200 Kilometer nördlich, doch ich hatte eine Vorstellung davon. An der Hand des

Vaters hatte ich im Jahr zuvor die geteilte Stadt besucht. Wir waren, von der Straße Unter den Linden kommend, unauffällig durchs Brandenburger Tor geschlendert (der Polizist honorierte es durch Nichtbeachtung) und hatten zur Siegessäule hinübergesehen.

Von dieser Reise im Sommer 1960 hatte ich behalten, daß wir für das Glas Coca-Cola, das im Straßencafé am Kurfürstendamm sechzig Pfennig kostete, drei Mark Ost hinlegen mußten.

Mit neunzehn kam ich zum Studium in die Schaut-auf-diese-Stadt. Coca-Cola gab es diesseits der Mauer nicht, das Brandenburger Tor war selbst für Zaungäste weiträumig abgeriegelt. Täglich wurde ich nun, wenn ich am Bahnhof Friedrichstraße aus der S-Bahn trat, vom Posten hoch über der Trennwand observiert. Manchmal stellte ich mir vor, wie die Großeltern von jenem anderen Bahnsteig abreisten, falls sie es wünschten. Für mich selbst zog ich eine solche Möglichkeit nicht in Betracht.

Doch auch mit mir hatte die Vorsehung Merkwürdiges im Sinn. Sie schickte mir einen Kommilitonen, der ein Enthusiast des Personennahverkehrs war. Unbedingt wollte er herausfinden, weshalb der S-Bahnhof Wollankstraße an einer westlichen Strecke, aber östlich der Sektorengrenze, auf der Pankower Seite lag, wie es der Stadtplan, der ansonsten für West-Berlin nur Weiß und Grün übrig hatte, deutlich auswies. Vom S-Bahnhof Pankow pilgerten wir an einem Oktoberabend durch die Flora- zur Wollank-straße. Sie war, wie sich zeigte, vor der Bahnunterführung mit einer Beton-wand verschlossen, in der sich ein Tor befand. Der Bahnhof war nicht zu er-kennen, obwohl wir so nahe wie möglich an das Tor herantraten. Um Genaueres zu erfahren, gingen wir, parallel zum Bahndamm, an den Häu-sern der Schulzestraße entlang. Und es störte uns überhaupt nicht, daß wir auf einem Gehweg spazierten, an dessen Straßenkante in Abständen Schil-der auftauchten mit der Warnung:„Halt! Grenzgebiet!" Mehr noch: Wir fan-den zwischen den Wohnhäusern eine Lücke, in der ein Kinderspielplatz samt einer imposanten Wippe eingerichtet war. Nun endlich erblickten wir das Dach des S-Bahnhofs Wollankstraße. Wir setzten uns auf die Wippe – und wer gerade oben war, konnte den Bahnsteig und das Abfertigungs-häuschen erkennen; beide waren dem östlichen Stadtbezirk, dem sie doch zugehörten, wirksam entzogen.

Wir wanderten die menschenleere Schulzestraße zurück, wieder auf der verbotenen Seite. Nur unsere Herkunft aus der Provinz mochte diese Sorg-losigkeit rechtfertigen. Hinter dem Tor, das die Wollankstraße abriegelte, ragte ein Wachtturm auf, darin waren zwei Gestalten auszumachen. Ein Mann, der sich neben uns gestellt hatte, schien hinaufzuwinken. Inzwischen weiß ich, daß es ein Freiwilliger Helfer der Grenztruppen gewesen sein muß. Denn die Funkstreifenwagenbesatzung, die uns kurz darauf einlud, kontrollierte ihn nicht. Man fuhr uns, es war gegen sieben Uhr abends, in die Volkspolizei-Inspektion Pankow, Berliner Straße. Als wir nach einer Stunde ungewissen Wartens aus dem kahlen Raum geholt wurden, glaubten wir, wir könnten nun gehen. Weit gefehlt. Mit dem Auto wurden wir bis zum Alexanderplatz, ins Polizeipräsidium gebracht. Von dort hatte Erich Honecker mit seinem Stab am 13. August die Sicherungsmaßnahmen geleitet. In einer der oberen Etagen, auf dem Korridor, wies der begleitende Polizist uns eine Bank zu und bezog zwischen uns Posten. Keine Unterhaltung. Zur Toilette dirigierte er uns und stellte sich vors Fenster, das nicht vergittert war. Gegen Mitternacht rief man uns einzeln zum Verhör, mich zuerst. Ein älterer Vernehmer im braunen Anzug, mit gereiztem Tonfall, nahm die Personalien und den Vorgang auf; er tippte dazu mit zwei Fingern auf der Schreibmaschine. Als mir die Unterstellungen zu widersinnig schienen, erklärte ich, ich sei Mitglied der FDJ. Der Vernehmer schrie: „Ja, ja, das kennen wir, am Tage Sozialisten, am Abend Kapitalisten!"

Nach Rückkehr auf den Gang wurde ich nicht mehr individuell bewacht, und so kam ich mit einem anderen Zugeführten ins Gespräch. Der noch junge, bärtige Mann hatte an der Ecke Oderberger/Eberswalder Straße mit einem Blumenstrauß seiner Freundin gewinkt, die drüben auf der Aussichtsplattform ausharrte. Als ich, fast zwei Jahrzehnte später, während der ersten Durchreise durch West-Berlin, einen Stadtrundgang machte, fuhr ich eigens zu dieser Stelle, kletterte auf den riesigen stählernen Ausguck und blickte triumphierend zur heimatlichen Seite hinüber...

Um zwei Uhr nachts entließ man uns. Passanten auf dem Alexanderplatz empfahlen, den Nachtbus nach Lichtenberg zu nehmen.

Jahrelang lebte ich in der Überzeugung, eher auf den Mond als in die andere Hälfte der Stadt zu gelangen. Schließlich sang selbst der verfemte Barde aus der Chausseestraße: „Die Mauer steht – es konnt nicht anders sein, konnt wohl nicht anders sein." Ich befuhr des öfteren mit der Straßenbahn, später mit dem Auto eine Route, von der aus ich Wohnhäuser im Wedding wahrnehmen konnte, in jenem Bezirk also, dessen Namen eine kommunistische Kinderbuchautorin einst als Pseudonym gewählt hatte. (Ich hatte „Ede und Unku" natürlich gelesen.) Aber ich hatte, nach einem halben Leben in Berlin, keine Vorstellung von der Gegend, besaß nicht einmal einen Gesamt-Berliner Stadtplan.

Die fremde, unerforschte und zugleich so nahe Welt ließ uns keine Ruhe. Vor allem jüngere Autoren bedachten – meist in ungedruckten Arbeiten – die Lage der eingeschlossenen Kleindeutschen. Der Lyriker Richard Pietraß, Generationsgefährte und Bewohner einer Straße, die an der Mauer endete, notierte 1981 einen „bösen Traum", den er 1989 publizierte:

„Wollte bloß mal die Nase in den Tiergarten stecken,
einen Spaß auszuhecken, hinterm Brandenburgtor. Da
waren Zaun und Pfaun, Bluthund und Laufkatze, die
Märtrermatratze, waren Hab und Gut vor. Die spanischen
Reiter, überkrustet von Eiter, röchelten stiefeltief
im Sand..."

Einen Spaß auszuhecken – das war immerhin eine Möglichkeit, die
Mauerneurose niederzuringen.

Eines Nachts ging ich, unweit meiner Wohnung, unter Mißachtung der
Barrieren dicht an der Hinterlandmauer entlang, diesmal freilich nicht im
Bereich der Verbotstafeln. Der Diensthabende vor seinem Wachhäuschen
bat mich trotzdem um den Personalausweis. Ich trug ihn in der Aktentasche,
leugnete es jedoch. Was würde er tun? Er alarmierte die Funkstreife, sie
brachte mich nach Hause, begleitete mich höflich die Treppe hinauf. Und es
kostete einige Geistesgegenwart, mit der Tasche so zu hantieren, daß die
Uniformierten den Eindruck gewannen, ich entnähme das Personaldoku-
ment soeben dem Flurschrank.

Oft bedauerte ich, auf der anderen Seite keine Verwandtschaft ersten
Grades zu besitzen. Und ich spielte – daß ich's nur gestehe – mit dem
Gedanken, den Eltern beim Erreichen des Rentenalters die Übersiedlung zu
empfehlen. Zumal eine Tante schon in den fünfziger Jahren ausgereist war.
1982, als sie sechzig wurde, schrieb ich ein Gesuch an den Staatsratsvorsit-
zenden, in dem ich Argumente herzählte, die das Vertrauen der Staatsmacht
in meine Landestreue stärken sollten: passende Beschäftigung, anständige
Wohnung, intakte Familie. Das Schreiben wurde ans Innenministerium
weitergeleitet, welches in dürren Worten mitteilte, daß „trotz der aufgeführten Gründe ein positiver Bescheid nicht möglich" wäre. Ende 1985 empfand
ich daher ein Interview des Vorsitzenden als zynisch, in dem er geäußert
hatte: „In Familienangelegenheiten sind wir großzügig."

Gleichwohl war es eine Ankündigung. Ab 1986 durften wir zu besonderen Anlässen die weitläufigere Verwandtschaft aufsuchen, mitunter reichte
es, wenn wir sie geschickt erfanden. Zum 65. Geburtstag der Tante reiste
ich erstmals mit der Bahn hinüber. Hinter Probstzella verließ ich das Abteil,
um den Mitreisenden den Anblick meiner Bewegtheit zu ersparen. So
mochte sich einer fühlen, der nach langer Haft dem Gefängnis den Rücken
kehrte.

Nach dieser Erfahrung fiel es nicht schwer, im Wettlauf der Systeme den
Sieg der anderen vorauszusehen. Der Augenschein genügte. Allzu lange
waren wir hinter der Mauer auf der Stelle getreten.

Noch im November 1989 wurde auch an der Eberswalder Straße ein
Fußgängerübergang geschaffen, just da, wo jener bärtige Mann die Freun-

din gegrüßt und wo ich später den Wachmann belogen hatte. Als im Scheinwerferlicht das erste Mauerstück von schwerem Gerät angehoben wurde, brach die zuschauende Menge in Jubel aus. Es waren Leute, die jahrzehntelang im Schatten der Mauer gelebt hatten, die um diese Straßenecke gegangen waren und sich gefühlt hatten wie Zootiere im Käfig, deren Bewegungen von draußen, von der Plattform in der Bernauer Straße, interessiert verfolgt wurden. Ihrer aller Biographien waren von der Mauer mitgeschrieben worden, gleichgültig, ob sie dagegen aufbegehrten oder sich darein schickten. Was mochten sie in jenem Augenblick empfinden? Welche Erinnerungen würden sie für den Rest ihrer Tage mit sich tragen?

Es wäre der Idealfall von Geschichtsbewahrung, wenn jeder Beteiligte die eigenen Erfahrungen fixierte. Das ist nicht möglich. Um so wichtiger ist es, daß die wenigen Zeugnisse, die in öffentlichen Umlauf gelangen, verläßlich sind. Den Autoren dieses Buches birgt dafür die gewählte Methode: Sie haben Zeitzeugen befragt, die das Geschehene aus unterschiedlichem Blickwinkel wiedergeben, und sie haben Fotos beschafft. Dokumentarliteratur dieser Art wird vonnöten sein, wenn Nachgeborene eines Tages wissen möchten: „Die Mauer – was war das eigentlich?"

ANHANG

Abkürzungen

Abt./Abtlg.	Abteilung
Abt. Inf.	Abteilung Information
Abt. Ltr. W. Wesen	Abteilungsleiter Wohnungswesen
ABV	Abschnittsbevollmächtigter
Agit. Prop.	Agitation und Propaganda
Alex	Alexanderplatz
AWG	Arbeiterwohnungsbaugenossenschaft
BBS	Betriebsberufsschule
BEWAG	(Ost-)Berliner Kraft-und-Licht-Aktiengesellschaft
Bln.	Berlin
BPO	Betriebsparteiorganisation (der SED)
Care	Amerikanische Wohlfahrtsorganisation
CDU	Christlich-Demokratische Union Deutschlands
Checkpoint Charlie	Grenzübergang Friedrichstraße, ausschließlich für Alliierte, Botschaftspersonal und Ausländer
D-Mark/DM	Deutsche Mark (West)
DBD	Demokratische Bauernpartei Deutschlands
DBO	Deutsche Bauordnung
DFD	Demokratischer Frauenbund Deutschlands
DPA/PA	Deutscher Personalausweis
DVP	Deutsche Volkspolizei
EAW	Elektro-Apparate-Werke Berlin-Treptow
FDJ	Freie Deutsche Jugend
FH	Freiwilliger Helfer
Frie.	Stadtbezirk Friedrichshain
FSTW	Funkstreifenwagen
Gefr.	Gefreiter
Gen.	Genosse
GST	Gesellschaft für Sport und Technik
HGL	Hausgemeinschaftsleitung
HO	Handelsorganisation
HOG	Gaststätte der Handelsorganisation
Hptm.	Hauptmann
175er	Homosexueller
JP	Junge Pioniere
K.	Kriminalpolizei
kath.	katholisch
Kdr.	Kommandeur
KG	Kampfgruppe
Kol.	Kolonie
Komm.	Kommission

KP	Kontrollpunkt
KPP	Kontrollpassierpunkt
KWV	Kommunale Wohnungsverwaltung
KZ	Konzentrationslager
Ltn.	Leutnant
MdI	Ministerium des Innern
MfS	Ministerium für Staatssicherheit
NAW	Nationales Aufbauwerk
NSDAP	Nationalsozialistische Deutsche Arbeiterpartei
NVA	Nationale Volksarmee
Oltn.	Oberleutnant
OLW	Omnibus- und Lastkraftwagen-Reparaturwerk Berlin-Treptow
Op.	Abteilung Operativ
Op. Stab	Operativer Stab
Owm.	Oberwachtmeister
PdVP	Präsidium der Volkspolizei Berlin
PGH	Produktionsgenossenschaft des Handwerks
Polit. Abteilung	Politische Abteilung
Politschulung	Politische Schulung
Rat	Rat des Stadtbezirks (Verwaltungsbehörde)
Ref.	Referat
Rev.	Revier
RF	Republikflucht
RIAS	Rundfunk im amerikanischen Sektor
S	vermutl. Sondereinheit der Grenzpolizei
SED	Sozialistische Einheitspartei Deutschlands
SPD	Sozialdemokratische Partei Deutschlands
S-Streife	vermutl. Sicherheits (Sonder-) streife der Grenzpolizei
Stasi	Staatssicherheit
TPA	Transportpolizeiamt
Ultn.	Unterleutnant
VEB	Volkseigener Betrieb
Vopo	Volkspolizist
VP	Volkspolizei
VPI	Volkspolizeiinspektion
VPR	Volkspolizeirevier
VVB	Vereinigung Volkseigener Betriebe
W 50	Marke eines in der DDR gefertigten Lastkraftwagens
Wachtm./Wm.	Wachtmeister
WB	Westberlin
WBA	Wohnbezirksausschuß
WPO	Wohnparteiorganisation der SED
WSSB	Werk für Signal- und Sicherungsbau Berlin-Treptow
Zi.	Zimmer

■ Gesprächspartner

Frau B.: Jahrgang 1920, gebürtige Berlinerin, geschieden, zwei Kinder; nach Abschluß der mittleren Reife Lehre als Damenmaßschneiderin, später Ausbildung zur Buchhalterin; langjährige Tätigkeit als Telefonistin im gastronomischen Bereich; evangelisch und parteilos, Rentnerin; wohnte von 1950 bis 1977 im Grenzgebiet.

(Interview im April 1991)

Frau K.: Geboren 1915 in Ostpreußen, geschieden, eine Tochter; aufgewachsen in einem Forsthaus, Obersekunda, Ausbildung zur Berufs- und Volksschullehrerin, später Schuldirektorin; seit 1975 invalidisiert; evangelisch getauft und getraut, später SPD, dann SED; wohnte ab 1951 im Grenzgebiet am Rande Berlins, seit 1969 im innerstädtischen Grenzgebiet.

(Interview im Februar 1990)

Frau W.: Geboren 1934 in Berlin-Kreuzberg, verheiratet, einen Sohn; Abschluß der achten Klasse, kaufmännische Berufsschule; angelernte Sachbearbeiterin, seit 1966 Arztsekretärin, Arbeit beim Jugendgesundheitsschutz; evangelisch; wohnt im Ortsteil Treptow.

(Interview im Februar 1990)

Frau Z.: Jahrgang 1910, Berlinerin, fünf Kinder, Mann im Krieg verloren, geschieden; Lehre als Schneiderin, Fernstudium als Lehrausbilderin und Planerin in der Textilindustrie, später Arbeit als Archivarin; katholisch; wohnt im Grenzgebiet.

(Interview im August 1990)

Der ABV: Geboren 1943 in Jüterbog, verheiratet, zwei Kinder; 10. Klasse, Lehre als Universalfräser für Triebwerksfertigung; drei Jahre Soldat bei den Luftstreitkräften, anschließend zur Polizei in Berlin; Arbeit beim Betriebsschutz auf dem Flughafen Schönefeld, Dienstanfängerlehrgang, Praktikum und Schutzpolizeidienst in Schöneweide und Johannisthal; ABV-Schule in Wolfen, seit 1970 ABV in Treptow; seit 1987 Offizier für "operative ABV-Arbeit"; heute Polizeiangehöriger im Verwaltungsbereich einer Dienststelle.

(Interview im April 1991)

Grenzoffiziere: Zwei Majore des zuständigen Grenzregiments 33; etwa 40 Jahre alt, einer verheiratet, Kinder; Offiziersstudium, 16 bzw. 20 Jahre im Dienst, teils an der Grenze zur BRD; Arbeit als Stabs- und Ausbildungsoffiziere.

(Interview im März 1990)

■ Foto- und Dokumentennachweis

Fotos

Arbeitsgemeinschaft 13. August e.V.: 65, 66, 67, 87o./u., 105, 108, 145, 146.

Berlin 1962.
(Hrsg. vom SPD-Landesverband Berlin). Berlin/West 1962, S. 31: 86.

Bier, Heinrich: 144.

Deutsche Presse-Agentur (dpa): 140, 141.

Fotoarchiv Blask: 6, 127 u., 128, 129 re./ li., 134 u., 147, 148, 154 u.,155, 157, 161 u., 166 u., 167 o./u., 173 u., 184, 187, 191, 203, 205, 216, 217 u., 218 o./u., 219 u.

Kunst und Bild, Berlin-Charlottenburg: 57.

Landesarchiv Berlin: 50, 56, 58, 62, 68, 109.

Landesbildstelle Berlin: 9 o./u., 13, 14, 16, 17, 18 o./u., 19 o./u., 21, 22, 24, 26, 28, 44, 45, 48, 80, 96, 97, 107, 112, 116 o./u., 119 o./u., 120 o./u., 121 o./u., 126 o./u., 127 o., 134 o., 143 o./u., 154 o., 158 o./u., 159, 161 o., 166 o., 170 li./re., 171, 172 o./u., 173 o., 197, 215, 217 o.

Markowsky, Bernd: 160, 165, 200, 202, 210, 211, 213, 219 o.

Nagel, Jürgen: 179.

Schnurre, Wolf-Dietrich:
Berlin. Eine Stadt wird geteilt. Eine Bilddokumentation.
Olten, Freiburg/Breisgau 1962, S. 64: 85.

Schnurre, Wolf-Dietrich:
Die Mauer des 13. August.
Berlin/West 1962, S. 30, 31, 72, 73: 63, 64, 104, 106.

Yilmaz, Metin/Paparazzi: 220.

Dokumente

Dokumentenarchiv Scholze: 132/133, 151/152, 182, 188, 190, 212.

Gesetzblätter der DDR:
65/1952: 31/32. 72/1952: 33/34. 45/1956/I: 37/38/39. 51/1961/ II: 60/61/72. 55/1961/II: 110/111. 54/1963/II: 122/123/124/125.

Landesarchiv Berlin - Außenstelle
(früher Stadtarchiv Ostberlin): 11, 59, 71, 73, 74, 75, 76, 77, 78, 81, 83, 88/89, 90/91/92/93, 94, 99/100/101/102/103, 113, 114, 115, 118, 135, 136/137, 142, 162/163/164, 174, 175, 176, 177/178, 181, 196, 208/209.

Treptower Rundschau 4 (1960) 8, S.6: 41,42.

Verordnungsblatt für Groß-Berlin: 27/1961/I: 52/53. 29/1961/I: 54.

Zentralblatt der DDR: 25/1954: 35/36.

■ Quellen- und Literaturverzeichnis

Quellen

Betriebsarchiv d. Werks für
Signal-und Sicherungstechnik: 0128; 432; 433; 785; 786; 836; 845; 876; 1122.

Landesarchiv Berlin: Rep. 92 A, Acc. 781, Nr. 85,
90, 91, 93, 94, 95;

Acc. 808, Nr. 145;

Acc. 893, Nr. 240, 241;

Acc. 1170, Nr. 350;

Acc. 1363, Nr. 358, 359;

Rep. 214, Acc. 1227, Nr. 140.

Landesarchiv Berlin - Außenstelle (bisher Stadtarchiv Ostberlin):
Rep. 100, Nr. 249;

Rep. 101, Nr. 1248, 1336, 1740, 1744;

Rep. 104, Nr. 1, 20, 26, 187, 188, 206, 208;

Rep. 145, Nr. 0566, 0567, 0569, 0570, 0611, 0613;

Rep. 145/ 00, Nr. 0073;

Rep. 145/003, Nr. 54, 70;

Rep. 145/ 1, Nr. 102;

Rep. 145/ 2, Nr. 3, 14, 15;

Rep. 145/ 5, Nr. 59, 71;

Rep. 145/, Nr. 53;

Rep. 145/12, Nr.1, 2, 3, 5, 15, 16, 26, 31.

Bestand 26.1., Nr. 132, 221, 227, 228, 239, 391/97, 520, 880.

Literatur

Aubin, Hermann:
Von Raum und Grenzen des deutschen Volkes. Studien zur Volksgeschichte.
(= Breslauer historische Forschungen, Bd. 6).
Breslau 1938.

Berger, Alfred:
Berlin von 1945 bis 1963. Ein Quellenleseheft über die Berliner Nachkriegsgeschichte.
München 1963.

Berlin 1962.
(Hrsg. vom SPD-Landesverband Berlin).
Berlin/West 1962.

Berlin. Zahlen, Stichworte, Tabellen.
Berlin/West 1961.

(Die) Berliner Mauer. Eine Verhöhnung der Menschenrechte. Genf 1962.

Berner, Dieter:
Wie die SED-Propaganda das Stigma Homosexualität zum Rufmord an einem
Maueropfer benutzte.
In: Capri 4/1990, S. 38-41.

Brehm, Erich:
Berliner Kinderlied 1950.
In: Immer um die Litfaßsäule rum. Gedichte aus sieben Jahrzehnten
Kabarett, S. 291.
Berlin/Ost 1975.

(Die) Chronik Berlins.
Dortmund 1986.

Curtis, Cate:
Riß durch Berlin. Der 13. August 1961.
Hamburg 1980.

Dokumente zur Berlin-Frage 1944-1966.
München 1967.

Dreizehnter August 1961.
(= Seminarmaterial des Gesamtdeutschen Instituts. Bundesanstalt für gesamtdeut-
sche Aufgaben).
Bonn 1981.

Erklärung des Regierenden Bürgermeisters Willy Brandt vom 9.1.1964 vor dem
Abgeordnetenhaus von Berlin.
Berlin/West 1964.

Erläuterungen zur Verordnung über das Meldewesen in der DDR vom 15.7.1965.
Berlin/Ost 1969.

Es begann am 13. August.
Berlin/West 1961.

Es geschah an der Mauer. Katalog der Arbeitsgemeinschaft 13. August.
Berlin/West 1990.

Febvre, Lucien:
"Frontière" - Wort und Bedeutung.
In: Ulrich Raulff (Hrsg.): Lucien Febvre. Das Gewissen des Historikers,
S. 27-37.
Berlin/West 1988.

Filmer, Werner; Schwan, Heribert:
Opfer der Mauer. Die geheimen Protokolle des Todes.
München 1991.

(Die) Flucht aus der Sowjetzone und die Sperrmaßnahmen des kommunistischen
Regimes vom 13.8.1961 in Berlin.
Bonn, Berlin/West 1961.

Groehler, Olaf:
Berlin im Bombenvisier. Von London aus gesehen (1940-1945).
(= Miniaturen zur Geschichte, Kultur und Denkmalpflege Berlins, Nr. 7).
Berlin/Ost 1982.

Hänsel, Gerhard:
Wissenswertes aus der Geschichte des Ortsteils Treptow. Ein Beitrag zur Geschichte Treptows. (Manuskript).
Berlin/Ost 1989.

Hammer, Manfred u. a. (Hrsg.):
Das Mauerbuch. Texte und Bilder aus Deutschland von 1945 bis heute.
Berlin/West 1986.

Hanisch, W.:
Grenzsicherung und Grenzpolizei der DDR. Die Politik der SED und Staatsführung zur Sicherung der Staatsgrenze der DDR. Die Rolle der Grenzpolizei bei ihrer Verwirklichung. Von den Anfängen bis 1961 (= Dissertation).
Potsdam 1974.

Haupt, Michael:
Die Berliner Mauer. Vorgeschichte, Bau, Folgen. Literaturbericht und Bibliographie zum 20. Jahrestag des 13.8.1961.
(= Schriften der Bibliothek für Zeitgeschichte, Bd. 2).
München 1981.

Keiderling, Gerhard:
Berlin 1945 bis 1986. Geschichte der Hauptstadt der DDR.
Berlin/Ost 1987.

Mehls, Hartmut (Hrsg.):
Im Schatten der Mauer. Dokumente. 12. August bis 29. September 1961.
Berlin/Ost 1990.

Mende, Hans W.:
Grenzbegehung. 161 Kilometer in West-Berlin.
Berlin/West 1980.

Mitten in Deutschland - Mitten im 20. Jahrhundert. Die Zonengrenze.
Bonn 1958.

Petschull, Jürgen:
Die Mauer. August 1961 bis November 1989. Vom Anfang und vom Ende eines deutschen Bauwerks.
Hamburg 1989.

Prell, Uwe:
Grenzüberschreitung in Berlin. Der Reise- und Besucherverkehr und die westlichen politischen Entscheidungen.
(= Forschungsberichte Internationale Politik, Bd. 3).
Berlin/West 1986.

Quarta, Hubert-Georg:
Zwischen Ostsee und Fichtelgebirge. Die absurde Realität einer Grenze.
Buxheim/Allgäu 1982.

Ratzel, Friedrich:
Politische Geographie.
München 1923.

Riklin, Alois:
Das Berlinproblem. Historisch-politische und völkerrechtliche Darstellung des Viermächtestatus.
(= Abhandlungen des Bundesinstituts zur Erforschung des Marxismus-Leni-

nismus, Institut für Sowjetologie, Bd. 6).
Köln 1964.

Rohls, Horst W.:
Wohnen im Bombenhagel (Berlin 1940-1945).
In: Blätter für Heimatgeschichte, Studienmaterial 1988, S. 54-56.
Berlin/Ost 1988.

Rühle, Jürgen; Holzweißig Gunter:
13. August 1961. Die Mauer von Berlin.
Köln 1986.

SBZ von A bis Z. Ein Taschen- und Nachschlagebuch über die Sowjetische Besat-
zungszone Deutschlands.
Bonn 1966.

Schnurre, Wolf-Dietrich:
Berlin. Eine Stadt wird geteilt. Eine Bilddokumentation.
Olten, Freiburg/Breisgau 1962.

Schnurre, Wolf-Dietrich:
Die Mauer des 13. August.
Berlin/West 1962.

Scholz, Arno:
Stacheldraht um Berlin.
Berlin/West 1961.

Scholze, Thomas:
Zur Ernährungssituation der Berliner nach dem Zweiten Weltkrieg.
Eine Studie zur Erforschung des Großstadtalltags (1945-1952).
In: Jahrbuch für Geschichte, Bd. 35, S. 539-564.
Berlin/Ost 1987.

Sondermann, H. u. a.:
Die Haus- und Straßenvertrauensleute. Ihre Aufgaben und ihre Zusammenarbeit
mit dem Staatsapparat und der Nationalen Front.
Berlin/Ost 1959.

Steffens, Heiko u. a.:
Lebensjahre im Schatten der deutschen Grenze. Selbstzeugnisse vom Leben an der
innerdeutschen Grenze seit 1945. Leverkusen 1990.

(Das) Viermächteabkommen über Berlin vom 3.9.1971.
Bonn, Hamburg 1971.

Zur Situation in der Sowjetzone nach dem 13. August 1961.
Berichte und Dokumente.
Bonn, Berlin/West 1962.

Zeitungen und Zeitschriften

Berliner Zeitung 30.3.90; 3.4.90; 9./10.6.90; 17.8.90; 1./2.9.90; 26.9.90; 27.9.90;
20.11.90; 20. 2.91; 7.5.91; 25./26.5.91; 27.5.91; 11.6.91; 17.6.91; 9.7.91.

Berliner Zeitung am Abend/Berliner Kurier 14.7.91.

Berliner Morgenpost 13.8.61. (Sonderausgabe)

Bild-Zeitung 8.11.90.

Der Spiegel 15.4.91; 27.5.91; 24.6.91; 1.7.91; 8.7.91.

Der Tagesspiegel 27.9.45; 21.9.61; 28.3.62; 16.6.62; 4.10.62; 6.10.62; 7.10.62; 29.4.90; 7.6.90; 14.6.90; 19.6.90; 7.7.90; 12.7.90; 12.8.90; 14.8.90; 10.11.90; 4.4.91.

Der Vorwärts 13.11.47.

Die Zeit 12.-15.3.91.

Frankfurter Allgemeine Zeitung 30.4.90; 25.6.90.

Neue Berliner Illustrierte 16.2.90.

Neues Deutschland 22.8.61.

Neuköllner Jahrbücher
(Hrsg. v. Bezirksamt Neukölln) 1959-1983.

Sachsen-Spiegel 24.8.90.

Treptower Rundschau 1960-1965.

Dr. Thomas Scholze,
geb. 1959 in Bautzen/Oberlausitz,
Hilfsarbeiter als Theatertechniker,
Studium der Kulturwissenschaften und der Ethnographie,
seit 1988 Volkskundler an der Ostberliner Akademie der Wissenschaften.
Veröffentlichungen zur großstädtischen Lebensweise, zur Theorie sowie
Geschichte deutschsprachiger Volkskunde.
Wissenschaftliche Buchpublikationen:
„Im Lichte der Großstadt", Wien 1990.

Falk Blask,
geb. 1955 in Dresden,
Fotograf, Museologe, Diplom-Ethnograph,
arbeitete als Wissenschaftlicher Assistent und Leiter an verschiedenen
Museen,
seit 1986 Freier Mitarbeiter beim Museumspädagogischen Dienst Berlin,
seit 1990 freiberuflicher Ethnograph.
Veröffentlichungen in Katalogen und im Bereich des Museumswesens.

Karte auf den folgenden Seiten:
Ausschnitt aus dem Blatt 412 A der Karte von Berlin 1:5000.
Vervielfältigt mit Erlaubnis der Senatsverwaltung
für Bau-und Wohnungswesen -V- vom 8. 11. 1991

Am 14. November 1990, früh 7.00 Uhr, greifen 4000 Polizisten, 10 Wasserwerfer, Räumpanzer und Hubschrauber die etwa 500 Hausbesetzer in der Mainzer Straße in Ostberlin an. Gegen 12.00 Uhr ist die „Schlacht" entschieden. Was steckte hinter dieser spektakulären und rücksichtslosen Polizeiaktion so kurz vor den ersten Gesamtberliner Wahlen nach der „Wende"? Alle Beteiligten kommen zu Wort: Besetzer, deren Nachbarn, Politiker und Beobachter, die Polizei. Drei fotografische Kapitel schildern den Alltag der Besetzer (Merit Pietzker), die Räumung (Harald Hauswald) und die sozialen Probleme, die in Berlin und anderswo immer wieder zu „Häuserkämpfen" führten (Heinrich Zille). Schon 1872 hatte es im Kiez um die Mainzer Straße die berühmten Blumenstraßenkrawalle gegeben.

„ Nicht im Traum wäre mir eingefallen, daß Panzer auch einmal durch die Mainzer (Straße) rollen würden ... "
„Gegen ... Verdrängen und vordergründiges Verwischen der Spuren einer der größten Aktionen in Berlins Hausbesetzer-Geschichte, vor allem aber auch um die Aufklärung der tatsächlichen Ereignisse zwischen dem 12. und dem 14. November 1990 geht es den Verfassern. Hervorgegangen ist dieses Buchprojekt aus der Arbeitsgruppe 'Besetzte Häuser' des in Berlin gebildeten 'Runden Tisches von Unten'. ... Zusammen mit einer umfangreichen Fotodokumentation...sowie einer minutengenauen Chronologie der bürgerkriegsähnlichen Auseinandersetzungen zwischen dem 12. und 14. November ergibt sich ein Mosaik des Entstehens und Zerstörtwerdens des Lebensraumes Mainzer Straße, das in dieser Differenziertheit bisher noch noicht geleistet worden ist."
„Eine außergewöhnliche Publikation..."

Positionen, Hannover/Berlin/Wien

Berlin – Mainzer Straße
BasisDruck Dokument d8
29,80 DM
ISBN 3-86163-020-6

Weitere Titel aus der Reihe BasisDruck Dokument:

Armin Mitter / Klaus Wolle (Hg.)
Ich liebe Euch doch alle...!

...und diese verdammte Ohnmacht
Report der unabhängigen Untersuchungskommission zu den Ereignissen
vom 7./8. Oktober 1989 in Berlin

B. Musiolek und C. Wuttke (Hg.)
Parteien und politische Bewegungen im letzten Jahr der DDR

Michael Beleites
Untergrund
Ein Konflikt mit der Stasi in der Uran-Provinz
BasisDruck Dokument d5

Wolfgang Rüddenklau
Störenfried
DDR-Opposition 1986-1989
BasisDruck dokument d7
(Co-Produktion mit dem ID-Archiv im IISG Amsterdam)

S. Bialas, M. Ziesche u.a. (Hg.)
Berlin, Mainzer Straße
Nachwort von W. Kempe,
Fotografien von M Pietzer, H. Hauswald, H. Zille;
BasisDruck Dokument d8

Jürgen Nagel
Parole Zukunft
Eine fotografische Spurensammlung
BasisDruck Dokument d9

Ausführliche Informationen über das gesammte Verlagsprogramm
entnehmen Sie bitte dem beiliegenden Faltblatt.
Falls Sie regelmäßig über Neuerscheinungen informiert werden möchten,
schreiben Sie bitte an:

BASISDRUCK Verlag
Schliemannstraße 23
O-1058 Berlin
Tel.: 448 36 87
Fax: 448 10 35